Bürgerverantwortung und abnehmende Wahlbeteiligung

Thiemo Lüeße

Bürgerverantwortung und abnehmende Wahlbeteiligung

PETER LANG
Frankfurt am Main · Berlin · Bern · Bruxelles · New York · Oxford · Wien

Bibliografische Information der Deutschen Nationalbibliothek
Die Deutsche Nationalbibliothek verzeichnet diese Publikation
in der Deutschen Nationalbibliografie; detaillierte bibliografische
Daten sind im Internet über <http://www.d-nb.de> abrufbar.

Zugl.: Kiel, Univ., Diss., 2007

Satz + Layout:
Marion Engmann, Kiel / www.netlektorin.de

Umschlaggestaltung:
Olaf Glöckler

D 8
ISBN 978-3-631-57350-1
© Peter Lang GmbH
Internationaler Verlag der Wissenschaften
Frankfurt am Main 2007
Alle Rechte vorbehalten.

Das Werk einschließlich aller seiner Teile ist urheberrechtlich
geschützt. Jede Verwertung außerhalb der engen Grenzen des
Urheberrechtsgesetzes ist ohne Zustimmung des Verlages
unzulässig und strafbar. Das gilt insbesondere für
Vervielfältigungen, Übersetzungen, Mikroverfilmungen und die
Einspeicherung und Verarbeitung in elektronischen Systemen.

www.peterlang.de

Inhalt

Abbildungsverzeichnis 7

1 Einleitung 9

2 Stand der Forschung und Fragestellung der Arbeit 13
   2.1 Wahlbeteiligung und „echte Nichtwähler" 13
   2.2 Bisherige Forschungsansätze zur Erklärung der sinkenden
       Wahlbeteiligung 17
   2.3 Vorschläge zur Anhebung der Wahlbeteiligung 21
   2.4 Grenzen der empirischen Nichtwähleruntersuchung 23
   2.5 Fragestellung der Arbeit 25

3 Rahmenbedingungen der Bürgerverantwortung 27
   3.1 Entwicklung der Bürgerverantwortung 28
   3.2 Begriff und Bedingungen der Bürgerverantwortung 45
   3.3 Gesellschaftswissenschaftliche Einordnung der Bürgerverantwortung ... 49
   3.4 Bürgerverantwortung und Gesellschaftssystem 60

4 Entwicklungsmöglichkeiten der Bürgerverantwortung 73
   4.1 Bürgerverantwortung und die Verantwortung der Amtsträger ... 73
   4.2 Reaktionen auf gesellschaftliche Veränderungen 83
   4.3 Eliten und Repräsentanten 93
   4.4 Plebiszitäre Mitwirkung 118

5 Ergebnis 133

Anhang 145
   Anhang 1: Wahlbeteiligung und Ergebnisse der Reichstagswahlen
       1924–1933 147
   Anhang 2: Auszug aus der Weimarer Reichsverfassung 149
Literaturverzeichnis 151
Verzeichnis der verwendeten Internetquellen 167

Abbildungsverzeichnis

Abbildung 1: Stimmenanteil in Relation zur Wahlbeteiligung 10
Abbildung 2: Wahlbeteiligung bei Bundestagswahlen 14
Abbildung 3: Anteil der echten Nichtwähler bei Bundestagswahlen 16
Abbildung 4: Die Wahl in der Systematik der politischen Beteiligungsformen 27
Abbildung 5: Die Pole der ontologischen Betrachtung 50
Abbildung 6: Güter-Fenster 53
Abbildung 7: Die Pole der Parteinahme 56
Abbildung 8: Taylors republikanische These 57

1 Einleitung

Die Zahl der Bürger der Bundesrepublik Deutschland, die sich nicht an Bundestagswahlen beteiligen, hat sich innerhalb von knapp dreißig Jahren mehr als verdoppelt. So lag die Wahlbeteiligung 1976 bei 90,4 %, 2005 bei 78 %.[1] 1976 lag damit der Anteil der wahlberechtigten Bürger, die sich nicht an der Bundestagswahl beteiligten, bei 9,6 % und 2005 bei 22 %. Dies entspricht einer Steigerung um 229,17 %.[2]

Die Bedeutung der Wahlbeteiligung für die Stabilität des politischen Systems ist umstritten. Almond und Verba[3] zeigen bereits 1963 auf, dass aus der Höhe der Wahlbeteiligung keine Rückschlüsse auf die politische Stabilität einer Gesellschaft gezogen werden können. Für sie ist vielmehr ein ausgewogenes Gleichgewicht zwischen aktiven und passiven Bürgern erstrebenswert. 2001 beschreibt Eilfort die steigende Wahlabstinenz in Deutschland als einen Normalisierungsprozess und verweist darauf, dass noch keine Demokratie an zu geringer Wahlbeteiligung gescheitert ist.[4]

Prittwitz, der in der abnehmenden Wahlbeteiligung nicht mehr sieht als eine „situative Rahmenbedingung"[5], stellt immerhin einen Zusammenhang zwischen Wahlbeteiligung und Zustimmung zum politischen System her: „Vertretbar erscheint es immerhin, bei hoher freiwilliger Wahlbeteiligung eine breite Ablehnung des politischen Systems (…) als nicht gegeben zu betrachten."[6] Er lässt die Antwort auf die Frage offen, ob bei abnehmender freiwilliger Wahlbeteiligung auf eine Ablehnung des politischen Systems geschlossen werden kann. Nohlen dagegen sieht „in hoher Wahlbeteiligung ein(en) wichtige(n) Indikator für die Legitimität des politischen Systems"[7], während Barber „die Weigerung, zu den Urnen zu gehen",[8] sogar als „Bankrott der Demokratie"[9] beschreibt.

---

1 Alle relevanten Daten über Bundestagswahlen sind veröffentlicht bei: http://www.bundeswahlleiter.de/.
2 Eigene Berechnung.
3 Almond, Verba (Civic Culture, 1963).
4 Vgl. Eilfort (Mobilisierung, 2001), S. 23.
5 Prittwitz (Verhältniswahl, 2003), S. 20.
6 Prittwitz (Verhältniswahl, 2003), S. 16 f.
7 Nohlen (Wahlen, 2003), S. 680.
8 Barber (Demokratie, 1994), S. 12.
9 Barber (Demokratie, 1994), S. 12.

Deutlich wird die Bedeutung der Wahlbeteiligung für die Stabilität demokratischer Systeme, wenn der Stimmenanteil für extreme Parteien bei sich verändernder Wahlbeteiligung betrachtet wird.

Allgemein lässt sich der Zusammenhang von Stimmenanteil für extreme Parteien mit hoher Wählermobilisierung und Wahlbeteiligung wie in Abbildung 1 darstellen.

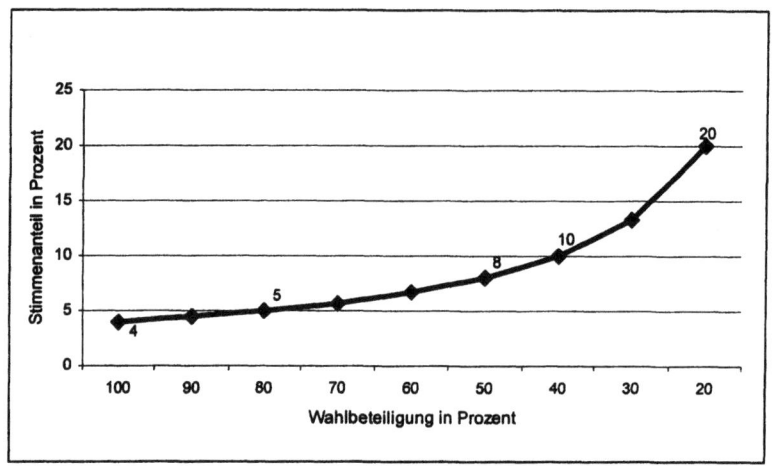

Abbildung 1: Stimmenanteil in Relation zur Wahlbeteiligung[10]

In Abbildung 1 ist ein Potenzial von Wählern systemkritischer Parteien von 4 % zugrunde gelegt worden.[11] Bei einer Wahlbeteiligung von 100 % entfielen folglich 4 % der abgegebenen Stimmen auf systemkritische Parteien. Bei einer Wahlbeteiligung von 80 % wäre die 5-%-Hürde erreicht, und bei einer Wahlbeteiligung von 50 % könnten die systemkritischen Parteien mit 8 % der abgegebenen Stimmen rechnen.

Diese rein mathematische Betrachtung verdeutlicht die Gefahr der relativen Zunahme systemkritischer Parteien bei abnehmender Wahlbeteiligung. Parteien am äußeren Rand des Parteienspektrums haben bis zu einer Wahlbeteiligung oberhalb von 80 % keine realistische Chance, in Parlamente einzuziehen.

„In der Regel sind extreme Parteien bei geringer Wahlbeteiligung überrepräsentiert, weil sie ihre Mitglieder und Wähler in höherem Maße als andere Parteien

---

10 Eigene Darstellung.
11 Eigene Schätzung.

mobilisieren können."[12] Merten verweist auf ein Phänomen, das die vorstehende mathematische Betrachtung in seiner Bedeutung betont. Denn wenn die Wahlbeteiligung sinkt, bedeutet das nicht, dass auch die Wahlbeteiligung bei den Wählern systemkritischer Parteien sinkt.

Die bisherigen Untersuchungen zum Thema der abnehmenden Wahlbeteiligung sind empirisch und quantitativ ausgerichtet: „Es fehlt zumeist an der Rückkopplung der Ergebnisse an die demokratietheoretischen Grundfragen des Wählens (…)."[13] Schultze stellt fest, dass bei „steigender Wahlenthaltung (...) die Notwendigkeit qualitativer Untersuchungen"[14] besteht. Hennis fragt: „Warum eigentlich soll ich politischer Mensch sein, wo liegen die entscheidenden Motive, unreflektiert kraftvollen Beweggründe politischen Engagements?"[15]

Die vorliegende Arbeit beschäftigt sich mit der qualitativen Untersuchung des Themas und stellt den Wahlakt als aktive Verantwortungsübernahme durch die Bürger in den Vordergrund. Denn in einer Demokratie geht es um die „Möglichkeit zu politischer Verantwortung"[16] durch die Bürgerschaft. Dabei wird insbesondere auf die Frage eingegangen, welche notwendigen Bedingungen erfüllt sein müssen, damit sich die Bürger ihrer Verantwortung bewusst sind und sich an Wahlen beteiligen.

Dazu werden zunächst ein tieferer Einblick in das Phänomen der sinkenden Wahlbeteiligung und ein Überblick über den aktuellen Stand der hauptsächlich empirischen Forschung gegeben. Hierbei spielen auch die Grenzen der empirischen Nichtwähleruntersuchung eine bedeutsame Rolle, denn sie eröffnen den Raum, die zu untersuchende Fragestellung außerhalb des bisherigen empirischen Forschungsschwerpunktes zu formulieren. So orientiert sich die Fragestellung an den „demokratietheoretischen Grundfragen des Wählens"[17] (Kapitel 2).

Kapitel 3 verknüpft die Teilnahme an Wahlen mit dem Begriff der Bürgerverantwortung und stellt heraus, dass wählende Bürger sich ihrer Verantwortung für die res publica stellen. Die Einführung freier Wahlen steht in engem Zusammenhang mit Hobbes' demokratietheoretischen Überlegungen, die im Ergebnis bedeuten, dass jeder Bürger im Naturzustand unbeschränkte Rechte hat. Im explizit politischen Kontext geht die Idee der Bürgerrechte auf Rousseau zurück, der davon ausgeht, dass bei der Gründung einer Polis alle Bürger dieser

---

12 Merten (Bürgerverantwortung, 1995), S. 23.
13 Schultze (Wahlforschung, 2003), S. 684.
14 Schultze (Wahlforschung, 2003), S. 684.
15 Hennis (Bürgersinn, 1962), S. 148.
16 Hennis (Bürgersinn, 1962), S. 150.
17 Schultze (Wahlforschung, 2003), S. 684.

Gründung zustimmen müssen. Nur so kann in Gang gesetzt werden, dass die Bürger gemeinsame Sache machen. Deutlich wird, dass die Verantwortung der Bürger zunächst unbeschränkt zu verstehen ist. Die Auffassung, dass die Bürger politische Verantwortung tragen, widerspricht dem gängigen Verständnis der politischen Verantwortung von Amtsträgern, wie etwa Hennis sie versteht.[18] Vielmehr muss ein Begriff der politischen Verantwortung der Bürger begründet werden, der nicht auf eine Rechtfertigungsinstanz angewiesen ist.

Dann wird zu untersuchen sein, wie sich die offensichtlich unterschiedlichen Verantwortungsbegriffe zueinander verhalten. Wenn sie sich sinnvoll ergänzen, ergibt sich hieraus sicher kein Ansatz, eine defizitäre Bürgerverantwortung zu begründen. Ergibt sich aus ihnen jedoch ein Widerspruch, so bietet die Systemtheorie von Talcott Parsons einen Ansatz, die Auswirkungen eines Unterschiedes zu beurteilen. Denn Parsons geht davon aus, dass Systeme unterschiedlicher Ordnung zueinander kompatibel sein müssen, damit sie das Gesamtsystem, hier die Gesellschaft, stützen und sie nicht zu zersetzen drohen.[19]

In Kapitel 4 werden die Entwicklungsmöglichkeiten der Bürgerverantwortung herausgearbeitet. Abschnitt 4.1 beschäftigt sich mit der Frage, welchem Begriff von politischer Verantwortung vor dem Hintergrund der sinkenden Wahlbeteiligung der Vorrang einzuräumen ist: der Bürgerverantwortung oder der Verantwortung der Amtsträger. Abschnitt 4.2 bezieht die gesellschaftlichen Entwicklungen in der Bundesrepublik Deutschland seit dem Zweiten Weltkrieg und die Auswirkungen auf die Verantwortungsbereitschaft der Bürger ein. In Abschnitt 4.3 wird unter Zuhilfenahme der Elitentheorie untersucht, ob Repräsentanten eher als Repräsentanten oder als Elite verstanden werden. In Abschnitt 4.4 werden die Entwicklungsmöglichkeiten der Bürgerverantwortung hinsichtlich direktdemokratischer Elemente bearbeitet.

Kapitel 5 fasst die Ergebnisse der Arbeit zusammen.

---

18 Vgl. Hennis (Bürgersinn, 1962), S. 134.
19 Vgl. Parsons (Structure, 1960), S. 20.

2 Stand der Forschung und Fragestellung der Arbeit

2.1 Wahlbeteiligung und „echte Nichtwähler"

Die Bundestagswahl stellt für die Bürger der Bundesrepublik Deutschland die einzige Möglichkeit dar, ihren bundespolitischen Willen zu bekunden. Volksentscheide gibt es nicht. In einer repräsentativ verfassten Demokratie stellt die Wahl das zentrale Mittel dar, mit dem der Souveränität des Volkes Ausdruck verliehen wird. Durch allgemeine und freie Wahlen wird dem Grundsatz Rechnung getragen, dass alle Staatsgewalt vom Volke ausgeht, wie es in Artikel 20 II Grundgesetz[20] heißt. Die Wahl ist der „wichtigste Partizipationsakt".[21] Mit der Beteiligung an der Wahl können die Bürger ihrem Verantwortungsbewusstsein gegenüber der Gesellschaft und ihrem „Partikelchen Wille"[22] Ausdruck verleihen.

Die Wahlbeteiligung bei Bundestagswahlen ist in der Bundesrepublik Deutschland höher als bei allen anderen Wahlen. Die Wahlbeteiligung bei den Wahlen zum Europäischen Parlament lag 1999 bei 45,2 % und 2004 bei 43,0 %.[23] Bei den Landtagswahlen in Schleswig-Holstein gingen im Jahr 2000 69,5 %[24] der Wähler zur Urne, 2005 77,7 %.[25] Auch im Süden der Bundesrepublik ist die Höhe der Wahlbeteiligung ähnlich niedrig. Bei der Landtagswahl von 2001 lag die Beteiligung in Baden-Württemberg bei 62,6 %.[26] Bei den Kommunalwahlen 2003 wurde in Schleswig-Holstein eine Wahlbeteiligung von 54,5 %[27] gemessen. Eilfort hat bedeutsame Tiefstände der Wahlbeteiligungen zusammengefasst:

---

20 Im Wortlaut heißt es dort: Alle Staatsgewalt geht vom Volke aus. Der jeweils aktuelle Stand des Grundgesetzes ist im Internet unter der Adresse: http://bundesrecht.juris.de/bundesrecht/gg/index.html zu finden. Diese Angabe gilt für alle Verweise auf das Grundgesetz in dieser Arbeit als Quelle.
21 Jesse (Wahlrecht, 2003), S. 9.
22 Hennis (Bürgersinn, 1962), S. 148.
23 http://bundeswahlleiter.de/wahlen/europawahl2004/ergebnisse/bundesergebnisse/be_tabelle_99.html.
24 http://www.statistik-sh.de/wahlen.htm.
25 http://www.bundeswahlleiter.de/bundestagswahl2005/ergebnisse/bundesergebnisse/b_tabelle_99.html.
26 http://www.statistik-bw.de/Wahlen/Landesdaten/Landtagswahlen/Grafik/grafiken.asp?imgNum=1.
27 http://www.statistik-sh.de/wahlen.htm.

„Seit der Bundestagswahl 1998 erreichte die Beteiligung bei sieben Landtagswahlen neue historische Tiefstände (unter anderem im Saarland 1999 minus 14,8 Prozent auf 68,7 Prozent, in Thüringen minus 14,9 Prozent auf 59,9 Prozent, in Nordrhein-Westfalen 2000 minus 7,3 Prozent vom vorherigen Tiefststand 1995 auf 56,7 Prozent, in Rheinland-Pfalz 2001 minus 8,7 Prozent auf 62,1 Prozent)."[28]

Die Wahlbeteiligung fällt bei Bundestagswahlen höher aus als bei Europa-, Landtags- und Kommunalwahlen, denn die Bürger „räumen der Bundestagswahl die mit Abstand größte Bedeutung ein, dann folgt die Landtagswahl und darauf wiederum mit großem Abstand die Europawahl sowie am Ende die Kommunalwahlen."[29]

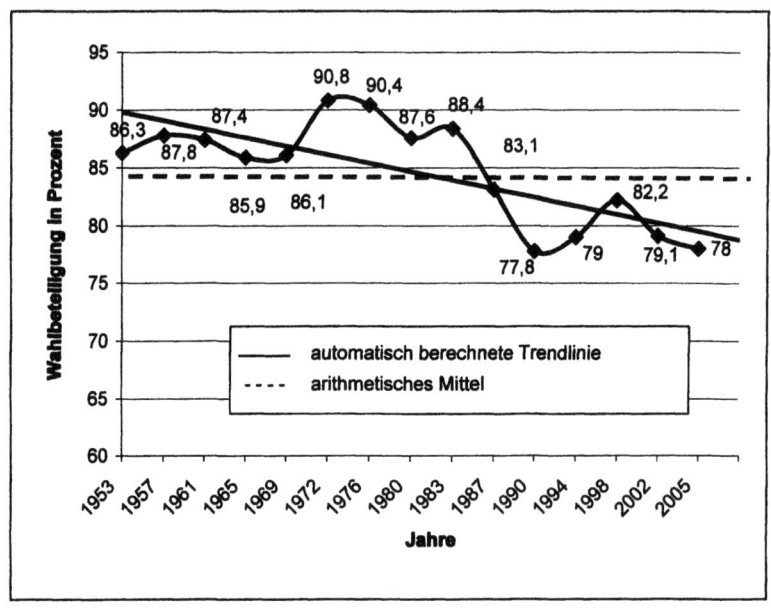

Abbildung 2: Wahlbeteiligung bei Bundestagswahlen[30]

---

28 Eilfort (Mobilisierung, 2001), S. 21 f. Anmerkung: Offensichtlich hat Eilfort den Rückgang der Wahlbeteiligung in Prozentpunkten und nicht in Prozent angegeben, da die Wahlbeteiligung beispielsweise in Rheinland-Pfalz von 70,8 % auf 62,1 % zurückging. Dies entspricht der von Eilfort erwähnten Zahl von 8,7 Prozentpunkten. In Prozent ausgedrückt bedeutet die Entwicklung einen Rückgang von 12,3 %. Vgl. die Zahlen für Rheinland-Pfalz unter: http://www.wahlen.rlp.de/lwl/landtagswahl2001/index.html.
29 Eilfort (Mobilisierung, 2001), S. 21.
30 Eigene Darstellung. Die Zahlen sind entnommen: http://www.bundeswahlleiter.de/wahlen/ergebl.htm.

Trotz dieser herausgehobenen Bedeutung und der einmaligen Partizipationsgelegenheit hat die Wahlbeteiligung bei den Bundestagswahlen in den letzten Jahrzehnten stetig abgenommen, wie aus Abbildung 2 ersichtlich ist.

Abbildung 2 zeigt den Verlauf der Wahlbeteiligung bei den Bundestagswahlen von 1953 bis 2005. Die in der Abbildung gezeigten Zahlenwerte stellen die jeweiligen Wahlbeteiligungen in Prozent dar. So lag die Wahlbeteiligung 1953 bei 86,3 % und erreichte ihren bisherigen Höchststand im Jahr 1972 mit 90,8 %. Die niedrigste Beteiligungsquote an Bundestagswahlen wurde 1990 mit 77,8 % gemessen. 2005 gingen 78,0 % der Wahlberechtigten zur Urne.

Zur besseren Übersicht sind die Einzelwerte mit einer Linie verbunden worden. Ergänzt wurde die Abbildung durch das berechnete arithmetische Mittel, das für die Zeit von 1953 bis 2005 84,7 % beträgt und als gestrichelte Linie dargestellt ist. Es soll ebenso eine Orientierung geben wie die berechnete lineare Trendlinie, die als durchgängige Linie dargestellt ist. Die Trendlinie kann nur als Orientierung dienen, da sich die Entwicklung der Wahlbeteiligung nicht linear verhält.

Die Werte bis 1987 beziehen sich auf die alten Bundesländer, diejenigen ab 1990 auf die gesamte Bundesrepublik. Die Unterschiede in den vier Bundestagswahlen von 1990 bis 2002 ergeben eine im Osten der Bundesrepublik um durchschnittlich 5,5 Prozentpunkte niedrigere Wahlbeteiligung als im Westen.

Die berechnete Trendlinie zeigt, dass sich die Wahlbeteiligung seit Bestehen der Bundesrepublik Deutschland verringert hat, und sie lässt die Vermutung zu, dass die Wahlbeteiligung auch in der Zukunft nicht wieder steigen wird.

Auffällig ist, dass sowohl 1994 als auch 1998 die Wahlbeteiligung im Vergleich zur Vorwahl angestiegen ist. Aber bereits vor der Bundestagswahl 2002 hat Eilfort darauf hingewiesen, dass die Wahlen 1994 und 1998 unter besonderen Vorzeichen standen: Das Ansteigen der Wahlbeteiligung bei den Bundestagswahlen 1994 und 1998

„dürfte allerdings eher auf kurzfristige, politisch-konjunkturelle Faktoren zurückzuführen sein als auf eine grundsätzliche Wende bezüglich des Wahleifers der Bevölkerung, auf die die Zahlen seit der Bundestagswahl 1998 keinerlei Hinweis geben – eher im Gegenteil."[31]

Für die Untersuchung der Ursachen der abnehmenden Wahlbeteiligung sind besonders die Wähler von Interesse, die aus eigenem Entschluss nicht zur Wahl gehen. Diese werden als „echte Nichtwähler" bezeichnet. Um ihren Anteil zu

---

31 Eilfort (Mobilisierung, 2001), S. 21.

ermitteln, muss von der Gesamtzahl der Nichtwähler die Anzahl derjenigen Nichtwähler subtrahiert werden, die aus anderen Gründen als aus eigenem Entschluss nicht wählen gehen konnten. Diese Nichtwähler werden als „unechte Nichtwähler" bezeichnet.[32] Der Anteil der Personen an der Wählerschaft, denen insbesondere aus Umzugsgründen die Wahlberechtigungskarte nicht zugestellt werden konnte, wird von Lavies auf 2,6 % geschätzt.[33] Wahlberechtigte, die zwischen der Wahlbenachrichtigung und der Wahl versterben, Personen mit Doppel- und Nebenwohnsitz sowie verspätetes Eintreffen der Briefe bei der Briefwahl machen einen statistischen Anteil von 1,3 % der Wählerschaft aus.[34] Danach ist davon auszugehen, dass maximal 96 % der Wahlberechtigten überhaupt wählen gehen können. Eilfort stellt sogar zusammenfassend fest, dass in westlichen Demokratien „jeweils 5 bis 10 Prozent der Wahlberechtigten unechte Nichtwähler sind, selbst bei einer Totalmobilisierung also nur eine Wahlbeteiligung von 90 bis 95 Prozent erreichbar ist."[35]

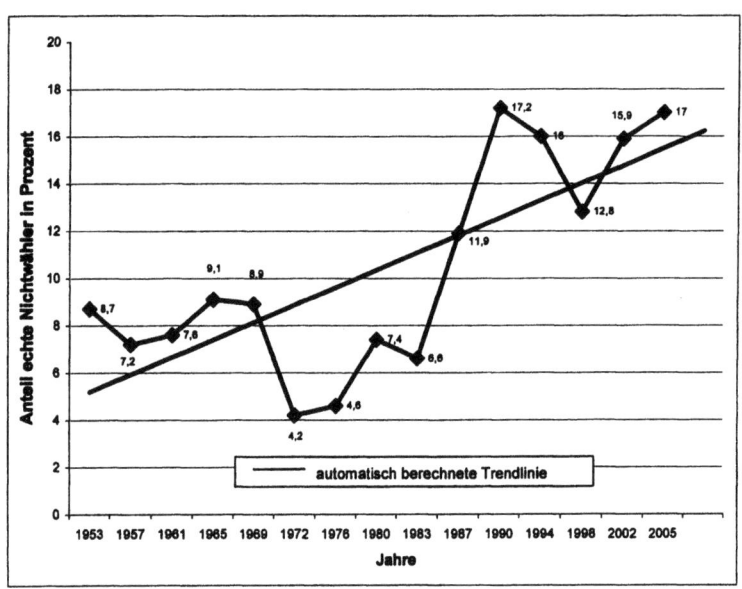

Abbildung 3: Anteil der echten Nichtwähler bei Bundestagswahlen[36]

---

32 Vgl. zum Begriff des „echten Nichtwählers": Eilfort (Nichtwähler, 1994), S. 57.
33 Vgl. Lavies (Nichtwählen, 1973), S. 49.
34 Vgl. Lavies (Nichtwählen, 1973), S. 49.
35 Eilfort (Nichtwähler, 1994), S. 57 mit weiteren Nachweisen.
36 Eigene Darstellung.

Dies hat Konsequenzen bei der Betrachtung der echten Nichtwähler. Im Folgenden wird davon ausgegangen, dass 5 % der Wahlberechtigten unechte Nichtwähler sind. Von den offiziellen Zahlen zur Wahlenthaltung sind folglich fünf Prozentpunkte abzuziehen. In Abbildung 3 ist dargestellt, wie hoch der Anteil der echten Nichtwähler bei den Bundestagswahlen seit 1953. Abbildung 3 liegen die gleichen Datenquellen zugrunde wie Abbildung 2. Auch Abbildung 3 wurde eine Trendlinie zur besseren Orientierung zugefügt.

Bei der Bundestagswahl 1953 lag der Anteil der echten Nichtwähler bei 8,7 %. Der geringste Anteil echter Nichtwähler ist 1972 mit 4,2 % gemessen worden, der höchste 1990 mit 17,2 %. Bei den Bundestagswahlen 2005 gingen 17,0 % der Wahlberechtigten aus freiem Entschluss nicht zur Wahl.

Es wurde zunächst[37] davon ausgegangen, dass sich die Zahl der Nichtwähler verdoppelt hat. Wie aus Abbildung 2 hervorgeht, betrug die niedrigste Wahlenthaltung 1972 9,2 % und die höchste Wahlenthaltung 1990 22,2 %. Diese Aussage ist nun hinsichtlich der echten Nichtwähler zu korrigieren. Diese sind für 1972 mit 4,2 % und für 1990 mit 17,2 % zu berechnen. Damit hat sich der Anteil der echten Nichtwähler mehr als vervierfacht.[38] Allein in sieben Jahren hat sich der Anteil der echten Nichtwähler von 6,6 % in 1983 auf 17,2 % in 1990 um 260 % erhöht.

2.2 Bisherige Forschungsansätze zur Erklärung der sinkenden Wahlbeteiligung

Die ersten wahltheoretischen Überlegungen kommen aus den Vereinigten Staaten. Diese Überlegungen beschäftigten sich vor allem mit der Frage, welche Wählergruppen welche Parteien bevorzugen.[39] Diese Untersuchungen nahmen die soziologischen Bedingungen von Wahl und Nichtwahl in den Blick und hatten eine Vorbildfunktion für die deutsche Nichtwählerforschung. So wurde auch in der Bundesrepublik der Schwerpunkt auf soziostrukturelle Merkmale gelegt, um Wahlabstinenz zu erklären. Das Clustern von sozioökonomischem Status, Alter, Geschlecht, Konfession und sozialem Integrationsgrad sollte Aufschluss über die Gründe der Wahlenthaltung geben. So steigt die Wahlbeteili-

---

37 Vgl. insbesondere Abb. 2.
38 Der exakte Faktor beträgt 4,09.
39 Vgl. Lipset, Rokkan (Cleavage, 1967) mit ihren vier zentralen Konfliktlinien (cleavages), an denen entlang sich Wahlentscheidungen vollziehen: der Zentrum-Peripherie-Konflikt, der Kirche-Staat-Konflikt, der Stadt-Land-Konflikt und der Arbeitnehmer-Arbeitgeber-Konflikt. Ein weiteres Beispiel bedeutender Wahltheorien ist mit Lazarsfeld, Berelson, Gaudet (Choice, 1968) zu nennen.

gung bei höherem sozioökonomischem Niveau der Wahlberechtigten. Bildungsniveau, Berufsstatus und Einkommen bilden hier die Untersuchungskategorien. Falter und Schumann[40] und auch Radtke[41] kommen zu diesem Ergebnis, ebenso Eilfort.[42]

Die Ergebnisse repräsentativer Untersuchungen haben den „Lebenszyklus der Wahlbeteiligung"[43] untermauert: Danach wächst die Wahlbereitschaft mit zunehmendem Alter und nimmt bei Menschen über 60 Jahre wieder ab.[44] Die Merkmale „Geschlecht" und „Konfession" sind hinsichtlich der Bereitschaft zur Stimmabgabe „kaum mehr von Bedeutung."[45] Der sozialen Integration räumt in jüngerer Zeit insbesondere Eilfort[46] eine große Bedeutung ein. Danach gehen einsame Menschen seltener zur Wahl.

Eine Überlagerung der soziostrukturellen Aspekte durch kurzfristige Einflüsse sehen insbesondere die Vertreter der Michigan-Schule.[47] Kurzfristige Einflüsse können etwa die subjektiv empfundene Knappheit des Wahlausgangs oder auch der Grad des politischen Interesses, die Stärke der Parteiidentifikation, die Einstellung zur perzipierten Wahlpflicht, die Einschätzung der eigenen politischen Kompetenz, die Beurteilung der Spitzenkandidaten und die Attraktivität der Wahlkampfthemen sein. Auf diese Aspekte gehen die umfangreichsten Arbeiten in Deutschland in der jüngeren Vergangenheit[48] ein.

Eilfort fasst 2003 sein wichtigstes Ergebnis zur Erklärung der Wahlenthaltung aus der Stuttgarter Untersuchung von 1994 folgendermaßen zusammen: „Der wichtigste Grund: Die Neigung zur Stimmabgabe bei Wahlen steigt mit der Einbindung in Familie, Nachbarschaft, Kirche, Vereinen."[49] Danach gibt es einen Zusammenhang zwischen „Geborgenheit"[50] und Wahlbeteiligung, indem der Unentschlossene von seinem sozialen Umfeld mitgezogen wird. Er würde andernfalls allein zurückbleiben.

---

40 Vgl. Falter, Schumann (Nichtwähler, 1994).
41 Vgl. Radtke (Stimmenthaltung, 1972).
42 Vgl. Eilfort (Nichtwähler, 1994), S. 208 ff.
43 Kleinhenz (Nichtwähler, 1995), S. 27.
44 Vgl. Kleinhenz (Nichtwähler, 1995), S. 27.
45 Kleinhenz (Nichtwähler, 1995), S. 26.
46 Eilfort (Mobilisierung, 2001), S. 23.
47 Vgl. Campbell, Converse, Miller (American Voter, 1960).
48 Vgl. Eilfort (Nichtwähler, 1994) und Kleinhenz (Nichtwähler, 1995).
49 Eilfort (2003), S. 23.
50 Eilfort (2003), S. 23.

„Je mehr und je engeren Kontakt ein Bürger zu anderen Menschen hat, desto größer die Chance, dass sein politisches Interesse geweckt oder verstärkt, eine mögliche Parteibindung vertieft oder er am Wahltag einfach nur ‚mitgezogen' wird."[51]

Die Wahrscheinlichkeit der Stimmabgabe erhöht sich nach Eilfort mit der Intensität der sozialen Integriertheit des Wahlberechtigten. Diesem „sozialen Druck"[52] gibt der Wahlberechtigte nach und folgt dem Impuls seines sozialen Umfeldes, ohne den er eventuell nicht zur Wahl gehen würde. Eilfort argumentiert weiter, dass in „Zeiten wachsender Bindungslosigkeit"[53] der Rückgang der Wahlbeteiligung „fast unvermeidbare Folge gesellschaftlicher Entwicklung"[54] ist.

Je mehr also der Mensch ein auf die Gemeinschaft ausgerichtetes Wesen ist, desto größer ist die Wahrscheinlichkeit, dass er wählen geht. Vor diesem Hintergrund muss es Ziel gesellschaftspolitischer Bestrebungen sein, die Bürger möglichst stark in die Gestaltung des Gemeinwesens einzubeziehen.

Ähnliche Ergebnisse wie Eilfort mit seiner Individulisierungsthese erzielt Kleinhenz, der jedoch die nachlassende Bindung der Wähler an die politischen Parteien, die als Dealignment bezeichnet wird, als Hauptmerkmal der zunehmenden Wahlenthaltung sieht. Annähernd parallel zur abnehmenden Einbindung in Verein, Nachbarschaft, Familie und Kirche verringert sich die feste Bindung von Bürgern an die politischen Parteien. So gaben 1990 71,1 % der Wähler eine Parteipräferenz an, aber nur 26,1 % der Nichtwähler.[55] Die Parteipräferenz in der Gesamtbevölkerung hat seitdem nicht wesentlich abgenommen: 2002 lag sie bei 70,6 %.[56]

Neben der Inidividualisierungsthese und der These des Dealignment wird unter dem Begriff des Wertewandels untersucht, in welchem Maß die Bürger eine innere Verpflichtung spüren, sich an Wahlen zu beteiligen:

„Die Wahlteilnahme wird immer weniger als Bürgerpflicht gesehen. Viele und oft profane Gründe, die heute zur Wahlabstinenz führen, hätten früher wohl keinen vom Urnengang abgehalten. Die starke soziale Norm des Wählen-Müssens, jahrzehntelang ein Charakteristikum der politischen Kultur in Deutschland, hat sich vor allem bei jüngeren Wahlberechtigten im Rahmen des Wertewandels abgeschliffen."[57]

---

51 Eilfort (Mobilisierung, 2001), S. 23.
52 Eilfort (2003), S. 23.
53 Eilfort (2003), S. 23.
54 Eilfort (2003), S. 23.
55 Kleinhenz (Nichtwähler, 1995), S. 141.
56 Vgl. http://www.dvpw.de/wahlumfrage2002/e44.html.
57 Eilfort (Mobilisierung, 2001), S. 23.

Kleinhenz verneint im Gegensatz zu Eilfort den Zusammenhang von sinkender Wahlbeteiligung und Wertewandel.[58] Er kommt zum Ergebnis, dass „nicht auf einen allgemeinen Verfall der Wahlnorm geschlossen werden"[59] kann und damit auch nicht die sinkende Wahlbeteiligung erklärt werden kann.

Um eine weitere Begründung für die Abnahme der Wahlbeteiligung zu liefern, wendet sich Eilfort dem Phänomen der „Politikverdrossenheit"[60] zu. Als politikverdrossen definiert er den politisch Interessierten, der sich bewusst seiner Stimme enthält, um seinem Protest beziehungsweise seiner Unzufriedenheit über „Skandale und Affären, Bürgerferne (‚die da oben')"[61] Ausdruck zu verleihen. Dieser Nichtwähler bemängelt fehlende Problemlösungskompetenz der Repräsentanten ebenso wie „fehlende Alternativen (‚alle gleich')"[62]. Eilfort geht davon aus, dass der Anteil dieser von ihm so genannten „wählenden Nichtwähler"[63] überschätzt wird, da in Umfragen eher Verdruss geäußert wird anstatt zuzugeben, dass es schlicht die Bequemlichkeit war, die die Teilnahme an der Wahl verhindert hat. Die Unzufriedenheit über Politiker und Parteien hat Eilfort zufolge „tiefere Ursachen"[64], was er polemisch ausdrückt:

„Das Volk von Versicherungsbetrügern und Steuerhinterziehern, das sich nach dem Ende des Kalten Krieges und infolge der Individualisierung in einer Sinnkrise befindet und gegen jede Veränderung demonstriert und prozessiert, erwartet vom Staat Orientierung, Nestwärme, Handeln, kurz ‚Führung'."[65]

Eilfort entkräftet das Argument der Politikverdrossenheit mit dem Gegenargument, dass die Äußerung von grundsätzlicher Unzufriedenheit mit dem politischen System häufig nur die wahren Beweggründe zur Wahlenthaltung wie etwa Faulheit überdecken soll. Bei dieser Schlussfolgerung lässt er undifferenzierte misstrauende Gefühle gegenüber den Repräsentanten und Parteien außer Acht, die er selbst als „Bürgerferne (‚die da oben')" und „fehlende Alternative (‚alle gleich')"[66], beschreibt.

---

58 Vgl. Kleinhenz (Nichtwähler, 1995), S. 123. Siehe auch Kleinhenz (Nichtwähler, 1995), S. 126: „Gleichgültig ob die Wertetypen oder die Partizipationsbereitschaft zugrunde gelegt wird, kann der Wertewandel-Ansatz von Inglehart weder bei statischer noch dynamischer Betrachtung die sinkende Wahlbeteiligung erklären."
59 Kleinhenz (Nichtwähler, 1995), S. 127.
60 Eilfort (Mobilisierung, 2001), S. 24.
61 Eilfort (Mobilisierung, 2001), S. 24.
62 Eilfort (Mobilisierung, 2001), S. 24.
63 Eilfort (Mobilisierung, 2001), S. 24.
64 Eilfort (Mobilisierung, 2001), S. 24.
65 Eilfort (Mobilisierung, 2001), S. 24.
66 Eilfort (Mobilisierung, 2001), S. 24.

Die Erklärungen der Wahlenthaltung werden neben der Individualisierung, dem Dealignment, dem Wertewandel und der Politikverdrossenheit durch die Kompliziertheit des Wahlrechts komplettiert. Es wird argumentiert, dass das komplizierte Wahlrecht in der Bundesrepublik Deutschland wenig transparent ist und damit viele Wahlberechtigte in die Überforderung führt.

„Das in Deutschland geltende Wahlsystem ist vor allem durch die unterschiedlichen, miteinander verzahnten Beziehungen zwischen listenbezogener Verhältniswahl und personenbezogener Mehrheitswahl kompliziert aufgebaut und für die Wählerinnen und Wähler selbst in seiner Grundstruktur nur schwer verständlich. So muss den Wählern vor jedem Wahlgang die zweifache Stimmabgabe neu ins Gedächtnis gerufen und erklärt werden, warum die Zweitstimme als entscheidend betrachtet wird."[67]

Auf die Frage, welche Stimme in erster Linie über die Stärke der einzelnen Parteien im Deutschen Bundestag entscheidet, antworteten in einer Internet-Umfrage im Jahr 2002 46,7 % der an der Umfrage Beteiligten, dass die Zweitstimme entscheidet. 42,1 % der an der Umfrage Beteiligten waren der Ansicht, dass die Erststimme entscheidend ist, und 11,2 % der an der Umfrage Beteiligten wussten auf die Frage keine Antwort.[68]

Prittwitz bringt damit zum Ausdruck, dass die Kompliziertheit des Wahlsystems der Bundesrepublik Deutschland zur abnehmenden Wahlbeteiligung beiträgt. Damit kann allenfalls ein geringer Anstieg der Nichtwähler erklärt werden, keinesfalls der rasante Anstieg der vergangenen Jahre.

2.3 Vorschläge zur Anhebung der Wahlbeteiligung

Die Autoren, die sich mit dem Phänomen der abnehmenden Wahlbeteiligung beschäftigen, haben Vorschläge erarbeitet, mit denen die Wahlbeteiligung wieder angehoben werden könnte.

Der Vorschlag von Jesse rekurriert auf den Verfall von Stimmen für Parteien, die weniger als fünf Prozent der Stimmen erhalten. Er plädiert daher für eine Nebenstimme:

„Auch wenn die Sperrklausel aus den erwähnten Gründen zu rechtfertigen ist, weist sie ein gravierendes Manko auf. Wer für eine Partei votiert, die weniger als fünf Prozent erreicht, hat faktisch für den „Papierkorb" gestimmt. Seine Stimme zählt für die politische Willensbildung nichts. In einer parlamentarischen Demokratie sollte jedoch gerade das Wahlrecht als der wichtigste Partizipationsakt so konstruiert sein, dass möglichst jede Stimme zählt. Eine Mög-

---

67 Prittwitz (Verhältniswahl, 2003), S. 16.
68 Prittwitz (Verhältniswahl, 2003), S. 16.

lichkeit bestünde darin, jedem Wähler eine Nebenstimme zu geben. Bekäme die Partei, für die sich der Wähler mit der Hauptstimme ausgesprochen hat, keine fünf Prozent der Stimmen, dann würde sie zwar nicht im Bundestag vertreten sein, das Votum der Wähler aber gleichwohl Berücksichtigung finden."[69]

Ein Effekt der Nebenstimme könnte sein: „Vielleicht steigt sogar die Wahlbeteiligung."[70]

Ebenfalls aus dem Bereich des Wahlrechts kommt der Vorschlag von Prittwitz, der die Einführung einer „vollständig personalisierte(n) Verhältniswahl"[71] fordert. Im Wesentlichen handelt es sich dabei um eine Verhältniswahl, die Erst- und Zweitstimme miteinander verbindet und dadurch nur noch eine Stimmabgabe erfordert. Die Wahlbeteiligung in den dann wesentlich größeren „Wahlbezirken"[72] hat Einfluss auf die Anzahl der Abgeordneten, die der jeweilige Wahlbezirk in den Bundestag entsendet. Die Fünf-Prozent-Hürde bleibt erhalten. Einen großen Vorteil seines Vorschlages sieht Prittwitz darin, dass die Wähler durch die personalisierte Wahl „die personelle Zusammensetzung der Bundestagsfraktionen vollständig und unmittelbar bestimmen."[73]

„Sie gewinnen damit ein fundamentales demokratisches Recht, die unmittelbare Wahlmöglichkeit aller Abgeordneten, zurück. Dies dürfte einen erheblichen Motivationsschub bei den Wählern auslösen und die Legitimation des politischen Systems in Deutschland erhöhen."[74]

Eilfort fasst die Diskussion um die Anhebung der Wahlbeteiligung wie folgt zusammen:

„So ist der stets aufs Neue auftauchende Vorschlag einer Wahlpflicht, die letztlich ein Förderprogramm für Protestparteien wäre, ebenso kritisch zu sehen wie die in manchen Bundesländern für Kommunalwahlen beschlossene Senkung des Wahlalters auf sechzehn Jahre. Stark zu bezweifeln ist auch, ob die oft ins Spiel gebrachten „plebiszitären Elemente" mehr sein könnten als eine Spielwiese für Aktivisten und informiertere Bildungsbürger. Der Anteil der Nichtwähler, der sich durch andere Arten von Abstimmungen an die Urne locken ließe, dürfte sehr gering sein. Vor allem wegen des nachlassenden „staatsbürgerlichen Pflichtbewusstseins" und wegen der Abnahme von gesellschaftlichen Bindungen wird die Wahlbeteiligung in Deutschland langfristig weiter sinken."[75]

---

69 Jesse (Wahlrecht, 2003), S. 9.
70 Jesse (Wahlrecht, 2003), S. 10.
71 Prittwitz (Verhältniswahl, 2003), S. 20.
72 Prittwitz (Verhältniswahl, 2003), S. 20.
73 Prittwitz (Verhältniswahl, 2003), S. 20.
74 Prittwitz (Verhältniswahl, 2003), S. 20. Ähnlich argumentiert Hennis (Zuschauer, 1995), insbesondere S. 138, wo er für die Einführung der Mehrheitswahl plädiert.
75 Eilfort (Mobilisierung, 2001), S. 28.

2.4 Grenzen der empirischen Nichtwähleruntersuchung

Wenngleich die bisherigen empirischen Untersuchungen über die Ursachen der Wahlenthaltung mit der Individualisierung, dem Dealignment, dem Wertewandel, der Politikverdrossenheit und der Kompliziertheit des Wahlrechts Ansätze liefern, um das Phänomen der zunehmenden Wahlenthaltung zu erklären, ist die Aussagekraft empirischer Forschung schwach ausgeprägt.

Kleinhenz stellt für seine erhobenen empirischen Befunde fest: „Die Aussagekraft der untersuchten Erklärungsansätze war jedoch insgesamt nicht sehr befriedigend."[76] Der empirische Beleg seiner angenommenen kausalen Zusammenhänge ist schwer zu erbringen. So begründet Kleinhenz seine Aussagen mit gemessenen Zahlen, denen ein nicht repräsentatives N von 342 zugrunde liegt. Seine Arbeit greift auf eine Umfrage von 1992[77] zurück, bei der 2299 Bürger befragt wurden. Von diesen 2299 Befragten waren 342 Nichtwähler. Neben dem sehr kleinen N, das die Aussagekraft einschränkt, liefert seine Untersuchung geringe Korrelationswerte. Im Anhang seiner Arbeit, in dem das empirische Datenmaterial zusammengetragen ist, finden sich teilweise genau umgekehrte kausale Zusammenhänge.

Des Weiteren stößt Kleinhenz bei seinen Untersuchungen auf Schwierigkeiten bei der Interpretation empirischer Daten. Dies wird insbesondere deutlich, wenn das Phänomen des Dealignment betrachtet wird. Bei dem Versuch, sinkende Wahlbeteiligung mit diesem Phänomen zu erklären, wird davon ausgegangen, dass es einen kausalen Zusammenhang zwischen der abnehmenden Parteienbindung und der zunehmenden Wahlenthaltung gibt:[78] Die abnehmende Parteibindung wird als unabhängige Variable betrachtet und führt zu abnehmender Wahlbeteiligung, die die abhängige Variable darstellt. Eine wissenschaftlich erhärtete Begründung für einen kausalen Zusammenhang in dieser Richtung konnte jedoch nicht gefunden werden. Der kausale Zusammenhang zwischen dem Dealignment und der abnehmenden Wahlbeteiligung könnte auch in die andere Richtung verlaufen. So wäre es denkbar, dass durch die abnehmende Wahlbeteiligung die Bindung an die Parteien abnimmt. In diesem Fall wäre die abnehmende Parteibindung die abhängige Variable und die sinkende Wahlbeteiligung die unabhängige Variable. In diesem Fall müssten andere Erklärungen gefunden werden, um das Phänomen der sinkenden Wahlbeteiligung zu erklären.

---

76 Kleinhenz (Nichtwähler, 1995), S. 201.
77 Kleinhenz (Nichtwähler, 1995).
78 Vgl. etwa Kleinhenz (Nichtwähler, 1995), S. 156. Dort stellt er fest, dass „das Dealignment entscheidend zur Erklärung der sinkenden Wahlbeteiligung bei(trägt)".

Die bisherige empirische Forschung versucht, parallele gesellschaftliche Entwicklungen[79] als kausale Erklärungen für die abnehmende Wahlbeteiligung heranzuziehen. Es scheint hier jedoch eher so zu sein, dass der Rückgang der Wahlbeteiligung, die abnehmende Bindungskraft der Parteien, das Abwenden von Vereinen und Kirchen und die abnehmende Wahlnorm parallele Entwicklungen sind, die nicht geeignet sind, einander zu erklären. Die Frage nach der wirklichen Ursachen der abnehmenden Wahlbeteiligung bleibt somit bisher unbeantwortet.

Ein weiteres großes Problem der empirischen Untersuchung des Phänomens der abnehmenden Wahlbeteiligung besteht im Overreporting, auf das Eilfort in seiner Untersuchung[80] hinweist. Overreporting bezeichnet die Tendenz von Befragten, bei der Frage nach ihrer Wahlbeteiligung dann die Unwahrheit zu sagen, wenn sie nicht gewählt haben. Sie täuschen in Interviews und Fragebögen also über ihre Wahlenthaltung hinweg. Das Ausmaß des Overreporting ist sehr ausgeprägt.

So stellt Eilfort im Rahmen der Stuttgarter Untersuchung fest, dass die Fragebögen von „5336 Wählern und 2116 Nichtwählern"[81] ausgewertet wurden. Dies entspricht einem Nichtwähleranteil von 28,4 %. In den Fragebögen hatten sich aber nur 1517 Nichtwähler als solche bekannt, was einem Anteil von 22,1 % der Befragten entspricht. Das heißt: Nur 71,5 % der Nichtwähler gaben ihre Wahlenthaltung zu. Eilfort war bei seiner Untersuchung durch die Kooperation mit der Stadt Stuttgart in der Lage, die wahre Zahl der Nichtwähler zu ermitteln, da die zurückgeschickten Fragebögen mit den Wählerverzeichnissen abgeglichen wurden. Dies zeigt, dass auch andere Erhebungen mit ähnlichen Fehlerquoten behaftet sein dürften.[82]

Neben dem Phänomen der abnehmenden Wahlbeteiligung ist gleichzeitig zu beobachten, dass die Bereitschaft der Bürger, sich am politischen Prozess zu beteiligen, gestiegen ist. Bürklin stellt eine „gestiegene Beteiligungsbereitschaft"[83] in der Bevölkerung fest.[84] Sie kann theoretisch zurückgeführt werden auf die von Barnes und Kaase im Rahmen ihrer Political Action Studie beschriebene partizi-

---

79 Vgl. Inglehart (Postmodernisierung, 1998).
80 Vgl. Eilfort (Nichtwähler, 1994).
81 Eilfort (Nichtwähler, 1994), S. 138.
82 Einen Überblick über die Entwicklung des Ausmaßes des Overreporting gibt Kleinhenz (Nichtwähler, 1995), S. 87 f.
83 Bürklin (Wandel, 1992), S. 21.
84 Feist (Wahlbeteiligung, 1992) stellt auf S. 42 eine „nachlassende(r) Partizipationsbereitschaft" fest. Kleinhenz (Nichtwähler, 1995), S. 124, kommt wiederum zu einer gestiegenen Partizipationsbereitschaft: „So waren 1988 13 Prozent der Befragten bereits in einer Bürgerinitiative aktiv gewesen. 1992 waren es 17 Prozent. Bereitschaft zur Mitgliedschaft signalisierten 1988 30 Prozent und 1992 38 Prozent."

patorische Revolution.[85] Danach besteht für die Menschen ein Dilemma, dass sie einerseits nach mehr politischer Partizipation streben und gleichzeitig eine „Ablehnung der etablierten politischen Institutionen (zeigen), über die in repräsentativen Demokratien politische Mitwirkung organisiert ist; das sind Wahlen und vor allem das System der innerparteilichen Demokratie."[86]

Die Bürger wenden sich von den traditionellen Möglichkeiten der politischen Verantwortungsübernahme ab, gehen seltener wählen und kehren auch den Parteien den Rücken. In der Folge dieser zunehmenden Partizipationsbereitschaft bei gleichzeitiger Ablehnung der Parteien hat sich eine vermehrte Tendenz zu unverfassten Formen der Partizipation wie Unterschriftensammlungen, Bürgerinitiativen, Demonstrationen und Boykotten[87] gezeigt.

Die bisherige Forschung sieht sich zusammengefasst insbesondere drei Problemen gegenüber, durch die die Aussagekraft der Forschungsergebnisse erheblich eingeschränkt wird. Erstens wird teilweise auf nicht valides Datenmaterial zurückgegriffen.[88] Zweitens kann der Verdacht von Scheinkorrelationen beispielsweise bei der Betrachtung des Dealignment als Begründung der zunehmenden Wahlenthaltung nicht ausgeräumt werden. Und drittens zeigt Eilfort[89] das Ausmaß des Overreporting, das m. E. erhebliche Zweifel an der Aussagekraft der bisherigen empirischen Untersuchungen aufkommen lässt.

Hinzu kommt, dass der Widerspruch zwischen einer vermehrten Partizipationsbereitschaft und der abnehmenden Wahlbeteiligung noch nicht aufgelöst wurde. Aus Sicht der empirischen Sozialforschung muss der Nichtwähler daher nach wie vor als das „unbekannte Wesen"[90] bezeichnet werden, so dass es angezeigt erscheint, das Phänomen der Wahlenthaltung von einem anderen Standpunkt aus zu betrachten.

2.5 Fragestellung der Arbeit

Unbefriedigend fallen bisherige Forschungsergebnisse besonders deshalb aus, weil die Autoren die Teilnahme an Wahlen als selbstverständlich voraussetzen und weil sie von dieser Position aus daran gehen, Nichtwahl zu erklären.

---

85 Barnes, Kaase (Political Action, 1979).
86 Bürklin (Wandel, 1992), S. 21.
87 Vgl. Bürklin (Wandel, 1992), S. 23.
88 Vgl. insbesondere Kleinhenz (Nichtwähler, 1995), Anhang 5, S. 236.
89 Vgl. Eilfort (Nichtwähler, 1994), S. 138.
90 Falter, Schumann (Nichtwähler, 1994).

Die vorliegende Arbeit widmet sich im Folgenden vor allem den „demokratietheoretischen Grundfragen des Wählens"[91] und sie versucht, einen theoretischen Rahmen abzustecken, um die Frage zu beantworten, unter welchen Bedingungen Menschen wählen gehen. Damit wird ein Ansatz gewählt, der als Forschungslücke auch in der Nichtwählerforschung benannt wird: „Die theoretische Fragestellung darf daher nicht lauten, warum die Bürger nicht zur Wahl gehen, sondern vielmehr, warum sie wählen."[92] Allgemeiner gefasst kann gefragt werden: „Warum eigentlich soll ich politischer Mensch sein, wo liegen die entscheidenden Motive, unreflektiert kraftvollen Beweggründe politischen Engagements?"[93] Hennis stellt eine ähnliche Forschungslücke wie Kleinhenz fest und befragt „unsere zeitgenössische Theorie der Demokratie nach dem, was sie von den Motiven des Bürgersinns weiß. Sie weiß nichts davon, zumindest herzlich wenig."[94] Und weiter wird der Bürgersinn auf die Teilnahme an Wahlen bezogen: „(...) aber warum der einzelne, dem demokratisches Verfassungsrecht im Wahlrecht sein Partikelchen Wille zuweist, davon Gebrauch machen soll, (...) diese Kernfrage bleibt ungeklärt."[95]

Diese Kernfrage, von der Hennis spricht, soll im Folgenden beantwortet werden. Denn erst ein grundlegendes Verständnis der Wahl als Mittel politischen Handelns eröffnet die Möglichkeit, mit anderen eventuell empirischen Fragestellungen das Phänomen der Wahlenthaltung weiter zu erhellen. Wenn die Teilnahme an Wahlen als politisches Handeln verstanden werden soll – also als Teilhabe am politischen Entscheidungsprozess –, so muss zunächst interessieren, welche Stellung der Wahl bei den Möglichkeiten der politischen Gestaltung zukommt.

---

91 Schulze (2003), S. 684.
92 Kleinhenz (Nichtwähler, 1995), S. 225.
93 Hennis (Bürgersinn, 1962), S. 148.
94 Hennis (Bürgersinn, 1962), S. 150.
95 Hennis (Bürgersinn, 1962), S. 151.

3 Rahmenbedingungen der Bürgerverantwortung

Die Institution „Wahl" lässt sich systematisch in die politischen Partizipationsmöglichkeiten der Bürger einordnen. Die Beteiligungsformen werden dabei in „verfasst" und „unverfasst" unterschieden. Nach Kaase und Neidharst[96] stellt die Wahl die einzige verfasste Beteiligungsform auf Bundesebene dar. Die unverfassten Beteiligungsformen werden in „legale" und „illegale" Formen differenziert, wobei bei den illegalen unverfassten Beteiligungsformen Aktionen wie Hausbesetzungen und verbotene Demonstrationen als „nicht unmittelbar gewaltsam" und Attentate und Anschläge als „direkte politische Gewalt" gegen Personen oder Sachen bezeichnet werden.[97] Abbildung 4 stellt diese Unterscheidung im Überblick dar.

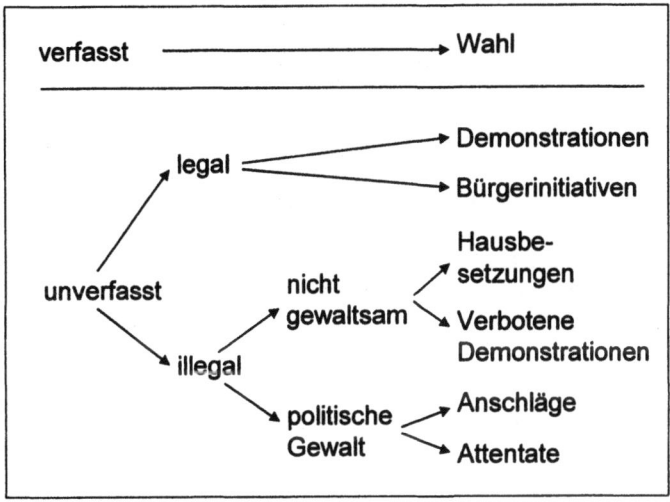

Abbildung 4: Die Wahl in der Systematik der politischen Beteiligungsformen[98]

Bei der Betrachtung von Abbildung 4 wird deutlich, dass die Wahl das herausragende Mittel der Bürger bei der Mitgestaltung des Gemeinwesens darstellt. Nach Sternberger beschränkt sich die Gestaltungskompetenz der Bürgerschaft auf das Wahlrecht: „Sie wählt, nichts sonst."[99] Wollen sich Bürger direkt enga-

---

96 Vgl. Kaase, Neidharst (Repression, 1990).
97 Vgl. Kaase, Neidharst (Repression, 1990), S. 11 ff.
98 Eigene Darstellung nach Kaase, Neidharst (Repression, 1990), S. 11 ff.
99 Sternberger (Zweifel, 1986), S. 235.

gieren – und nicht indirekt über die politischen Parteien –, sind sie entweder auf das verfasste Mittel der Wahl angewiesen oder sie bewegen sich außerhalb der verfassten Ordnung. Umso mehr muss verwundern, dass immer mehr Bürger von ihrem Recht zu wählen keinen Gebrauch machen.

Wenn es um Wahlbeteiligung geht, sollte im Vordergrund stehen, welche individuellen Ursachen es hat, ob ein Wähler zur Wahl geht oder nicht.[100] Es werden teils bewusste, häufig unterbewusste Faktoren sein, die den Wähler immer häufiger von der Wahlurne fernhalten. Die Entscheidung, nicht zu wählen, kann auch Ergebnis gesellschaftlicher Entwicklung sein, deren Einflüsse den einzelnen potenziellen Wähler treffen.

Der Bürger, der zur Wahl geht, übt seine Entscheidungsmacht aus, er übernimmt die Verantwortung, die ihm zusteht. Der Bürger hingegen, der nicht zur Wahl geht, tritt von seiner Verantwortung zurück. Der abstinente Wähler kann es nicht mehr verantworten, den zur Wahl stehenden Parteien und Personen seine Stimme zu geben. Hier wird deutlich, dass Bürger nur unter bestimmten Voraussetzungen für die Repräsentanten „erneut Verantwortung übernehmen"[101] können. Sind diese Voraussetzungen nicht gegeben, kommt es zur Wahlenthaltung.

Das Phänomen der sinkenden Wahlbeteiligung ist erst mit der Einführung des allgemeinen Wahlrechts erschienen, von dem in Deutschland ab 1919 gesprochen werden kann. Dabei steht die Einführung freier Wahlen in engem Zusammenhang mit der neuzeitlichen Entwicklung demokratischer Überlegungen und damit auch mit der Frage, was einen freien verantwortlichen Menschen ausmacht.

3.1 Entwicklung der Bürgerverantwortung

Moderne liberale demokratietheoretische Überlegungen nehmen üblicherweise ihren Anfang bei Thomas Hobbes,[102] der aus den Wirren des Bürgerkrieges im

---

100 Nicht betrachtet werden hier die einzelnen Funktionen, die der Wahl im politischen System zugewiesen werden. Nohlen (Wahlen, 2003), S. 678, nennt die kontroversen Hauptansätze zur Erklärung der Funktion von Wahlen: „Die Spannweite reicht nach wie vor von Funktionen der Artikulation von Vertrauen in die persönliche Integrität und die sachliche Leistungsfähigkeit von Personen (C. J. Friedrich, D. Sternberger) über technizistische, systemadäquate Funktionen der Herstellung einer funktionsfähigen Repräsentation (Köln-Mannheimer Schule) bis hin zu Alibifunktionen, Konkurrenz von Personen und Parteien vorzuspiegeln, gesellschaftliche Antagonismen zu verschleiern (J. Agnoli) und eine Blanko-Vollmacht für konsensunabhängiges Entscheiden auszustellen (C. Offe)."
101 Merten (Bürgerverantwortung, 1995), S. 30.
102 Fetscher (Einleitung, 1984), S. XIX, hebt den „hohen Erkenntniswert dieser ersten modernen und bürgerlichen Staatsphilosophie" hervor.

England des 17. Jahrhunderts weitreichende Konsequenzen zog. Kersting bezeichnet das Hauptwerk Hobbes', den Leviathan,[103] auf den hier auch im Besonderen reflektiert werden soll,[104] als „Gründungsbuch der politischen Moderne"[105].

Die zeitgeschichtliche Einordnung des Leviathan beginnt 1642, als in England der erste von zwei Bürgerkriegen beginnt, die sich insgesamt bis 1648 hinziehen. Der Spannungsbogen, der diesen mindestens seit 1609 schwelenden Konflikt heraufbeschwört, ist in seiner politischen und wirtschaftlichen Dimension zu skizzieren. Zwischen Karl I. und dem Parlament ist es zu nicht mehr überbrückbaren Differenzen gekommen, die sich darauf reduzieren lassen, dass das Parlament weitergehende Kompetenzen für sich beansprucht und gleichzeitig dem Monarchen die Prärogative[106] und das Recht zur Parlamentsauflösung absprechen will. Dieser Konflikt spiegelt in der politischen Praxis wider, was normativ erst noch nachvollzogen werden muss: Der starken Stellung des Königs liegt staatstheoretisch das Verständnis zugrunde, dass er Gottes Vertreter auf Erden und auch nur ihm verantwortlich ist. Ihm fällt es nach seinem Verständnis zu, Rechte zu gewähren und zu entziehen. Die Legitimations- und Verantwortungskette Gott – Monarch – Adel – Untertanen ist unumstößlich.[107]

Als Ausgangspunkt für den Konflikt gibt es eine wirtschaftliche Liberalisierungsbewegung. Es scheint gerade in den am Außenhandel interessierten Hafenstädten und den Zentren der beginnenden Industrialisierung die Überzeugung vorzuherrschen, dass wirtschaftliche Prosperität individuelle Freiheit im Wirtschaftsprozess voraussetzt. Die Morphose zur freien Marktwirtschaft[108] vollzieht sich im England des 16. und 17. Jahrhunderts, ohne dass es zu normativen Kon-

---

103 Hobbes (Leviathan, 1651).
104 Die Dominanz des Leviathan bei der Behandlung von Thomas Hobbes erklärt sich nicht zuletzt aus dessen Relevanz für das hobbessche Gesamtwerk, wie bereits Fetscher (Einleitung, 1984), S. XVIII, betont: „Im ganzen gilt jedoch, dass die Darstellung seines politischen Systems von Mal zu Mal umfangreicher und durchdachter wird, so dass man mit einigem Recht im Leviathan die endgültige und bedeutsamste Fassung der politischen Philosophie des Thomas Hobbes erblicken kann."
105 Kersting (Vorwort, 1996), S. 1.
106 Zum Begriff der Prärogative siehe insbesondere Ritter (1972), S. 23 ff. Hier mag der Hinweis genügen, dass sich die Prärogative auf die persönliche Rechtsstellung des Monarchen, seine alleinige Exekutivgewalt und seine Macht über die Rechtsprechung erstreckte. Er war unantastbares Oberhaupt der englischen Staatskirche und konnte das Parlament auflösen. Dies mag auch die Konfliktlinien zwischen Krone und Parlament weiter transparent machen.
107 Das Staatsverständnis des Absolutismus gibt Michels (Tendenzen, 1908), S. 47, wieder: „Gott wird vom Himmel heruntergeholt und dient der monarchischen Zwingburg als staatsrechtliche Stütze – das Gottesgnadentum."
108 Hinzuweisen ist allerdings auf die restriktive Wirtschaftspolitik der konservativen englischen Regierungen, die die Ausweitung des freien Marktes mindestens verzögern wollten.

flikten kommt.[109] Sie lässt sich in „ökonomischen Entwicklungsetappen"[110] stichwortartig zusammenfassen: Kommerzialisierung der Landwirtschaft, Entstehung von Manufakturen, Textilboom, private Kohlenproduktion,[111] Entstehung von Handelskompanien, überseeische Unternehmungen.[112] Dies hat Auswirkungen auf die Zusammensetzung der englischen Gesellschaft an der Schwelle zur Marktgesellschaft, die Fetscher[113] in vier Klassen einteilt:

„1. An der Spitze standen die Angehörigen des weltlichen und geistlichen Hochadels (...), der aber nur 186 Familien angehörten.
2. Nach dem Landadel kam die Gentry, der kleine Landadel (...).
3. Fast unmerklich ist der Übergang zur Klasse der freien Berufe (...).
4. Die größte Klasse bildete aber das ‚einfache Volk', the common people, das etwa 75 % der Bevölkerung ausmachte (...)."[114]

Die politische Landkarte Europas und auch der durch Auslandsreisen erweiterte Horizont von Thomas Hobbes zeigen ein noch schrecklicheres, weil flächendeckendes Bild: Ganz Europa liegt nach dem dreißigjährigen Krieg in Schutt und Asche. Und so ist die Sehnsucht des Thomas Hobbes nicht von der Idee der ihre Lebensumstände selbst gestaltenden politisch interessierten Menschen geprägt. Für seine Gedanken ist die Sehnsucht nach Sicherheit bringendem dauerhaftem Frieden konstitutiv. Aristoteles definiert in seiner Nikomachischen Ethik Glück als höchstes Gut.[115] Die bittere Realität jedoch hält Hobbes davon ab, das summum bonum zu verfolgen. Vielmehr versucht er, das „summum malum, den Krieg aller gegen alle"[116], zu verhindern.

Die persönlichen Erfahrungen bestimmen das Menschenbild von Thomas Hobbes.[117] Auf der einen Seite ist eine gewisse wirtschaftliche Aufbruchstimmung festzustellen, die mit den politischen Emanzipationsbemühungen des Parlamentes einhergeht. Auf der anderen Seite beherrscht die weltliche und klerikale Gewalt vereinende Krone, die ihre absolute Machtstellung behaupten möchte, das Land. So ist die Zeit des 1588 geborenen Thomas Hobbes geprägt von einem Spannungsverhältnis, das sich schließlich ab 1642 entlädt.

---

109 Vgl. Marx (Konterrevolution, 1848), S. 107.
110 Röhrich (Wissenschaft, 1986), S. 229.
111 Nach der Konfiszierung des kirchlichen Besitzes, zu dem auch die Bergwerke gehörten.
112 Vgl. Röhrich (Wissenschaft, 1986), S. 229 ff.
113 Fetscher (Großbritannien, 1968), S. 36 f.
114 Fetscher (Großbritannien, 1968), S. 36 f.
115 Vgl. Aristoteles (Nikomachische Ethik), 1095a.
116 Breier, Gantschow (Politische Theorie, 2006), S. 34.
117 Es gipfelt in seiner Aussage: „Meine Mutter hat Zwillinge geboren, mich und die Furcht zugleich." Zitiert nach Röhrich (Denker, 1989), S. 19.

Hobbes' Menschenbild wird erstens durch die gewaltsamen Erfahrungen der englischen Bürgerkriege, zweitens durch das von Galilei verkörperte naturwissenschaftliche Verständnis der Wissenschaft und drittens durch das traditionelle Denken in Besitzverhältnissen[118] beeinflusst. Im Leviathan finden sich diese drei Überzeugungen wieder:

„Ein geschickter und gewissenhafter Richter ist zu Friedenszeiten ein wichtiger Mann, im Kriege aber nicht. Mit der Würde eines Menschen geht es meistens wie mit allen anderen Dingen, deren Wert von dem Urteil des Käufers, nicht aber dem des Verkäufers abhängt."[119]

Deutlich wird in diesem Zitat die massive Auswirkung des Krieges, gleichzeitig auch Hobbes' Sehnsucht nach Frieden. Er bezeichnet hier die Würde des Menschen als Sache, als Ding, das den marktwirtschaftlichen Gesetzen unterworfen ist. Danach steht die Würde des Menschen im Naturzustand zur Disposition des Käufers. Der Besitzer der Würde kann sich seiner nicht sicher sein.

Krieg führt nach Hobbes zu einem Zustand der Rechtlosigkeit, da jeder ein Recht auf alles hat. Der kriegerische Zustand ist für Hobbes der natürliche, der Naturzustand, den er mit weiteren Eigenarten des Menschen begründet. Dabei wählt er einen streng szientistischen Ansatz als Widerlegung von Aristoteles. Dies

„bedingt eine radikal individualistische Ausrichtung: nimmt man den Menschen als ein Stück Natur, als kausalgesetzlich bewegtes Ding unter Dingen, dann nimmt man ihn auch als a-historisches, von allen sozialen Bindungen unabhängiges Individuum."[120]

Die Auseinandersetzung mit diesen Eigenarten der Menschen führt Hobbes zu der Erkenntnis, „dass die Individuen nach Selbsterhaltung und Lustgewinn streben"[121]. Das menschliche Hauptanliegen in Hobbes' Anthropologie ist also das Streben nach Selbsterhaltung. Ihr ist absolute Priorität einzuräumen. Es wird rein mechanistisch begründet „durch die Rückkopplung von Verlangen und Abneigung an die vitalen Bewegungen"[122] wie „Bewegung des Blutes, des Pulses, des Atemholens, der Verdauung, der Verteilung des Nahrungssaftes und der

---

118 Vgl. Chwaszcza (Leviathan, 1996), S. 90. Dort wird Hobbes' Gütertheorie betont, „der wiederum eine entscheidende argumentative Bedeutung im Rahmen von Hobbes kontraktualistischem Argument zukommt."
119 Hobbes (Leviathan, 1651), S. 81.
120 Chwaszcza (Leviathan, 1996), S. 84.
121 Fetscher (Einleitung, 1984), S. XIX. Fetscher (Einleitung, 1984), S. XIX, weist darauf hin, dass der Leviathan erstmals mit dem 10. Kapitel „zwischenmenschliche(n) Beziehungen in die Betrachtung ein(bezieht), wir überschreiten die Schwelle von den erkenntnistheoretischen und psychologischen Erwägungen zu den soziologischen."
122 Chwaszcza (Leviathan, 1996), S. 92.

Ausleerung"[123]. Selbsterhaltung ist demnach eine vitale Bewegung. Das Streben auch nach nicht-vitalen Bewegungen, die Hobbes „tierische und willkürliche"[124] Bewegungen nennt, wird durch den Eindruck eines Objektes auf ein Subjekt erzeugt. Auch das Streben nach Lustgewinn liegt in der Natur des Menschen. Dass die Menschen Dinge erstreben, „unterliegt nicht ihrer Entscheidung, sondern folgt einem kausalen Mechanismus."[125] Der Mensch reagiert auf ein Objekt entweder mit Verlangen oder mit Abneigung. Damit wird auch die Entscheidung von gut und böse determiniert: „Gut nennt der Mensch jedweden Gegenstand seiner Neigung, böse aber alles, was er verabscheut und hasst, schlecht das, was er verachtet."[126] Dabei hängt es an den subjektiven Neigungen und Zuständen des Subjekts, ob ein Objekt als gut oder böse bewertet wird.[127]

Mit Chwaszcza kann weiter festgehalten werden:

„Aufgrund seines methodologisch induzierten Reduktionismus aller Phänomene auf Körper und Bewegung führt dies zu einer mechanistischen Psychologie, deren Ausarbeitung jedoch nicht wissenschaftlicher Selbstzweck ist. Die Anthropologie ist Grundlagenwissenschaft für die politische Philosophie. Ihr Hauptziel liegt darin, die vorherrschenden menschlichen Neigungen, Leidenschaften und Vernunftformen herauszuarbeiten, die die sozialen Interaktionen im Naturzustand bestimmen."[128]

In seinen Grundzügen stellt Hobbes' Anthropologie eine „kausal-mechanistische Theorie menschlichen Handelns"[129] dar.

In den sozialen Beziehungen geht es den Menschen vor allem darum, diesem Streben nach Lustgewinn zur Verwirklichung zu verhelfen. Dies geschieht vornehmlich durch Macht: „Allgemein genommen besteht die Macht eines jeden in dem Inbegriff aller der Mittel, die von ihm abhängen, sich ein anscheinend zukünftiges Gut zu eigen zu machen."[130]

Gleichzeitig lebt Hobbes aber auch in einer Zeit, in der der Naturwissenschaft eine immer größere Bedeutung zukommt. So kann auch Hobbes' Werk als spätmittelalterlicher Versuch gewertet werden, theologische Argumentationsli-

---

123 Hobbes (Leviathan, 1651), S. 47.
124 Hobbes (Leviathan, 1651), S. 47.
125 Chwaszcza (Leviathan, 1996), S. 92.
126 Hobbes (Leviathan, 1651), S. 50. Chwaszcza (Leviathan, 1996), S. 92, führt hierzu weiter aus: „Konkret heißt das: Die Personen erstreben nicht etwas, weil es gut ist, sondern weil sie es erstreben, ist es gut."
127 Vgl. Chwaszcza (Leviathan, 1996), S. 95.
128 Chwaszcza (Leviathan, 1996), S. 89.
129 Chwaszcza (Leviathan, 1996), S. 92.
130 Hobbes (Leviathan, 1651), S. 79.

nien durch naturwissenschaftliche zu ersetzen. Er konzipiert den eher als Horrorszenario entworfenen Naturzustand, in dem jeder Mensch ein Recht auf alles hat und sich alles nehmen kann. Demzufolge herrscht ein permanenter Zustand gegenseitigen Misstrauens, muss doch jeder fürchten – jedenfalls im schutzlosen Schlaf – beraubt oder gar getötet zu werden: „homo homini lupus"[131] – der Mensch ist des Menschen Wolf.

Das Menschenbild von Thomas Hobbes findet in dieser negativen Ausprägung seine Begründung in den Erfahrungen, die der englische Denker mit den zahlreichen kriegerischen Auseinandersetzungen im Europa des 17. Jahrhunderts gemacht hat. Gleichzeitig ist das Bild des Menschen als Wolf, der nur darauf lauert, seine Mitmenschen zu überfallen, um sich selbst zu bereichern, für Hobbes normativ unentbehrlich, denn nur so kann er den Bogen zur Notwendigkeit eines absoluten Herrschers schlagen, dem die Bürger absoluten Gehorsam schuldig sind und der seinerseits quasi als Begünstigter eines Vertrages aller mit allen den rechtlosen Naturzustand überwindet und die Vertragspartner beschützt.

Von besonderer Bedeutung für die Demokratietheorie ist Hobbes' Ausgangspunkt: der Naturzustand. Hier stellt er die dargestellte Legitimationskette Gott – Monarch – Adel – Untertanen nicht nur normativ in Frage, indem er in seinem Naturzustand jedem das Recht auf alles einräumt. Recht kommt vielmehr nicht länger von Gott, sondern ist im Naturzustand bereits vorhanden. Im vorhobbesschen Sinne kann die Vertragstheorie auf die Staatsphilosophie des Absolutismus mit seinem Gottesgnadentum übertragen werden: Die Vertragspartner wären demnach der Papst als Gottes Vertreter auf Erden und der absolute Herrscher. Nach Hobbes gehen alle Bürger einen Vertrag ein, mit dem sie einen Dritten begünstigen. Damit ist normativ klargestellt, dass die Individuen die Vertragssubjekte sind. Die Legitimations- und damit auch die Verantwortungskette wird folglich umgekehrt: Individuum – ‚Staatsvertrag' – Herrscher (– Gott). Diese Inthronisation des Einzelnen auch als Grundrechtsträger ist das Revolutionäre bei Hobbes. Er ist in seiner Vorstellung weit von dem entfernt, was wir Demokratie nennen würden. Immerhin kann mit seiner Staatstheorie sowohl die Cromwell-Diktatur als auch die Restauration der Krone gerechtfertigt werden.

Der Vertrag zugunsten des Souveräns kann nicht gekündigt werden – die Untertanen geben also ihr Widerstandsrecht auf. Dies hat jedoch seine Grenze in der

---

131 Dießelhorst (Nachwort, 1998), S. 319. Dieses negative Menschenbild ist nicht mehr Ausgangspunkt unserer modernen Demokratie. Das Bundesverfassungsgericht hat ein positives Menschenbild als für die Bundesrepublik maßgebend judiziert. Vgl. Bundesverfassungsgericht (Entscheidungen), 32, S. 107: Es sieht den „Menschen als eigenverantwortliche Persönlichkeit, die sich innerhalb der sozialen Gemeinschaft frei entfaltet".

Pflicht des Leviathan, die Untertanen zu beschützen. Kommt er dieser Pflicht nicht nach, „verliert der Vertrag seine bindende Wirkung"[132].

Die weitere Bearbeitung der Hobbes'schen Thesen, die das Individuum als Wesen ins Zentrum der Betrachtung stellt, das über alle Rechte verfügt, hat zum Liberalismus geführt, der bis heute davon ausgeht, dass Staaten gebildet werden, um die individuellen Rechte der in ihnen lebenden Bürger zu sichern. Seit Thomas Hobbes ist der einzelne Mensch Träger von Rechten. Er wird fiktiv durch das Abschließen des Kontrakts zum Rechtssubjekt. Seit Hobbes hat jeder Mensch ein Recht auf alles, keiner mehr und keiner weniger. Aus diesen Gedanken ist das Postulat der Gleichheit aller Bürger in Bezug auf ihre Rechte entwickelt worden, wie es sich in Artikel 3 GG (Grundgesetz) widerspiegelt.

Der demokratietheoretische Weg von Hobbes' Denken zum heutigen Verfassungsstaat läuft parallel zu einer Änderung der Sichtweise, einer Umkehr der gesellschaftlichen Verantwortlichkeit. Während vorkonstitutionelle absolute Herrschaft von oben nach unten mit der willkürlichen Gewährung von Zugeständnissen an die die Macht garantierenden Schichten einher ging, gelten in den westlichen Demokratien nun die Bürger als Besitzer sämtlicher Herrschaftsgewalt. Von der Bürgerschaft geht alle Staatsgewalt aus – von unten nach oben. Mosca hat eine ähnliche Formulierung für die Verantwortungsstruktur gewählt und nennt dies die liberale Staatsform: „Sein Hauptcharakteristikum besteht darin, dass in ihm Macht von unten nach oben ausstrahlt."[133]

Die gesellschaftliche Verantwortung der Bürgerschaft findet Ausdruck im Begriff der Volkssouveränität, der auf Rousseau zurückgeht. So wird die „Volkssouveränitätskonzeption Rousseaus gern als Geburtsurkunde des demokratischen Rechtfertigungsprozeduralismus angesehen."[134] Genügt bei Hobbes noch ein hypothetischer Vertrag, so kann bei Rousseau Herrschaft nur als gerechtfertigt und legitim gelten, wenn sie die tatsächliche „Zustimmung aller rationalen, freien und gleichen Bürger"[135] findet. Ebenso undenkbar ist für Rousseau, dass die Bürger in diesem Gesellschaftsvertrag dem Herrscher sämtliche Gestaltungsvollmachten übertragen und sich somit selbst in eine Rechtlosigkeit manövrieren: „Freiheit kann nicht die Freiheit zur rechtlichen Selbstvernichtung umfassen, die Rechtsform des Vertrages nicht zur rechtlichen Erzeugung absoluter Rechtlosigkeit dienen."[136] Vielmehr ist es die Aufgabe der Bürger, sich ihre Gesetze selbst zu geben. Erst, wenn sich die Bürger dieser Verantwortung stel-

---

132 Münkler (Hobbes, 1993), S. 139.
133 Mosca (Herrschende Klasse, 1933), S. 390.
134 Kersting (Vorwort, 2005), S. 16.
135 Kersting (Vorwort, 2005), S. 12.
136 Kersting (Vorwort, 2005), S. 13.

len, ist die Voraussetzung geschaffen, dass sich jeder einzelne in die Gemeinschaft einbringen kann und trotzdem „so frei bleibt wie vorher".[137] Rousseau fordert das „gänzliche Aufgehen jedes Gesellschaftsmitgliedes mit allen seinen Rechten in der Gesamtheit"[138]. Er geht so weit, dass er eine „bürgerliche Religion"[139] fordert, die der „Heiligkeit des Gesellschaftsvertrages"[140] huldigt. An dieser Kompromisslosigkeit entflammt sich die Kritik am Rousseau'schen Werk. So bietet der Gesellschaftsvertrag „keine konstruktive politische Philosophie",[141] sondern erschöpft sich vielmehr in der Kritik.[142] Auch Hennis ist zuzustimmen, dass eine „mit sich in allen Stufen identische(n) Demokratie"[143] in den heutigen Massengesellschaften praktisch nicht zu realisieren ist. Rousseau liefert aber ein Grundverständnis von der Verantwortung der Bürger. Er stellt die Frage, welche Voraussetzungen gegeben sein müssen, damit sich „ein Volk"[144] für oder gegen die eine oder andere Regierungsform entscheiden kann.

„Deshalb würde es vor der Untersuchung des Aktes, durch den ein Volk einen König wählt, angemessen sein, den Akt zu prüfen, durch den ein Volk eben ein Volk ist, denn da dieser Akt dem anderen notwendigerweise vorausgehen muss, so ist er auch die eigentliche Grundlage der Gesellschaft."[145]

In diesem „Urvertrage"[146] nimmt Rousseau die Verantwortung der Bürger für die Gründung einer Gesellschaft in den Blick. Dieser Urvertrag kann nur einstimmig angenommen werden, denn: „Das Gesetz der Stimmenmehrheit ist selbst eine Sache des Übereinkommens und setzt wenigstens eine einmalige Einstimmigkeit voraus."[147] Damit wird deutlich, dass jedes Volk von all seinen Gliedern getragen werden muss. Erst dann kann Rousseau von den Mitgliedern dieser Gesellschaft auch Engagement für den Erhalt und die Weiterentwicklung dieser Gemeinschaft fordern. Auf diese Weise erhellt sich der Begriff der Volkssouveränität, wie ihn beispielsweise auch Artikel 20 GG verwendet. Rousseau macht deutlich, dass die Verantwortung der Bürgerschaft jeder anderen politischen Verantwortung, etwa der der Repräsentanten, vorgelagert sein muss.

---

137 Rousseau (Gesellschaftsvertrag, 1762), S. 42.
138 Rousseau (Gesellschaftsvertrag, 1762), S. 42.
139 Rousseau (Gesellschaftsvertrag, 1762), S. 221 ff.
140 Rousseau (Gesellschaftsvertrag, 1762), S. 234.
141 Kersting (Vorwort, 2005), S. 18.
142 Vgl. Kersting (Vorwort, 2005), S. 18.
143 Hennis (Amtsgedanke, 1962), S. 134.
144 Rousseau (Gesellschaftsvertrag, 1762), S. 40.
145 Rousseau (Gesellschaftsvertrag, 1762), S. 40.
146 Rousseau (Gesellschaftsvertrag, 1762), S. 39.
147 Rousseau (Gesellschaftsvertrag, 1762), S. 40.

Die konkrete Ausgestaltung des Grundsatzes der Volkssouveränität findet sich in einem repräsentativen System vor allem in der Institution der Wahl, „in der der souveräne Bürger bestimmt, welche der rivalisierenden Parteien ihn repräsentieren soll."[148] Röhrich gibt eine Vorschau auf elitentheoretische Fragestellungen, wenn er in Bezug auf das repräsentative System von der

„Herrschaft repräsentativer Minderheiten" spricht, „die demokratischen Kontrollen unterstehen, sich also vor dem Volk zu rechtfertigen haben, denen aber auch die Macht zugestanden wird, in eigener Verantwortung, aber in Rückkopplung an die Wähler zu entscheiden."[149]

Gleichzeitig ist es aber auch von entscheidender Bedeutung, dass „die Mitverantwortung einen zentralen Eckwert"[150] darstellt. Die Mitverantwortung und die feste Verankerung dieser demokratischen Grundwerte ist Grundvoraussetzung für das Bestehen von Demokratie. „Die Demokratie muss deshalb ein allgemeines Strukturmerkmal der Gesellschaft werden – nicht nur Staats-, sondern auch Lebensform sein."[151] Schon Meisel fordert die Demokratie als Lebensform: „Wir denken dabei an Ziele. Wir haben eine allgemeine Vorstellung von Zielen und Absichten, die demokratisch sind; (...). So verstanden ist demokratische Lebensform die Bezeichnung für eine Geisteshaltung (...)."[152]

Der Begriff „Demokratie als Lebensform" geht auf Dewey zurück.[153] Willy Brandt argumentiert, indem er in seiner Regierungserklärung von 1969 anmerkte, Demokratie müsse zu einem Prinzip werden, „das alles gesellschaftliche Sein der Menschen beeinflussen und durchdringen muss."[154]

Von besonderer Bedeutung ist die aktive Verantwortungsübernahme durch die Bürger, denn „gäbe es nicht die Fähigkeit zur Mitverantwortung, wäre schon die Idee der Demokratie nicht denkbar."[155] Hier stellt Röhrich ein mögliches Verantwortungsdefizit fest – Verantwortung würde nur noch oben, bei den Repräsentanten, wahrgenommen. Dies würde dann, da Demokratie ohne Mitverantwortung aller undenkbar erscheint, nicht nur die Grundprinzipien der Demokratie beeinträchtigen, sondern die Demokratie aushöhlen und in der Tat zu dem machen, was Downs[156] und Schumpeter[157] als Methode beschrieben haben: zu

---

148 Röhrich (Eliten, 1991), S. 15.
149 Röhrich (Eliten, 1991), S. 10.
150 Röhrich (Eliten, 1991), S. 52.
151 Röhrich (Eliten, 1991), S. 48.
152 Meisel (Mythos, 1962), S. 12.
153 Vgl. Dewey (Demokratie, 1993), S. 121.
154 Aus der Regierungserklärung Willy Brandts von 1969, in: Beyme (Regierungserklärungen, 1979), S. 252 f.
155 Röhrich (Eliten, 1991), S. 52.
156 Vgl. Downs (Democracy, 1957).

reiner „Herrschaftstechnik"[158] ohne gelebtes verwirklichtes Erkenntnisinteresse. Diese Begrenzung auf eine Herrschaftstechnik würde die Gefahr eines „verkürzten Demokratiebegriffs"[159] bergen, die letztendlich die Demokratie selbst in Frage stellen würde. „Die Demokratie kann nur überleben, wenn sie sich von der passiven Konsumenten- bzw. Zuschauerdemokratie mit ihrem Partizipationsdefizit zur aktiven Teilnehmerdemokratie wandelt."[160]

Hobbes' Interesse gilt nicht der Partizipation der Bürger an politischen Entscheidungen, sondern vielmehr der Suche nach einem Gesellschaftszustand, der im Gegensatz zum Naturzustand von Frieden geprägt ist. Sein Ziel ist, eine Gesellschaft ohne gegenseitige Gewalt zu schaffen. Es gilt zu verhindern, dass Menschen gegen Menschen Zwang ausüben. Die höchste Form des gegenseitigen Zwanges ist der Krieg, den Hobbes im Naturzustand als „Krieg Aller gegen Alle" beschreibt. Er sieht die Abwesenheit von Zwang als wesentliche Voraussetzung für individuelle Freiheit.

Isaiah Berlin[161] hat dieses Zwang abwehrende Konzept, das in seinem neuzeitlichen Kontext bis auf Hobbes zurückgeht, auf die Formel gebracht: „Einen Menschen zwingen heißt, ihn seiner Freiheit zu berauben."[162] Frei ist demnach derjenige, auf den von außen kein Zwang ausgeübt wird. Freiheit in diesem Sinne sichert die Privatsphäre des Menschen, in dem er nach seiner eigenen Facon glücklich werden soll und kann. Die Grundrechte des Grundgesetzes sind Ausfluss dieses Zwang abwehrenden Konzeptes von Freiheit: Das Recht auf freie Entfaltung der Persönlichkeit in Artikel 2 GG, die Meinungsfreiheit in Artikel 5 GG, die Glaubensfreiheit in Artikel 6 GG, die Versammlungsfreiheit in Artikel 8 GG stehen beispielhaft für die Abwehrrechte gegen den Staat, die den Bereich des Individuums schützen sollen, in dem es „sein und tun soll, wozu es imstande ist, ohne das sich andere Menschen einmischen."[163] Mit Berlin wird diese Betrachtung als „negative Freiheit" bezeichnet.[164] Im Sinne eines wohlgeordneten Gemeinwesens und der Freiheit der anderen Mitglieder der Gemeinschaft muss die individuelle Freiheit, alles tun und lassen zu dürfen, was einem beliebt, eingeschränkt werden. In jedem Fall aber ist ein gewisser Bereich individueller Freiheit zu gewährleisten, um nicht in der Anarchie zu enden. Hobbes war vor dem Hintergrund der Kriegserfahrungen bereit, „den Bereich

---

157 Vgl. Schumpeter (Demokratie, 1950).
158 Röhrich (Eliten, 1991), S. 15.
159 Röhrich (Eliten, 1991), S. 52.
160 Röhrich (Eliten, 1991), S. 52.
161 Vgl. Berlin (Freiheitsbegriffe, 1958).
162 Berlin (Freiheitsbegriffe, 1958), S. 201.
163 Berlin (Freiheitsbegriffe, 1958), S 201.
164 Vgl. Berlin (Freiheitsbegriffe, 1958), S. 201.

zentralisierter Kontrolle (zu) vergrößern und den individuellen Bereich (zu) verkleinern."[165] Sein staatskonzeptionelles Resultat war der Leviathan, jener übermächtige Herrscher, dem aus dem Vertrag aller mit allen die Aufgabe als Beschützer der individuellen Freiheit zukam. „Wir müssen uns einen Bereich persönlicher Freiheit bewahren, wenn wir uns nicht selbst erniedrigen und verleugnen wollen."[166] Zur Sicherung dieser Freiheit darf der auf die Rolle eines „Nachtwächters oder Verkehrspolizisten"[167] reduzierte Staat durchaus Zwang gegen einzelne Bürger ausüben, um die Freiheit der Vielen zu gewährleisten.

So lässt sich etwa die Befugnis der Polizei, einen Betrunkenen notfalls mit Gewalt am Führen eines Kraftfahrzeuges zu hindern, mit dem Konzept der negativen Freiheit erklären. Der Betrunkene wird in seiner Freiheit eingeschränkt, in diesem Fall die allgemeine Handlungsfreiheit aus Artikel 2 GG, im Falle einer Festnahme durch die Polizei in seinem Recht auf Freiheit der Person, das ebenfalls aus Artikel 2 GG hervorgeht. Dieses geschieht, um die Freiheit der anderen Verkehrsteilnehmer zu gewährleisten, die im Falle eines Unfalls, den der Betrunkene verursachen könnte, in ihrem Recht auf körperliche Unversehrtheit eingeschränkt würden. Die Sicherung der negativen Freiheit wird deshalb als unbedingt notwendig angesehen, weil sie eine Voraussetzung für das Fortschreiten der Zivilisation darstellt.[168] Erst durch die Aufrechterhaltung der Individualität können Reichhaltigkeit, Vielfalt und somit Fortschritt entstehen. Die Frage „Von wem werde ich regiert?"[169] oder „Wer soll sagen können, was ich sein oder tun soll und was nicht?"[170] steht im Konzept der negativen Freiheit nicht im Vordergrund. Vielmehr kann – dem Konzept der negativen Freiheit folgend – diese Frage gar nicht allgemeinverbindlich beantwortet werden, weil ja die Lebensziele der Menschen unterschiedlich sind und nicht gleichgesetzt werden können und dürfen. Für Hobbes wäre jede politische Ordnung akzeptabel gewesen, solange der Staat nur die individuelle Freiheit seiner Bürger garantiert.

Gleichzeitig dürfte aber „der Wunsch nach politischer Selbstbestimmung oder danach, an dem Prozess, durch den mein Dasein kontrolliert wird, wenigstens beteiligt zu sein"[171], ebenso stark verwurzelt sein wie der Wunsch nach einem geschützten privaten Raum. Diesen zweiten bedeutenden Ansatz zum Verständ-

---

165 Berlin (Freiheitsbegriffe, 1958), S 206.
166 Berlin (Freiheitsbegriffe, 1958), S 206.
167 Berlin (Freiheitsbegriffe, 1958), S 207, mit Bezug auf Lasalle.
168 Vgl. Berlin (Freiheitsbegriffe, 1958), S 207, mit Hinweis auf Mill.
169 Berlin (Freiheitsbegriffe, 1958), S 210.
170 Berlin (Freiheitsbegriffe, 1958), S 210.
171 Berlin (Freiheitsbegriffe, 1958), S 210.

nis von Freiheit bezeichnet Berlin als „positive Freiheit"[172] und er geht davon aus, dass sich die positive Freiheit darauf bezieht, eine „bestimmte, vorgeschriebene Form von Leben zu führen."[173]

Während sich die negative Bedeutung der Freiheit darauf bezieht, Zwang von außen zu verhindern und damit die freie Entfaltung der Persönlichkeit zu garantieren, zielt das Konzept der positiven Freiheit auf den „Wunsch des Individuums, sein eigener Herr zu sein."[174] Diesem Ansatz genügt es nicht, vor Eingriffen von außen bewahrt zu bleiben, vielmehr ist von Freiheit erst zu sprechen, wenn der Mensch die wahrhaftig[175] richtige Lebensform für sich selbst gestaltet. Insofern könnte die positive Freiheit auch als aktive Freiheit bezeichnet werden. Das Problem an diesem Konzept, das Berlin ausmacht, ist, dass der Mensch in sozialen Bindungen lebt. Es ist leicht vorstellbar, dass ein isolierter Mensch für sich allein die wahre richtige Art zu leben bestimmen kann. Kommt aber nur ein Zweiter hinzu, so werden sich vermutlich die beiden individuellen Konzepte über das richtige freie Leben unterscheiden, und es muss ein Weg gefunden werden, der für beide der wahre, richtige freie Weg zu leben ist. Auch hier – sind nur zwei oder wenige Menschen beteiligt – kann eine Einigung über den richtigen Lebensweg vorstellbar sein. Ganz anders sieht es nach Berlin bei Gesellschaften aus, die eine Geschichte aus divergierenden Interessen aufweisen, die unterschiedliche soziale Klassen umfassen, in denen vielfältige Religionen, Kirchen und Rassen Platz finden und in denen unterschiedliche Bildungsniveaus herrschen. In solchen Gesellschaften kann der einzig wahre, allgemeinverbindliche Weg nach Berlin nicht gefunden werden, der den Bürgern ein wahrhaft freies Leben garantiert. Berlin weist darauf hin, dass Gesamtheiten zum „‚wahren' Selbst erhoben"[176] wurden, um den „widerspenstigen ‚Gliedern' den eigenen kollektiven oder ‚organischen' Willen"[177] aufzuzwingen. Die Argumentation etwa von Diktaturen verläuft beispielsweise wie folgt: Wir, die Herrschenden, wissen, was wirkliche Freiheit für diese Gesellschaft bedeutet. Ihr, die Beherrschten, würdet, wäret ihr gleichermaßen aufgeklärt und gebildet wie wir, den gleichen Weg einschlagen. Da ihr aber nicht gleichermaßen aufgeklärt und gebildet seid, wie wir es sind, zeigen wir euch den richtigen Weg. Dies ist genauso gerechtfertigt wie die Erziehung eines Kindes durch seine Eltern, die bisweilen auch Zwang anwenden dürfen und müssen, um dem Kind den richtigen Weg zu weisen. Wie dem Kind muss auch den Beherr-

---

172 Berlin (Freiheitsbegriffe, 1958), S 211.
173 Berlin (Freiheitsbegriffe, 1958), S 210.
174 Berlin (Freiheitsbegriffe, 1958), S 211.
175 Vgl. Berlin (Freiheitsbegriffe, 1958), S 211: „(...) ein wahrhaftigeres und humaneres Ideal (...)".
176 Berlin (Freiheitsbegriffe, 1958), S 212.
177 Berlin (Freiheitsbegriffe, 1958), S 212.

schten unterbewusst deutlich werden, dass es der richtige Weg ist, denn unser Weg entspricht ihrem „latenten rationalen Willen, ihre(n) ‚wahren' Absichten"[178].

Hieraus folgt nach Berlin die Legitimation, die

„tatsächlichen Wünsche von Menschen und Gesellschaften zu ignorieren und Menschen oder Gesellschaften im Namen und zum Wohle ihres ‚wirklichen' Selbst zu drangsalieren, zu unterdrücken, zu foltern – all dies in dem sicheren Wissen, dass das wahre Ziel des Menschen (ob Glück, Pflichterfüllung, Weisheit, eine gerechte Gesellschaft, Selbsterfüllung) identisch mit seiner Freiheit sein muss – der freien Wahl seines ‚wahren', wenn auch oft verschütteten und sprachlosen Selbst."[179]

Diese Unterscheidung in zwei Selbst – auf der einen Seite das bewusste und auf der anderen Seite das unterbewusster, aber eben wahre Selbst – bezeichnet Berlin als „monströse(n) Trick",[180] um die Ungerechtigkeiten gegen Menschen unter dem Deckmantel der wahren Freiheit zu rechtfertigen. Die Geschichte zeigt, dass die positive Auffassung von Freiheit benutzt wurde, um ganzen Gesellschaften den Willen von wenigen zu oktroyieren.

Berlin zieht das auf Pluralismus, also auf die unterschiedlichen Lebensziele der Menschen, basierende Konzept der negativen Freiheit vor, zum einen, weil die Überzeugung, dass es eine „endgültige Lösung"[181] auf der Suche nach der einen richtigen Lebensform gibt, „mehr als alle anderen verantwortlich für das Abschlachten von Individuen auf den Altären großer historischer Ideale"[182] ist. Zum anderen kommt er zur Präferenz der negativen Freiheit, weil der Glaube, dass alle „unterschiedlichen Ziele der Menschen harmonisch verwirklicht werden können, nachweislich falsch ist."[183] Berlins Fazit lautet:

„Der Pluralismus mit jenem Maß an ‚negativer' Freiheit, das er mit sich bringt, scheint mir ein wahrhaftigeres und humaneres Ideal zu sein als die Ziele derer, die in großen, disziplinierten, autoritären Strukturen nach ‚positiver' Selbst-Beherrschung von Klassen oder Völkern oder der ganzen Menschheit suchen."[184]

Wird, wie in der vorliegenden Arbeit, die abnehmende Wahlbeteiligung untersucht, so scheint gerade die Frage „Von wem werde ich regiert?"[185], die im

---

178 Berlin (Freiheitsbegriffe, 1958), S 213.
179 Berlin (Freiheitsbegriffe, 1958), S 213.
180 Berlin (Freiheitsbegriffe, 1958), S 213.
181 Berlin (Freiheitsbegriffe, 1958), S 250.
182 Berlin (Freiheitsbegriffe, 1958), S 250.
183 Berlin (Freiheitsbegriffe, 1958), S 250.
184 Berlin (Freiheitsbegriffe, 1958), S 254.
185 Berlin (Freiheitsbegriffe, 1958), S 210.

Konzept der negativen Freiheit nicht von Relevanz ist, von besonderer Bedeutung zu sein, so dass der Ansatz der negativen Freiheit allein nicht ausreichen kann, um dieses Phänomen zu erhellen. Die politische Gestaltungsfreiheit, die sich im Wahlrecht ausdrückt, spielt durchaus eine Rolle. Dem Konzept der negativen Freiheit in einer sehr „harte(n) Version"[186], wie es von Hobbes konzipiert und von Berlin favorisiert wird, kann nicht das Alleinvertretungsrecht auf dem Felde der Freiheit zugestanden werden. Vor dieser engen, „karikaturistische(n)"[187] Betrachtung, dieser extremen Gegenüberstellung von negativer und positiver Freiheit, warnt Charles Taylor in seinem Aufsatz „Der Irrtum der negativen Freiheit"[188]. Diesen Irrtum auch von Isaiah Berlin weist Taylor in mehreren Einzelpunkten nach.

Erstens ist das Verständnis, dass die „einzige klare Bedeutung, die sich die Freiheit geben lässt, (...) die einer Abwesenheit äußerer Hindernisse (ist)"[189], zu kurz gegriffen. Denn auch das Konzept der negativen Freiheit ist ein Konzept der Freiheit der Selbsterfüllung, was auch in der Frage von Berlin, der nun als Verfechter der negativen Freiheit zitiert werden kann, zum Ausdruck kommt: „In welchem Bereich muss (oder soll) man das Subjekt – einen Menschen oder eine Gruppe von Menschen – sein und tun lassen, wozu es imstande ist, ohne dass sich andere Menschen einmischen?"[190]

Etwas zu tun oder zu lassen, wie es der eigenen Vorstellung entspricht, entspricht dem Postulat der Selbsterfüllung. Selbsterfüllung, also ein Leben nach den eigenen freien Vorstellungen leben zu können, hat, darauf weist Taylor hin, neben den äußeren Grenzen auch innere Grenzen, die im Konzept der negativen Freiheit nicht enthalten sind: „Wir können bei unserer Selbstentfaltung aufgrund von inneren Ängsten oder falschem Bewusstsein ebenso wie aufgrund von äußerem Zwang scheitern."[191] Als Beispiel mag ein Mensch gelten, der allzu gern Fallschirmspringen würde. Ihm stehen alle Mittel zur Verfügung, um sich diesen Wunsch zu erfüllen. Er verfügt über ausreichend Geld, um sich den Unterricht für das Fallschirmspringen leisten zu können. Zudem kann er sich auch die Zeit nehmen, die ein solches Unterfangen erfordert. Äußere Beschränkungen gibt es ebenfalls nicht. Aber seine unüberwindbare Höhenangst macht es ihm dennoch unmöglich, seinen Wunsch zu erfüllen. Der Maßstab, den die negative Freiheit vorgibt, klassifiziert diesen Menschen als gleichermaßen frei wie den, der sich traut zu springen. Hier wird deutlich, dass das Konzept der

---

186 Taylor (Irrtum, 1999), S. 119.
187 Taylor (Irrtum, 1999), S. 119.
188 Vgl. Taylor (Irrtum, 1999).
189 Taylor (Irrtum, 1999), S. 119.
190 Berlin (Freiheitsbegriffe, 1958), S 201.
191 Taylor (Irrtum, 1999), S. 120.

negativen Freiheit als reines „Möglichkeitskonzept"[192] ausgelegt ist. Der Mensch, der sich nicht zu springen traut, hätte ja die Möglichkeit gehabt zu springen. Sicherlich würde er aber die Frage nicht bejahen, ob er die Freiheit hatte, mit dem Fallschirm zu springen, denn seine Angst hat ihn gehindert. Taylor argumentiert, dass es eines gewissen Ausmaßes der tatsächlichen Ausübung erfordert, um einen Menschen als frei betrachten zu können. Es hilft dem Ängstlichen nicht, wenn er weiß, dass er die Möglichkeit zu springen gehabt hätte. Taylor kommt zu dem Schluss, dass auch das Konzept der negativen Freiheit im Rahmen einer „Selbstverwirklichungskonzeption"[193] gedacht werden muss:

„Wir können im Rahmen einer Selbstverwirklichungskonzeption nicht sagen, dass jemand frei ist, wenn er überhaupt kein Bewusstsein von sich selbst hat, wenn er sich beispielsweise seines Potentials überhaupt nicht bewusst ist, wenn dessen Erfüllung für ihn niemals auch nur als Frage aufgetaucht ist oder wenn er von der Furcht paralysiert wird, eine Norm zu verletzen, die er internalisiert hat, in der er sich aber nicht authentisch wieder erkennt."[194]

Erst die Beseitigung der „inneren Barrieren"[195], die ein gewisses Maß an Selbsterkenntnis erfordert, ermöglicht ein freies Leben: „Somit setzt die Freiheit der Selbstverwirklichung, die Gelegenheit, frei zu sein, bereits voraus, dass ich die Freiheit praktiziere. Ein reines Möglichkeitskonzept ist hier ausgeschlossen."[196]

Dass sowohl die negative Freiheit als auch die positive Freiheit, also die „Auffassung, dass Freiheit zumindest partiell mit kollektiver Selbstregierung verknüpft ist,"[197] im Rahmen einer Verwirklichungskonzeption zu denken sind, verbindet Taylor mit seinem zweiten Kritikpunkt an den Verfechtern der negativen Freiheit: dem Beharren auf dem Möglichkeitskonzept durch die Anhänger der negativen Freiheit. Sie ziehen sich nach Taylor hinter der schlichten grundsätzlichen Behauptung zurück, dass es keine gemeinsamen Ziele geben kann.

„Aber mir scheint auch, dass der Glaube, im Prinzip ließe sich die eine Formel finden, mit deren Hilfe unterschiedliche Ziele der Menschen harmonisch verwirklicht werden können, nachweislich falsch ist."[198] Damit lehnen die Verfechter der negativen Freiheit jedes Verwirklichungskonzept ab. Taylors Kritik entzündet sich an der Unfähigkeit der Anhänger der negativen Freiheit, „den

---

192 Taylor (Irrtum, 1999), S. 121.
193 Taylor (Irrtum, 1999), S. 121.
194 Taylor (Irrtum, 1999), S. 121.
195 Taylor (Irrtum, 1999), S. 122.
196 Taylor (Irrtum, 1999), S. 122.
197 Taylor (Irrtum, 1999), S. 122.
198 Berlin (Freiheitsbegriffe, 1958), S. 252.

Feind im offenen Gelände der Verwirklichungsbegriffe anzugreifen"[199] und somit auf die Auseinandersetzung „beispielsweise für eine Idee individueller Selbstverwirklichung gegen unterschiedliche Konzepte kollektiver Selbstverwirklichung etwa einer Nation oder einer Klasse"[200] zu verzichten. Somit überlässt das Konzept der negativen Freiheit das gestalterische Feld über die richtige und gute Gesellschaft den Verfechtern der positiven Freiheit.

Als Motiv für dieses ausweichende Verhalten erkennt Taylor die „Furcht vor der totalitären Bedrohung"[201]. Konzepte positiver Freiheit werden also gleichgesetzt mit Kommunismus, Sozialismus, Faschismus und Nationalsozialismus, oftmals mit diktatorischen, totalitären Staatsformen. Dieser Schluss liegt zunächst nahe, weil ein positives Verständnis von Freiheit, das kollektive Selbstbestimmung fordert, die kollektive Einsicht nach der richtigen Lebensform notwendig macht. Aufgrund der unterschiedlichsten Lebensentwürfe, Wünsche und Ziele von Menschen, die Berlin[202] und auch Taylor[203] in gleichem Maße feststellen, und aufgrund der Beschränktheit der Menschen, kann „das Subjekt in der Frage, ob es selbst frei ist, nicht die letzte Autorität sein, denn es kann nicht die letzte Autorität sein in der Frage, ob seine Bedürfnisse authentisch sind oder nicht (...)."[204]

Hier liegt das entscheidende Argument, mit denen die Verfechter der negativen Freiheit die positive Freiheit ablehnen. Denn, so argumentieren sie, dieser „Taschenspielertrick"[205] eröffnet der totalitären Manipulation alle Möglichkeiten. Taylor nimmt dieses Argument als Frage auf: „Legitimieren wir nicht andere, die vermeintlich die Ziele des Handelnden besser kennen als dieser selbst, seine Schritte auf den rechten Pfad zurückzulenken, vielleicht sogar mit Gewalt, und all dies im Namen der Freiheit?"[206]

Diese Frage verneint er vehement und macht sich dabei eine typische liberale Begründung zunutze, die aus der nachromantischen Sicht folgt, „der zufolge jede Person ihre eigene originäre Form der Verwirklichung besitzt."[207] Für Taylor ist damit klar, dass sich niemand in einer geeigneteren Position befindet als der Handelnde selbst, um die wirklichen Wünsche, Werte und Ziele eines Individuums zu erkennen. Es kann keine Technik, keine Doktrin geben, die die

---

199 Taylor (Irrtum, 1999), S. 123.
200 Taylor (Irrtum, 1999), S. 123.
201 Taylor (Irrtum, 1999), S. 123.
202 Berlin (Freiheitsbegriffe, 1958), S. 250 ff.
203 Taylor (Irrtum, 1999), S. 125.
204 Taylor (Irrtum, 1999), S. 125.
205 Berlin (Freiheitsbegriffe, 1958), S. 214.
206 Taylor (Irrtum, 1999), S. 125.
207 Taylor (Irrtum, 1999), S. 126.

Ziele der Menschen über einen Kamm schert, wenn „die Menschen sich wirklich in Hinblick auf ihre Selbstverwirklichung unterscheiden."[208] Hieran zweifelt Taylor nicht.

Mit dieser Argumentation räumt Taylor m. E. überzeugend die Furcht vor totalitärem Missbrauch am Konzept der positiven Freiheit beiseite und bekennt sich gleichzeitig zum Schutz privater Rechte, die ja den Kern des Konzeptes der negativen Freiheit darstellen. Dieser Ansatz des Schutzes der Privatsphäre kommt ohne die Setzung von Prioritäten nicht aus. In Gesellschaften wird tagtäglich unterschieden, welche bzw. wessen Freiheit höher zu bewerten ist. Dieser Aspekt ergänzt das gegebene Beispiel des betrunkenen Autofahrers. Seine allgemeine Handlungsfreiheit wird zugunsten des Rechts auf körperliche Unversehrtheit oder gar des Rechts auf Leben der anderen Verkehrsteilnehmer eingeschränkt. Diese uns selbstverständlich erscheinende Rangfolge nennt Taylor „Hintergrundverständnis"[209]. Damit wird ausgedrückt, dass es einen Konsens über wichtigere und unwichtigere Ziele gibt. So wird die Art und Weise des Zusammenlebens geregelt. Gerade dies, die allgemeinverbindlichen Grundsätze des Zusammenlebens, in dessen Zentrum die Selbstverwirklichung des Menschen stehen soll, ist das Kernanliegen der Konzepte positiver Freiheit. In jedem Fall führt diese Abwägung von Freiheiten über „das Hobbessche Schema hinaus. Freiheit besteht nicht länger einfach nur in der Abwesenheit äußerer Hindernisse tout court, sondern in der Abwesenheit von Hindernissen für bedeutsame Handlungen."[210]

Damit ist der dritte Kritikpunkt, die Unfähigkeit der Konzepte negativer Freiheit, die wesentlichen Wünsche und Ziele von den unwesentlichen zu unterscheiden, formuliert.

Es lässt sich auf einer Argumentationslinie von Hobbes über Berlin bis zu Taylor festhalten: Das Individuum ist seit Thomas Hobbes Träger von Rechten und kann in einem Maß als frei bezeichnet werden, in dem er vor Eingriffen von außen und inneren Hindernissen nicht in seiner Selbstverwirklichung beeinträchtigt wird. Dabei muss das Konzept der Selbstverwirklichung auch gelebt werden. Dies gilt sowohl für den individuellen Bereich als auch für den kollektiven. Hier muss dem Individuum eine Möglichkeit der Mitgestaltung zugestanden werden, denn nur dann kann die Vielfalt einer Gesellschaft Ausdruck finden.

---

208 Taylor (Irrtum, 1999), S. 126.
209 Taylor (Irrtum, 1999), S. 128.
210 Taylor (Irrtum, 1999), S. 129.

Mit dem Konzept der negativen Freiheit ist das Problem der abnehmenden Wahlbeteiligung nicht zu erfassen, denn dann wäre es damit erledigt, dass es keinen Zwang von außen gibt, der verhindert, dass ein Mensch wählen geht – oder der verhindert, dass ein Mensch nicht wählen geht. Vielmehr erhellt sich das Phänomen der Beteiligung an Wahlen, wenn es verstanden wird als Möglichkeit der Menschen, die Lebensbedingungen in der Gesellschaft, in der sie leben, aktiv zu beeinflussen. Je aktiver die Bürger ihre Lebensgestaltung in einer Gesellschaft beeinflussen, desto freier sind die Bürger. Mit Rousseaus Konzept der Volkssouveränität hat sich darüber hinaus gezeigt, dass die Bürger nicht nur Träger von Grundrechten im Sinne von Hobbes und Berlin sind und in einem Maße frei sind, wie sie ihre Lebensumstände konkret – auch politisch – beeinflussen, wie Taylor es definiert hat. Vielmehr tragen sie auch die grundsätzliche Verantwortung für die Entwicklung der Gesellschaft.

Stellt auch die Teilnahme an Wahlen als einziger verfasster Form des Ausdrucks der Volkssouveränität den Ausdruck von bürgerlicher Verantwortung dar, muss der politikwissenschaftliche Kontext untersucht werden, in dem der Verantwortungsbegriff zu verstehen ist.

3.2 Begriff und Bedingungen der Bürgerverantwortung

Die politikwissenschaftliche Forschung zum Thema Verantwortung konzentriert sich fast ausschließlich auf die Verantwortung der Amtsträger. Im Blickpunkt steht dabei die notwendige Suche nach sinnvollen Beschränkungen der Macht der Repräsentanten.

„Vielmehr ist es die Herrschaft repräsentativer Minderheiten, die demokratischen Kontrollen unterstehen, sich also vor dem Volk zu rechtfertigen haben, denen aber auch die Macht zugestanden wird, in eigener Verantwortung, aber in Rückkopplung an die Wähler zu entscheiden."[211]

Verantwortung wird dabei in der Regel verstanden als Verantwortung für jemanden – oder für etwas – und Verantwortung vor jemandem.[212] Damit in diesem Sinn von Verantwortung gesprochen werden kann, muss sich zum Verantwortungssubjekt ein Verantwortungsobjekt und eine Verantwortungsinstanz gesellen, der das Verantwortungssubjekt Rechenschaft für die verantwortliche Sachwaltung des Verantwortungsobjektes schuldet.

---

211 Röhrich (Eliten, 1991), S. 10.
212 Vgl. Hennis (Bürgersinn, 1962), S. 134.

Wird diese Definition auf den Bürger und den Wahlakt angewendet, so erscheinen zwei Definitionsmerkmale von Verantwortung zuzutreffen. Die Bürgerschaft kann als Verantwortungssubjekt und die res publica, die „öffentliche Sache, die in einer Republik latent die Sache Aller ist"[213], als Verantwortungsobjekt definiert werden. Eine Demokratie ist ohne die Annahme, dass die gesellschaftliche Verantwortung vom Volk ausgeht, undenkbar. Die res publica ist ein Gut erster Ordnung, von dem Jonas sagt:

„Ein Gut erster Ordnung, *wenn* und soweit es im Wirkungsfeld unserer Macht liegt, und besonders, wenn in dem unserer tatsächlich und ohnehin schon stattfindenden Aktivität, engagiert unsere Verantwortung ungewählt und kennt keine Entpflichtung von ihr."[214]

Unüberbrückbare Schwierigkeiten treten jedoch auf, wenn nach der Rechtfertigungsinstanz Ausschau gehalten wird. Niemand kann dem wählenden oder nicht wählenden Bürger Rechenschaft abverlangen oder ihn gar für einen Schaden am Gemeinwohl zu Schadenersatz heranziehen.

Ein Dachdecker, der das Dach eines Hauses neu eindeckt und dabei dem Regen noch die Möglichkeit lässt, Teilen des Hauses einen Wasserschaden zuzufügen, haftet für den Schaden. Dies kann vom Hauseigentümer eingeklagt werden. Aber im Fall der Verantwortung des Bürgers für die Güte der Gewählten ist dies unvorstellbar. Allein der Gedanke, ein Wähler könnte zur Verantwortung gezogen werden, wenn eine von ihm gewählte Regierung unerwünschte oder falsche Maßnahmen ergreift, ist absurd. Und dennoch fällt es zweifellos in die Verantwortung der Bürger, welche Regierung sie sich wählen oder eben auch nicht wählen.

Eine weitere mögliche Verantwortungsinstanz ist der jeweilige Bürger selbst, der vor sich verantworten können muss, ob und wenn ja, wen er wählt. Doch auch dieser Ansatz führt nicht weiter, denn im Bereich der politischen Verantwortung ist eine externe Verantwortungsinstanz gemeint.

Verantwortung verstanden als zur Verantwortung gezogen werden, Rechenschaft schuldig zu sein, für angerichteten Schaden zu haften, „ist die ganz formale Auflage auf alles kausale Handeln unter Menschen, dass dafür Rechenschaft verlangt werden kann."[215] Dabei tritt ein relevanter Bereich der Verantwortung in den Hintergrund, der nun wieder in den Blickpunkt gerät, da es im Falle der Bürgerverantwortung an einer direkten externen Verantwortungsinstanz mangelt. Das Vorhandensein einer solchen Verantwortungsinstanz

---

213 Jonas (Verantwortung, 1979), S. 181.
214 Jonas (Verantwortung, 1979), S. 180.
215 Jonas (Verantwortung, 1979), S. 174.

macht nämlich ein echtes Verantwortungsgefühl entbehrlich, da die Verantwortungsübernahme erzwungen werden kann und für den durch Nicht-Übernahme oder fehlerhafte Verantwortungsübernahme entstandenen Schaden Ersatz verlangt werden kann. In besonderen Fällen wird dieser moralischen Rechtfertigungsnotwendigkeit noch eine legale hinzugefügt. Ein betrunkener Autofahrer, der einen Unfall mit Sachschaden verursacht, muss für den Schaden Ersatz leisten. Darüber hinaus wird er aber auch noch bestraft.[216]

Hier sind zwei Ansätze kurz zu erwähnen, die das Problem der niedrigen Wahlbeteiligung sofort lösen würden. Erstens könnte eine gesetzliche Wahlpflicht eingeführt werden und die Nichterfüllung mit Strafe belegt werden. Mit Sicherheit wären die Wahlbeteiligungsraten dann schlagartig wesentlich höher. Auf diese Weise würde jedoch die Freiheit der Bürger erheblich eingeschränkt. Daher wird dieser Vorschlag nicht weiter verfolgt. Zweitens könnte versucht werden, die innere Verpflichtung der Bürger, wählen gehen zu müssen, die über Jahrzehnte nach dem Zweiten Weltkrieg in der Bundesrepublik maßgeblich war,[217] wieder zu beleben. Dieses Ansinnen verkennt den tief greifenden kulturellen Wandel, auf den Inglehart[218] hingewiesen hat, wonach autoritären Appellen – und darum handelt es sich bei der inneren unreflektiert wahrgenommenen Verpflichtung, wählen gehen zu müssen – immer weniger gefolgt wird. Dieser Prozess des kulturellen Wandels lässt sich weder verlangsamen noch aufhalten, geschweige denn zurückdrehen.

Die Betrachtung von Bürgerverantwortung vor dem Hintergrund einer Rechtfertigungsinstanz birgt neben dem Problem ihrer Abwesenheit noch eine zweite Schwäche. Muss sich der Handelnde für seine Taten verantworten, so ist dies nur möglich für Handlungen, die er begangen hat oder unterlassen hat. Dies führt beim Handelnden zu einer antizipierten „ex-post-facto Rechnung"[219]. Wenn ich dies oder jenes tue, werde ich auf diese oder jene Weise zur Verantwortung gezogen. Im Fall des Autofahrers kann dies zu dem gewünschten Ergebnis führen, dass er nicht betrunken fährt. Ebenso kann dies zu größtmöglicher Sorgfalt bei dem angesprochenen Dachdecker führen. Auch das wäre ein wünschenswertes Ergebnis. Wird dieses Prinzip aber auf den Wahlbürger angewandt, so führt dies zu der Frage, auf welche Weise er zur Verantwortung gezogen wird, wenn er nicht wählen geht. Die Antwort lautet: Er wird gar nicht zur Verantwortung gezogen. Wird also auch im Bereich der Bürgerverantwortung der gebräuchliche Begriff der politischen Verantwortung mit Verant-

---

216 Vgl. Aristoteles (Nikomachische Ethik), 1113b: „So trifft die, die sich in der Trunkenheit vergehen, ein doppeltes Strafmaß, weil die Ursache in dem Betrunkenen selbst liegt."
217 Vgl. Eilfort (Mobilisierung, 2001), S. 23.
218 Vgl. Inglehart (Postmodernisierung, 1998), insbesondere S. 406 ff.
219 Jonas (Verantwortung, 1979), S. 174.

wortungsobjekt, Verantwortungssubjekt und Verantwortungsinstanz benutzt, wird damit kein Ansatz geliefert, um die Wahlbeteiligung zu erhöhen.

Bei der Bürgerverantwortung handelt es sich offenbar um eine Verantwortung, bei der jeder externe Zwang zum Urnengang entfällt. Es handelt sich um eine Verantwortung ohne externe Rechtfertigung.

Ohne die Not, Verhalten extern rechtfertigen zu müssen, ohne die Androhung von Strafen, ohne Zwang kann es immer nur um freiwillige Verantwortungsübernahme gehen. Damit ist die Frage verbunden, unter welchen Bedingungen Menschen freiwillig Verantwortung übernehmen, also ihrer Verantwortung entsprechend handeln.

Dabei ist die Verantwortungsfähigkeit zu betonen. Damit wird die kognitive Erkenntnis eines Menschen bezeichnet, dass er die res publica als Gut erster Ordnung und seine auf dieses Gut gerichtete Macht erkennt.[220] Wenn dieser innere Bezug zwischen dem Individuum und dem Verantwortungsobjekt hergestellt ist, kann sich der Bürger des Objektes annehmen. „Die Sache wird meine, weil die Macht meine ist und einen ursächlichen Bezug zu eben dieser Sache hat."[221] Dies führt zu folgendem Grundsatz: Ohne Macht keine Verantwortung, denn: „Bedingung von Verantwortung ist kausale Macht."[222]

So entsteht ein untrennbares Bedeutungspaar mit unterschiedlichen Zusammenhängen. Da ist zum Ersten der Umstand, dass nur, wer Macht hat, auch Verantwortung haben kann: „Denn die menschliche Verantwortung reicht genauso weit wie seine Wirkungsmacht."[223] Gleichzeitig folgt Verantwortung auch automatisch aus Macht. So gibt es Gegenstände, also Sachen oder Menschen, „(...) wofür wir verantwortlich sein müssen, weil wir Macht darüber haben."[224] Weiter folgert Jonas: „Nur wer Verantwortungen hat, kann unverantwortlich handeln."[225] Nur wer Verantwortungsgefühl – also das individuelle Resultat aus der „erkannten selbsteigenen Güte der Sache"[226] und der dazugehörigen perzipierten Durchsetzungsmacht – hat, kann verantwortlich handeln, kann also Verantwortung wahrnehmen, wahrnehmen im Sinne von bemerken und entsprechend handeln.

---

220 Vgl. Jonas (Verantwortung, 1979), S. 180.
221 Jonas (Verantwortung, 1979), S. 175.
222 Jonas (Verantwortung, 1979), S. 172.
223 Berka (Bürgerverantwortung, 1995), S. 57.
224 Jonas (Verantwortung, 1979), S. 27.
225 Jonas (Verantwortung, 1979), S. 176.
226 Jonas (Verantwortung, 1979), S. 175.

Macht ist erst dann objektiv, wenn die Durchsetzungshandlung bereits begangen wurde. Bis zu dieser Ex-post-facto-Messung bleibt Macht in diesem Fall eine subjektive Wahrnehmung, vielleicht gar eine Phantasie jedes einzelnen Bürgers. Es bleibt seiner inneren Bewertung überlassen, ob er sich mächtig fühlt oder nicht. Verfehlt wäre es also, demokratisch-dogmatisch festzustellen, dass die Bürger eines Landes Verantwortung tragen, da das schließlich das Wesen der Demokratie ist. Viel entscheidender ist vielmehr die Einschätzung, das Gefühl des Einzelnen.

„Bürgerverantwortung ist die Pflicht jedes Menschen, nach Maßgabe der ihm eingeräumten rechtlichen Wirkungsmacht an der Hervorbringung der staatlichen Gemeinschaft und an ihrem Bestand mitzuwirken."[227] Dabei ist Pflicht in diesem Sinne zu verstehen als die Folge der von Jonas definierten Macht, die auf die res publica gerichtet ist.[228]

Zusammenfassend ist festzustellen, welcher Bürger aus intrinsischem Verantwortungsgefühl heraus eine hohe Partizipationsbereitschaft hinsichtlich der Wahl haben müsste: Dieser Bürger fühlt sich einem gemeinsamen Gut, der res publica, verpflichtet, und er empfindet ein hinreichendes Maß an Macht, mit der Abgabe seiner Stimme seinen politischen Willen zu bekunden und durchzusetzen. Jonas nimmt an, dass sich der Mensch nicht nur mit individuellen Gütern identifizieren kann, sondern auch beispielsweise mit der res publica. Diese Annahme von Jonas bedarf der Überprüfung.

3.3 Gesellschaftswissenschaftliche Einordnung der Bürgerverantwortung

Die vorstehenden Argumente implizieren ein Bild des Menschen, der sich der Gesellschaft verpflichtet fühlt und ein entsprechendes Verantwortungsgefühl gegenüber der Gesellschaft entwickelt. Jonas konstatiert, dass die öffentliche Sache in einer Republik „latent die Sache Aller"[229] ist „Denn ist der Mensch ein soziales Wesen, so muss er dem Staat auch verpflichtet sein."[230] Dieser definierte „Bürgersinn"[231], von Charles Taylor Patriotismus genannt, setzt voraus, dass die Wähler durch den Akt der Wahl ein „gemeinsames Gut"[232] bewahren.

Gerade die Existenz von gemeinsamen Gütern und Werten in einer Gesellschaft wird vom Liberalismus in der Tradition von Thomas Hobbes bestritten. Viel-

---

227 Berka (Bürgerverantwortung, 1995), S. 58.
228 Vgl. Jonas (Verantwortung, 1979), S. 180.
229 Jonas (Verantwortung, 1979), S. 181.
230 Merten (Bürgerverantwortung, 1995), S. 10.
231 Vgl. Hennis (Bürgersinn, 1962).
232 Taylor (Debatte, 1993), S. 123.

mehr ist das Bestreben des Liberalismus, „dass der Staat gegenüber Konzeptionen des guten Lebens, die Individuen verfolgen, neutral sein sollte"[233]. Aus dieser Sicht ist die Teilnahme an einer Wahl ein Akt, um persönliche Ziele durchzusetzen.

Die Diskussion zwischen Kommunitaristen und Liberalen erstreckt sich auf zwei Ebenen, „die man als ontologische Fragen und Fragen der Parteinahme bezeichnen kann."[234] Auf der ontologischen Ebene ist die Frage zu beantworten, ob der Mensch ein Individualist im Sinne des Menschenbildes von Thomas Hobbes oder das von Aristoteles beschriebene „Vereinswesen"[235] ist. Die beiden Pole der unterschiedlichen Auffassungen lassen sich auf einer Achse grafisch darstellen.

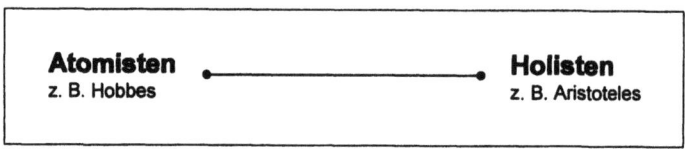

Abbildung 5: Die Pole der ontologischen Betrachtung[236]

Thomas Hobbes ist in der Terminologie von Taylor als Atomist zu bezeichnen, Aristoteles, dem das Ganze natürlicher erscheint als das Einzelne,[237] als Holist.[238] Nun stellt sich mit der jeweiligen normativen Sichtweise, ob nun der Mensch atomistisch oder holistisch ausgerichtet sei, auch die Sicht seines Verantwortungsgefühls ein. Die liberale, also atomistische, Sichtweise impliziert, dass der Mensch ausschließlich auf sich gerichtete Werte oder Güter anstrebt und sich ihnen verantwortlich fühlt. Nun mag eingewendet werden, dass es gerade liberale Ideen gewesen sind, die zu kollektivem Schutz von Gütern geführt haben. Der Leviathan ist hierfür ein Paradebeispiel, wie eine ursprünglich auf das Individuum ausgerichtete Verantwortung zu kollektivem Schutz führt. In der Tat führt der Leviathan kollektiven Schutz ein, jedoch bleibt

---

233 Taylor (Debatte, 1993), S. 104.
234 Taylor (Debatte, 1993), S. 103. Ich folge hier der Terminologie und Argumentation Taylors ganz wesentlich. Er hat in seinem Aufsatz „Aneinander vorbei: die Debatte zwischen Liberalismus und Kommunitarismus" (Taylor [Debatte, 1993]) die theoretischen Grundlagen geliefert, um die Verantwortungsübernahme der (Wahl-)Bürger einordnen zu können. Dennoch rezipiere ich Taylor, wie er selbst es als unumgänglich bezeichnet hat, nämlich interpretierend. Vgl. Breuer (Taylor, 2000), S. 22.
235 Aristoteles (Politik), 1253a.
236 Eigene Darstellung nach Taylor (Debatte, 1993).
237 Vgl. Aristoteles (Politik), 1253a.
238 Vgl. Taylor (Debatte, 1993), S. 103, Breuer (Taylor, 2000), S. 11.

das zu schützende Gut ein individuelles: „Das Handeln ist kollektiv, doch sein Sinn bleibt ein individueller. Das gemeinsame Gute wird ausschließlich durch individuelle Güter gebildet."[239] Demnach ist eine Gesellschaft eine Assoziation von Individuen, ein jedes mit eigenen Vorstellungen und Konzeptionen für ein gutes und wertvolles Leben, die nicht in Übereinstimmung gebracht werden können und sollen. Die Aufgabe des Staates besteht darin, dafür zu sorgen, dass die Mitglieder der Gesellschaft die Möglichkeit haben, ihre Lebenspläne zu verwirklichen. Aufgabe der Gesellschaft kann somit nicht sein, selbst für eine bestimmte Form des guten Lebens einzutreten. Diese liberale Aufgabenzuschreibung an eine Gesellschaft wird als „proceduralistisch"[240] bezeichnet. Der Staat schafft ausschließlich den institutionellen Rahmen, um die Verwirklichung von individuellen Gütern zu ermöglichen.

Es ist die Frage zu beantworten, ob es für Menschen nur diese individuellen Güter wie etwa persönliche und materielle Sicherheit, Gesundheit und Schutz vor obrigkeitlicher Willkür gibt, oder ob es nicht vielmehr auch Güter gibt, die in ihrer Eigenart gemeinsame Güter sind. Taylor führt eine Betrachtung ein, die auf diese Frage eine Antwort geben kann: die Unterscheidung „zwischen solchen Dingen, die für dich und mich sind, einerseits und solchen, die für uns sind, andererseits."[241] Damit wird die Diskussion auf ihren anthropologischen Kern und somit zum Wesen des Menschen zurückgeführt.

Wenn Menschen miteinander ins Gespräch kommen, geschieht dies häufig über bekannte Redewendungen, deren Informationsgehalt nicht darin liegt, dem Gesprächspartner etwas Neues mitzuteilen. Der Austausch mit dem Nachbarn über das Wetter[242] ist mehr als das Geben einer Information. Auch der Nachbar in seinem Garten wird sich bewusst sein, dass schönes Wetter ist. Bis zum Gespräch über das Wetter war es schön für ihn und schön für mich. Aber durch die gemeinsame Sprache und das gemeinsame Gespräch wird es eine Sache für uns. Die beiden Nachbarn stehen jetzt gemeinsam – ein jeder auf seiner Seite des Gartenzauns – in der Sommersonne und genießen das schöne Wetter gemeinsam. Dieses Erleben ist nicht mit einer Aneinanderkettung monologischer Wahrnehmungen zu verstehen nach dem Motto: Jetzt weiß ich, dass mein Nachbar weiß, dass ich weiß, dass er weiß und so weiter, dass schönes Wetter ist. Das gemeinsame Stehen am Gartenzaun hat eine andere Qualität bekommen. Es ist durch das Gespräch ein Dialog, ein gemeinsames Erleben entstanden. „Ein Gespräch ist nicht die Koordinierung von Handlungen unter-

---

239 Taylor (Debatte, 1993), S. 112.
240 Taylor (Debatte, 1993), S. 109.
241 Taylor (Debatte, 1993), S. 112.
242 Vgl. Taylor (Debatte, 1993), S. 112: „‚Schönes Wetter haben wir heute', sage ich zu meinem Nachbarn."

schiedlicher Individuen, sondern ein im starken, irreduziblen Sinne gemeinsames Handeln – es ist *unser* Handeln."[243]

Das Entscheidende bei diesem dialogischen Beispiel ist nicht der Austausch von Informationen, da davon auszugehen ist, dass beide zukünftigen Gesprächspartner bereits wissen, dass das Wetter schön ist. Derjenige, der das Gespräch eröffnet, offenbart sich in einer Weise, dass er seinem Nachbarn zeigt, dass es ihm wichtig ist, dass das Wetter schön ist. So wird der Nachbar in dieser wichtigen Sache zum Vertrauten. Das ist das Entscheidende auf einer tieferen Ebene der menschlichen Begegnung. „Vertrautheit oder Intimität ist ein wesentlich dialogisches Phänomen: sie betrifft das, was wir teilen, was für uns ist. Man könnte ein vertrautes Verhältnis mit jemandem niemals in Begriffen monologischer Zustände beschreiben."[244]

Durch gemeinsames Handeln, also im wahrsten Sinne des Wortes Kommunikation, entsteht auch etwas Gemeinsames, das vorher nicht bestanden hat. Diese Differenzierung von monologisch und dialogisch lässt sich auf Güter transponieren, zunächst mit dem Beispiel des schönen Wetters. Es ist sehr wahrscheinlich, dass die gemeinsame Freude über das schöne Wetter größer ist als die alleinige Freude. Damit bekommt die alte Volksweisheit „Geteiltes Leid ist halbes Leid; geteilte Freud ist doppelte Freud" von einer kommunikativen Seite aus betrachtet Bestätigung. Dennoch bleibt auch Freude über das schöne Wetter, wenn ich es allein genieße. Taylor bringt ein weiteres Beispiel

„auf einer banalen Ebene: Witze sind viel lustiger, wenn sie in Gemeinschaft erzählt werden. Der wirklich lustige Witz ist integraler Bestandteil eines Gespräches, letzteres in einem breiten Sinne verstanden. Was mir beim stillen Lesen ein Lächeln abverlangt, darüber kann ich mich schieflachen, wenn es Teil eines Erzählrituals ist, das es in den öffentlichen Raum stellt."[245]

Es gibt aber auch Güter, bei denen ein anderer oder eine Gemeinschaft nicht weggedacht werden kann, ohne dass auch das Gut entfällt. Freundschaft ist ein Beispiel hierfür, Familie mit ihrer Vertrautheit ein anderes. Hier ist es von „zentraler Bedeutung, dass es gemeinsame Handlungen und Bedeutungen gibt."[246] In diesem Fall wird von einem „unmittelbar gemeinsamen Gut"[247] gesprochen.

Das Anliegen der traditionellen liberalen Theorien ist das Sicherstellen der persönlichen Sicherheit der Individuen vor unterschiedlichen Gefahren. Diese

---

243 Taylor (Debatte, 1993), S. 113.
244 Taylor (Debatte, 1993), S. 113.
245 Taylor (Debatte, 1993), S. 114.
246 Taylor (Debatte, 1993), S. 114.
247 Taylor (Debatte, 1993), S. 114.

innere Sicherheit wird im modernen Staat etwa durch die Polizei gewährleistet, die Übergriffe durch andere verhindern soll. In aller Regel reicht dafür die bloße Existenz der Institution Polizei aus. Im besten Sinne von Thomas Hobbes kann der Einzelne diese eigene Sicherheit nicht garantieren, da er sich mindestens im Schlaf schutzlos den anderen Wölfen um sich herum ausliefert. Deshalb wird für die Gewährleistung der Sicherheit kollektiv gesorgt. Auf andere Weise wäre es nicht möglich. Dennoch bleibt das Gut der Sicherheit ein individuelles Gut, das allerdings kollektiv umgesetzt werden muss. Deshalb nennt Taylor diese Art von Gütern konvergent.[248] Konvergente Güter, also Güter, die einen individuellen Wert haben und gemeinschaftlich umgesetzt werden, sind konstitutiv für den Liberalismus.

Aus der vergleichenden Betrachtung des individuellen und kollektiven Gutes einerseits und der allein und gemeinsam erreichbaren Güter andererseits ergibt sich ein Güter-Fenster, wenn auf der einen Achse die Qualität des Gutes abgetragen wird und auf der anderen das Erreichen des jeweiligen Gutes. Daraus ergibt sich folgendes Bild (siehe Abbildung 6).

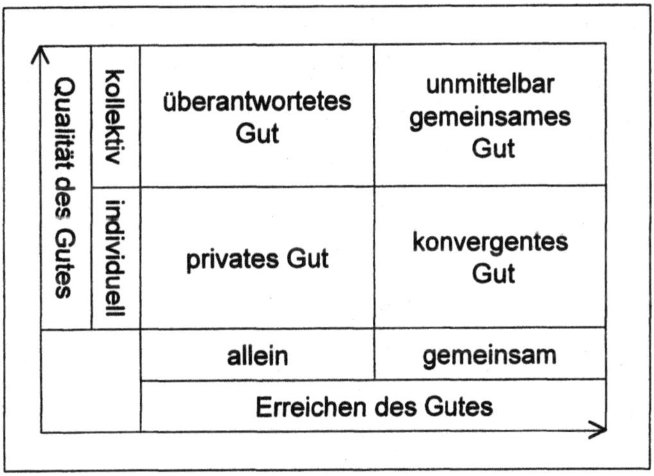

Qualität des Gutes		allein	gemeinsam
	kollektiv	überantwortetes Gut	unmittelbar gemeinsames Gut
	individuell	privates Gut	konvergentes Gut
		allein	gemeinsam
		Erreichen des Gutes	

Abbildung 6: Güter-Fenster[249]

Abbildung 6 systematisiert die Terminologie von Taylor. Die Quadranten „Privates Gut" und „Überantwortetes Gut" wurden eigenständig hinzugefügt. Taylor hat

---

248 Vgl. Taylor (Debatte, 1993), S. 114.
249 Eigene Darstellung.

das individuelle Erreichen von Gütern nicht betrachtet. Vor dem Hintergrund der Verantwortung von Bürgern ist seine Darstellung jedoch zu erweitern.

Das überantwortete Gut ist seiner Qualität nach den gemeinsamen Gütern zuzuordnen. Ein gemeinsames Gut liegt dann vor, wenn der Andere nicht weggedacht werden kann, ohne dass das Gut entfiele. Ein überantwortetes Gut ist danach dann gegeben, wenn es allein erreicht wird. Die elterliche Verantwortung für eine gute Erziehung ihrer Kinder dürfte in diese Kategorie fallen. Die Eltern sind es allein, die die Verwirklichung des gemeinsamen Gutes sicherstellen müssen. Alle Eltern dieser Welt wissen jedoch auch, dass die Kinder recht schnell an diesem gemeinsamen Gut mitwirken – insofern muss hier eine Einschränkung erfolgen.

Ein weiteres Gut kann in diesem Quadranten verortet werden: die gegenseitige Hilfe in Notsituationen, die Nächstenliebe. In der Tat kann der andere nicht weggedacht werden, ohne dass auch das Gut entfiele. Und genauso kann etwa nur derjenige, der an einen Unfallort kommt, das gemeinsame Gut der Nächstenliebe mit Leben erfüllen. Aus liberaler Sicht stünden hier sicherlich die Güter der persönlichen Sicherheit und Gesundheit im Vordergrund, und zwar sowohl aus Sicht des Verunfallten als auch aus Sicht des potenziellen Helfers. Bei dieser Betrachtung geht es jedoch wieder um ein konvergentes Gut, was hier zur Folge hat, dass derjenige, der auf den Unfall zukommt, eher Gefahr läuft, es für sich zu riskieren, sollte es sich bei dem Unfall nicht um eine echte Notsituation handeln, sondern um eine Falle, um den ahnungslosen Helfer zu überfallen. Bei dieser Betrachtung ist die Folge, dass der auf den Unfall Zukommende nicht hilft. Die Darstellung dieser Situation als konvergentes Gut macht es nötig, den Straftatbestand der unterlassenen Hilfeleistung einzuführen. Damit dieses an sich individuelle Gut gesichert werden kann, müssen alle Mitglieder der Gesellschaft unter Androhung von Strafe gezwungen werden, in einer solchen Situation zu helfen. Dies geschieht dann vor dem Hintergrund der Reziprozität: Nur wenn ich hier jetzt helfe, kann ich erwarten, dass auch mir geholfen wird, wenn ich mich in einer Notlage befinde. Der konvergente Charakter des dem Beispiel des Unfalls zugrunde liegenden Gutes – die eigene Sicherheit und Gesundheit – wird überdeutlich. Ganz anders ist es, wenn das Gut der Nächstenliebe vorherrscht. Es ist nachvollziehbar, dass das Gut Nächstenliebe nicht verwirklicht werden kann, wenn es den nicht gibt, der ihrer bedarf.

Und schließlich sind die privaten Güter zu erläutern. Sie sind von ihrer Qualität her individuell und können auch allein erreicht werden. Körperliche Fitness[250]

---

250 Vgl. bereits Aristoteles (Nikomachische Ethik), 1114a, der auf die zu vertretenden Folgen hinweist, die durch „Mangel an Gymnastik" entstehen können.

ist hier ein Beispiel, mit Abstrichen auch persönlicher Wohlstand. Für die Betrachtung des Phänomens Verantwortung ist es wichtig, sich über alle vier tatsächlich vorkommenden Güterebenen im Klaren zu sein.

Wie in der Diskussion mit Jonas gezeigt wurde, entwickelt der Mensch dann ein Verantwortungsgefühl, wenn es sich aus seiner Sicht um ein Gut erster Ordnung handelt. In liberaler Weltanschauung beschränkt sich seine Verantwortung bezogen auf seine Mitmenschen darauf, sie in Ruhe zu lassen und sie nicht an der Erfüllung ihrer Güter zu hindern. Ansonsten kümmert sich der Mensch – wie die anderen ja auch – um seinen eigenen Lebensplan. Alle konvergenten Güter, die ihrer Natur nach auch individuelle Güter sind, werden dem Gemeinwesen übertragen. Diese Sichtweise entspricht nicht dem Leitgedanken einer Republik, in der die öffentliche Sache „latent die Sache Aller ist"[251]. Wesentlich für Republiken ist doch, „dass sie durch den Sinn eines geteilten, unmittelbar gemeinsamen Gutes erfüllt sind."[252] Dieses unmittelbar gemeinsame Gut ist „die Identifikation des Bürgers mit der Republik als gemeinsames Unternehmen"[253], das auch Aristoteles betont.[254] In der Bundesrepublik Deutschland ist der von Taylor in diesem Zusammenhang gebrauchte Begriff Patriotismus aus der historischen Belastung heraus semantisch eng mit Begriffen wie Nationalismus und Intoleranz verbunden. Daher scheint es angebrachter, das Gefühl der Zugehörigkeit der Bürger zur Bundesrepublik Deutschland als Bürgersinn zu bezeichnen, ein Begriff, der Hennis[255] entliehen ist. Taylor formuliert als eine der Bedingungen für das dauerhafte Wohlergehen von Republiken in Anlehnung an Tocqueville „das ausgeprägte Gefühl der Staatsbürger, sich mit ihren öffentlichen Einrichtungen und dem politischen Leben identifizieren zu können."[256]

Der Mensch erachtet seinem Wesen nach sowohl individuelle als auch gemeinsame Güter als wertvoll, so dass sich also eine rein atomistische Ontologie verbietet. Die atomistische Ontologie bekommt originär politische Fragen gar nicht in den Blick. Ihr erschließen sich alle Güter nur aus individueller Sicht.

Nach den ontologischen Fragen sind die Fragen der Parteinahme – um der Terminologie Taylors weiter zu folgen – von Bedeutung, um einerseits das Missverständnis zwischen Liberalisten und Kommunitaristen aufzulösen, andererseits aber zu einem kompletten Bild des Bürgers und seiner Verantwortung zu kommen.

---

251 Jonas (Verantwortung, 1979), S. 181.
252 Taylor (Debatte, 1993), S. 115.
253 Taylor (Debatte, 1993), S. 115.
254 Vgl. Aristoteles (Politik), 1253a f.
255 Hennis (Bürgersinn, 1962).
256 Taylor (Quellen, 1994), S. 872.

Als Parteinahme definiert Taylor „den moralischen Standpunkt oder die Politik, die man vertritt."[257] Auf der einen Seite des Spektrums der Parteinahme wird der individuellen Freiheit und den persönlichen Rechten die Priorität eingeräumt, auf der anderen Seite „dem Gemeinschaftsleben oder dem kollektiven Gut".[258]

In Ergänzung zu den dargestellten Polen der ontologischen Betrachtung[259] können die Pole der Parteinahme wie folgt (siehe Abbildung 7) definiert werden:

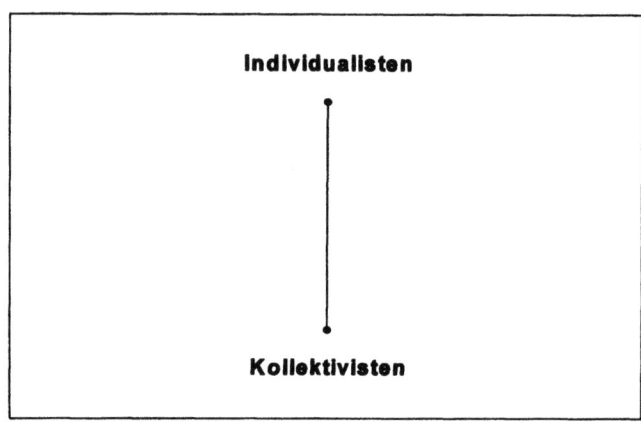

Abbildung 7: Die Pole der Parteinahme[260]

Taylor schlägt sich in dieser Frage auf die Seite der Individualisten, indem er den persönlichen Freiheiten der Bürger den Vorrang einräumt. Im Rückgriff auf die republikanisch-humanistische Tradition definiert er Freiheit aber nicht bloß als Freiheit vor Einschränkungen, die sogenannte negative Freiheit, sondern vielmehr als „Freiheit des aktiv an öffentlichen Angelegenheiten Teilnehmenden."[261] Damit ist nach Taylor ausgeschlossen, dass Freiheit für andere ausgeübt wird. Auf diese Weise eliminiert er die Gefahr vor totalitärem Missbrauch des Freiheitsbegriffs, die beispielsweise Berlin veranlasst hat, sich auf die Seite der negativen Freiheit zu schlagen.

Der freie Bürger ist derjenige, der aktiv an den öffentlichen Geschicken teilnimmt. Die Verbindung der ontologischen Ebene mit der Ebene der Parteinahme

---

257 Taylor (Debatte, 1993), S. 104.
258 Taylor (Debatte, 1993), S. 104.
259 Vgl. Abb. 5.
260 Eigene Darstellung.
261 Taylor (Debatte, 1993), S. 117.

nimmt Taylor schließlich folgendermaßen vor: „Da man Freiheit in gemeinsamen Handlungen ausübt, mag es natürlich erscheinen, dass man sie als gemeinsames Gut schätzt."[262] Diese Zusammenführung von partizipatorisch verstandener Freiheit und Bürgersinn nennt Taylor schließlich die „republikanische These". Taylors Konklusion ist in Abbildung 8 grafisch dargestellt.

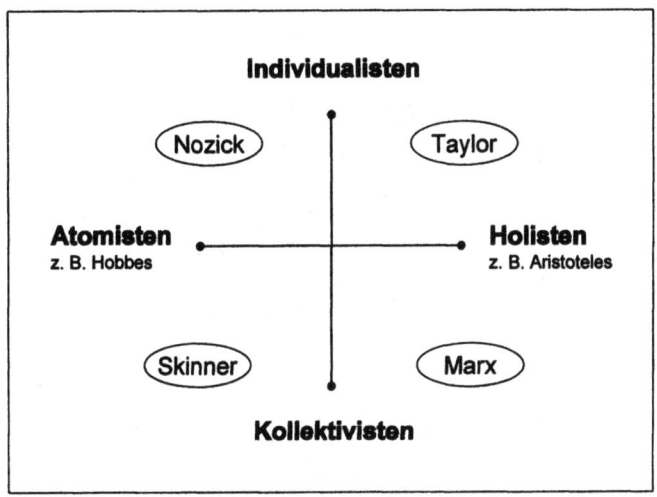

Abbildung 8: Taylors republikanische These[263]

Die dargelegte republikanische These hat für die Fragestellung der vorliegenden Arbeit eine große Bedeutung. Zunächst findet sich die Bestätigung, dass es auch in modernen Gesellschaften eine Verpflichtung auf ein gemeinsames Gut, die res publica, geben kann. Sie lässt sich weiter konkretisieren durch den Begriff des Bürgersinns, die gemeinsame Verantwortung der Bürger für das Gelingen der Republik. Nach Taylor entspricht es der Natur des Menschen, Güter als unmittelbar gemeinsame Güter wahrzunehmen. Damit ist die Voraussetzung geschaffen, dass die Bürger sich verantwortlich fühlen können.

---

262 Taylor (Debatte, 1993), S. 117.
263 Eigene Darstellung. Die Zuordnung der einzelnen Denker ist Taylor (Debatte, 1993), S. 108, entnommen.

Mit Hans Jonas ist als zweite Bedingung für die tatsächliche Verantwortungsübernahme die Vorstellung des Wählers bezeichnet worden, dass er mit seiner Stimmabgabe seinen Willen durchsetzen wird. Hier ist von jenem sensiblen Vorbereich der bereits durchgesetzten Macht die Rede, die ihre Wirkung entfalten muss, bevor die Bürger handeln.

Diesen Punkt greift Taylor mit dem Begriff der modern verstandenen Menschenwürde auf. „Der moderne Begriff der Würde der Person ist im wesentlichen der eines Handelnden, der seine Lage beeinflussen kann."[264] Der würdevolle moderne Mensch ist also nicht bloßes Objekt, sondern machtvolles Subjekt, das seine Lage beeinflussen kann. Taylor wäre missverstanden, wenn die Ausdrucksweise zu eng ausgelegt würde. Vielmehr ist er in einer Weise zu verstehen, dass die Person alle ihre Güter beeinflussen kann. Und damit sind alle beschriebenen Güter gemeint: die individuellen ebenso wie die konvergenten, die mittelbar und die unmittelbar gemeinsamen Güter. Und folgerichtig schließt die „Fähigkeit von Bürgern, etwas zu bewirken"[265] explizit auch das zentrale Gut der republikanisch-humanistischen Tradition ein: die „partizipatorische Selbstregierung."[266] Da Taylor auf der Ebene der Parteinahme für eine individuelle Lesart plädiert, müssen alle Bürger in die öffentlichen Angelegenheiten einbezogen werden. Hier erscheint Taylors Argumentation als Bestätigung von Rousseau, der – zumindest bei der Stiftung von Gemeinschaften – nicht nur die Beteiligung aller fordert, sondern gar die Zustimmung aller.[267]

Wenn erstens der Mensch auf der ontologischen Ebene ein stark gemeinschaftliches Wesen ist, das sich auch unmittelbar gemeinsamen Gütern verpflichtet und verantwortlich fühlt, und wenn zweitens „die Selbstregierung als für ein Leben in Würde wesentlich und als höchstes politisches Gut an sich anzusehen"[268] ist, dann wird das sich gegenseitig bestärkende oder zersetzende Potenzial dieser beiden Phänomene klar. In einer Gesellschaft, in der Bürgersinn nicht gepflegt wird, wird dem unmittelbar gemeinsamen Gut der Boden entzogen. Genauso leidet der Bürgersinn, wenn das unmittelbar gemeinsame Gut erodiert.

So stellt die zunehmende „Marginalisierung der partizipatorischen Selbstregierung"[269] eine ernste Bedrohung für die Wahrnehmung von Bürgerverantwortung dar. Taylor formuliert es als Frage: „Können wir uns solch eine sinnvolle Freiheit vorstellen, die die Treue der Menschen verdient, ohne dass sie die

---

264 Taylor (Debatte, 1993), S. 126.
265 Taylor (Debatte, 1993), S. 126.
266 Taylor (Debatte, 1993), S. 125.
267 Vgl. Rousseau (Gesellschaftsvertrag, 1790), S. 40.
268 Taylor (Debatte, 1993), S. 125.
269 Taylor (Debatte, 1993), S. 125.

Selbstregierung als zentrales Element einschließt?"[270] Wenn Freiheit bedeutet, aktiv zu sein und die konkreten Lebensumstände zu beeinflussen, so entsteht Freiheit erst im Akt der Verwirklichung.

Die Verwirklichung der Freiheit braucht bei den Bürgern aber auch das individuelle Vorverständnis, dass sie über hinreichende Macht verfügen, ihre Lebensumstände aktiv zu gestalten. Denn ohne dieses Vorverständnis schreiten sie nicht zur Tat. Hier wird die Verzahnung der Begriffe „Freiheit" nach Taylor und „Verantwortung" von Jonas deutlich. Sich verwirklichende Freiheit bedingt die Identifikation mit einem Gut, sei es ein individuelles oder ein gemeinsames Gut. Verantwortlich fühlt sich ein Bürger aber erst, wenn beides zusammenkommt: die Identifikation mit einem Gut und die auf das Gut gerichtete Durchsetzungsmacht. Wird den Bürgern von den Repräsentanten das Gefühl der Machtlosigkeit vermittelt, oder ist die Bürgerschaft tatsächlich politisch machtlos, so verhindert das im Umkehrschluss auch die Bildung von Verantwortungsbewusstsein in der Bürgerschaft. Wie sehr das Ausmaß des Verantwortungsbewusstseins der Bürger von der inneren Bewertung jedes einzelnen Bürgers abhängt, wird deutlich, wenn die zeitlichen Dimensionen betrachtet werden, in denen die Entscheidung zur Wahlteilnahme getroffen werden muss.

Der Bürger, der vor der Entscheidung steht, wählen zu gehen oder nicht, sieht sich unterschiedlichen zeitlichen Dimensionen gegenüber. Er blickt zunächst in die Vergangenheit zurück und stellt sich die Frage, ob die Repräsentanten in dieser Vergangenheit sorgsam mit seinem Bürgersinn, ausgedrückt durch seine letzte Wahl, umgegangen sind und ihm eine Macht zuteil wurde, die er durch die Wahl durchsetzen konnte. Dabei kann es eine Rolle spielen, ob das Wahlergebnis für die Regierungsbildung von Relevanz war. Hennis konstatiert hierzu: „Das Volk – die da unten – bleibt dabei völlig unbeteiligt."[271] Verfestigt sich dieser Eindruck, so muss die Beteiligung an der Wahl an Bedeutung verlieren. Rückblickend haben die Bürger die Möglichkeit zu betrachten, inwieweit sich das politische System in der Vergangenheit verändert hat, um der zitierten Marginalisierung der partizipatorischen Selbstregierung entgegenzuwirken.

Die zweite zeitliche Dimension ist das Jetzt, für das der Bürger seine Entscheidung treffen und in die Tat umsetzen muss. Der Wahlakt findet nur im Jetzt statt.

Seine Wirkung entfaltet der Wahlakt aber erst in der Zukunft, womit die dritte zeitliche Dimension erfasst ist. Hier geht es um die Vorstellung des Bürgers, vielleicht sogar um seine Phantasie, wie viel Einfluss er durch seine Wahl aus-

---

270 Taylor (Debatte, 1993), S. 126.
271 Hennis (Zuschauer, 1995), S. 137 f.

üben wird, welche Veränderungen er begünstigt oder verhindert. Doch wenn die Bürger ihre eigene Mächtigkeit nicht wahrnehmen, wenn ihre Partizipationswilligkeit vom politischen System nicht gehört und gefördert wird, und wenn die politischen Amtsträger den Bürgern nicht das Gefühl der eigenen – der der Bürger – Wichtigkeit vermitteln, wenden sich die Bürger vom politischen System ab. Vertrauensverlust und Rückgang der Wahlbeteiligung sind die Folge.

Die Grundvoraussetzung für die Teilnahme an Wahlen ist, dass die Bürger über Verantwortungsbewusstsein hinsichtlich der res publica verfügen und auch damit ihre Freiheit verwirklichen. Wenn in der auf dem Prinzip der Volkssouveränität und Bürgerverantwortung ruhenden Gesellschaft einerseits und dem politischen System mit seiner Ämterverantwortung andererseits unterschiedliche Verantwortungsbegriffe vorherrschen, stellt sich die Frage, ob diese Differenzen Auswirkungen auf die Stabilität der Gesellschaft haben und wie sich die unterschiedlichen Systeme gegenseitig beeinflussen. Die Fragen der Stabilität sind ein Kernanliegen systemtheoretischer Forschung.[272] Und auch die gegenseitige Beeinflussung kann mit dem Ansatz der Systemtheorie erhellt werden.[273]

3.4 Bürgerverantwortung und Gesellschaftssystem

Bisher wurde Bürgerverantwortung unter individuellen Gesichtspunkten betrachtet. Wenn es um die Frage der Rahmenbedingungen der Verantwortungsübernahme durch die Teilnahme an Wahlen geht, scheint darüber hinaus wichtig zu sein, die Rolle der Verantwortung in unterschiedlichen gesellschaftlichen Systemen zu untersuchen, um die Interdependenzen zwischen unterschiedlichen Verantwortungsbegriffen und Verantwortungsverständnissen benennen zu können.

So sind bis hierher bereits zwei sich unterscheidende Verantwortungsbegriffe aufgetaucht: die Bürgerverantwortung und die Verantwortung von Amtsträgern. Um dieses Verhältnis zu erhellen, bietet sich der Rückgriff auf systemtheoretische Überlegungen an. In politikwissenschaftlichen Kontexten geht der Begriff des politischen Systems auf Easton zurück, der in seinem Buch „The Political System"[274] moderne Gesellschaften mit dem Begriff des politischen Systems gleichsetzt. Dieser Gleichsetzung der Begriffe von Gesellschaft und politischem System kann im Folgenden nicht nachgegangen werden, vielmehr wird in Anlehnung an Parsons das politische System im engeren Sinne in Beziehung zum System höherer Ordnung[275], der Gesellschaft, gesetzt. Talcott Parsons'

---

272 Vgl. Easton (Political Analysis, 1965), S. VII.
273 Parsons (System, 1972), S. 14.
274 Easton (Political System, 1953).
275 Vgl. Parsons (Structure, 1960), S. 20.

Theorie bildet den Kern der hier angestellten systemtheoretischen Überlegungen. Die Fokussierung in dieser Arbeit auf die Systemtheorie von Parsons ist begründet in folgenden Punkten. Parsons' Theorie ist Handlungstheorie, sein Ausgangspunkt ist das handelnde Individuum. Wenn es um ein Thema wie Wahlbeteiligung geht, sind vor einem gesellschaftswissenschaftlichen Hintergrund insbesondere die auf das Individuum bezogenen Aspekte von Bedeutung. Hinzu kommt zweitens, dass Parsons „in soziologischen Kreisen nicht selten mit „Systemtheorie" schlechthin identifiziert wird."[276] Und schließlich bietet Parsons' Theorie die Möglichkeit, die unterschiedlichen Verantwortungsbegriffe von Amtsträgern und Bürgern einzuordnen. Dabei wird sich eine Hierarchie ergeben, in der die Verantwortung der Bürger in einem System höherer Ordnung angesiedelt ist.

Systemtheoretische Überlegungen sind in ein Spannungsfeld einzubetten, denn Systemtheorie ist zwar vor einem historischen Hintergrund entstanden,[277] in der theoretischen Konsequenz besteht jedoch die Gefahr, gerade das aus der historischen Dimension erwachsene Erkenntnisinteresse zu vernachlässigen und so Systemtheorie zu rein formalistischer Funktionstheorie zu machen. Damit ist bereits einer der Hauptkritikpunkte aufgegriffen, da das Problem der Systemtheorie in der Gefahr besteht, dass sie sich „nahezu ausschließlich auf eine nicht problematisierte Systemformalität und ein enges Schema herrschaftlicher Existenz"[278] beschränke. Bei der Rezeption der Parsons'schen Theorie ist diese Gefahr zu beachten. Für die vorliegende Arbeit ist diese Gefahr jedoch relativ klein, denn im systemtheoretischen Sinn wird die Theorie von Parsons zu Rate gezogen, um Zusammenhänge aufzuhellen. Das Interesse an systemtheoretischen Überlegungen dient hier der Beantwortung der Frage, unter welchen Bedingungen Menschen wählen gehen und unter welcher Bedingung eine möglichst hohe Wahlbeteiligung zu erreichen ist.

Auch vor dem Hintergrund der Systemstabilität bietet sich die Zuhilfenahme systemtheoretischer Überlegungen an, denn mit der Frage: "How does it come about that any type of system can persist at all, even under the pressures of frequent or constant crises?"[279] ist eines der Hauptanliegen von Hauptvertretern der Systemtheorie auf deskriptiver und deduktiver Ebene beschrieben. Im Blickpunkt des Interesses der Systemtheorie steht dabei eine vernetzte Sichtweise:

---

276 Müller (Systemtheorie, 1996), S. 276.
277 So finden sich bei Systemtheoretikern Hinweise auf Auslöser für grundsätzliche Fragestellungen, so z. B. bei Easton (Political Analysis, 1965), S. VII. Easton stellt dort die Frage, wieso es Systeme gibt, die sich im Verlauf der Geschichte behaupten können und andere, die dazu nicht in der Lage sind.
278 Röhrich (Soziologie, 1977), S. 11.
279 Easton (Political Analysis, 1965), S. VII.

„Im Gegensatz zu diesen Ansätzen[280] isolierte das der Biologie entlehnte Paradigma als Analyseeinheit nicht einen zweckrationalen Akteur, sondern ein System, nicht die Entscheidungen eines ‚rationalen' Akteurs, sondern die Evolution des Systems steht im Mittelpunkt des Interesses."[281]

Ein System wird dabei folgendermaßen definiert:

„Der Begriff des Systems kann auf verschiedene Weise definiert werden, u. a. durch die Generalisierung des Konzepts des ‚Organismus' (...). Man kann ‚System' als einen Weltausschnitt betrachten, der seine ‚Identität' trotz ständiger interner Veränderungen bewahrt."[282]

Hier sind insbesondere zwei Weltausschnitte von Bedeutung: die gesamte Gesellschaft und das politische System.

Systemtheorie zeigt den grundsätzlichen Zusammenhang des gesellschaftlichen Systems zum politischen System und leistet einen Beitrag zum Verständnis von Stabilität als Prozess.[283] Zur Disposition steht eine echte Interdependenz, ein in beide Richtungen weisender Beziehungsstrang: Das demokratische Gesellschaftssystem hängt in seinem Bestand vom politischen System[284] ab, und andererseits hängt die Stabilität des politischen Systems vom Gesellschaftssystem ab.[285]

Systemische Betrachtungen, also die Vorstellung, dass sich die Welt nicht nur zufällig aus Einzelteilen zusammensetzt, sondern zwischen diesen Einzelteilen ein Zusammenhang besteht, sind bereits in mythopoietischen Erzählungen zu finden. Die Symbolik des Urbildes dient als Ausdruck der Vielfalt der Welt ver-

---

280 Rapoport meint hier vor allem den Ansatz des rational choice.
281 Rapoport (Vorwort, 1996), S. 8.
282 Rapoport (Vorwort, 1996), S. 8.
283 Mit dieser eigenen Formulierung der Stabilität als Prozess versuche ich einen Spagat, der sich zwischen dem Verständnis von stabiler Demokratie als nicht dynamischem Zustand einerseits und als einen wohl anarchisch ausufernden ungeordneten Prozess völlig ohne inhaltliche Korsettstangen andererseits bewegt.
284 Es sei erneut angemerkt, dass Easton von der Identität von Gesellschaftssystem und politischem System ausgeht. Dies verdeutlicht z. B. Table 1 bei Easton (Political Analysis, 1965), S. 22, in dem zwar in „intra-" und „extra-societal environment" als Teile der Umwelt des politischen Systems unterschieden wird, das Gesellschaftssystem aber nicht expressis verbis auftaucht. Easton spricht dort zwar auch von „social systems", hiermit sind jedoch andere soziale Systeme als das Gesellschaftssystem gemeint, z. B. das Wirtschaftssystem, das kulturelle System u. a.
285 So könnten politisches System und Gesellschaftssystem gleichermaßen als unabhängige Variable, aber auch als abhängige Variable definiert werden. Zwar ist diese Überlegung für die weitere Diskussion nicht ohne Bedeutung, jedoch soll der kritisch-rationale Ansatz hier nicht allzu sehr in den Vordergrund gestellt werden.

bunden mit Form- und Namengebungen.[286] Erste zusammenhängende Darstellungen hat Aristoteles geliefert, indem er einen „zugleich natürlichen, logischen und politischen Zusammenhang"[287] skizziert:

> „Darum ist denn auch der Staat der Natur nach früher als die Familie und als der einzelne Mensch, weil das Ganze früher sein muss als der Teil. Hebt man das ganze menschliche Kompositum auf, so kann es keinen Fuß noch Hand mehr geben, außer nur dem Namen nach, wie man etwa eine steinerne Hand Hand nennt; denn nach dem Tode ist sie nur mehr eine solche. (...) Man sieht also, dass der Staat sowohl von Natur besteht, wie auch früher ist als der Einzelne."[288]

Aristoteles prägt ein Verständnis von der Natur von Dingen, Körperteilen und letztlich auch Menschen, das auf den Zusammenhang zu anderen verweist und die isolierte Sichtweise ablehnt. Eine Hand ist seiner Natur nach erst dann eine Hand, wenn sie in ihrer vollen Gestalt vorliegt, nämlich als Teil eines Ganzen, hier als Teil des menschlichen Körpers. Mit Gestalt ist nicht allein der äußere Umriss einer Hand gemeint, sondern darüber hinaus auch die Funktion – den „besonderen Verrichtungen und Vermögen"[289] –, die sie für den Menschen übernimmt. Mit den Händen tastet der Mensch, er greift nach Dingen, er hält sich mit seinen Händen fest, er schreibt mit seiner Hand und er schlägt mit seinen Händen. All diese Tätigkeiten, die der Mensch mit seiner Hand ausführt, machen die Hand erst zur Hand. Erst durch das Ausführen dieser Tätigkeiten erscheint eine Hand in der Fülle ihrer Existenz. Der Mensch ist nach Aristoteles nicht wegzudenken, ohne dass nicht auch die Hand aufhören würde zu existieren. Dies führt Aristoteles zu dem Schluss, dass der Mensch früher ist als seine Hand, denn die Hand kann erst durch die Existenz des ganzen Menschen zu ihrer eigenen Existenz gelangen. So gelangt Aristoteles durch sein teleologisches Denken zu der Auffassung, dass auch der Mensch erst dann in Vollendung als Mensch zu begreifen ist, wenn er in der Polis lebt. Erst in ihr kann er frei denken, frei sprechen und frei handeln. Diese wesentlichen Elemente der menschlichen Natur würden entfallen, wenn der Mensch allein lebte. Es ist nicht die bloße biologische Existenz, die den Menschen zum Menschen macht. Das Eigentümliche des Menschen macht seine politische Natur aus, sein Leben in Beziehungen. Er ist ein „staatliches Wesen"[290] und kann sich erst in der Polis vollkommen entfalten. Menschen, die unfähig sind, in Gemeinschaften zu leben, bezeichnet Aristoteles als Tiere.[291] Wer sich hingegen

---

286 Vgl. als Überblick Eliade (Kosmos, 1949), insbesondere S. 22. Vgl. auch Blumenberg (Arbeit, 1979).
287 Müller (Systemtheorie, 1996), S. 19.
288 Aristoteles (Politik), 1253a.
289 Aristoteles (Politik), 1253a.
290 Aristoteles (Politik), 1253a.
291 Vgl. Aristoteles (Politik), 1253a.

durch eine derartige Selbstgenügsamkeit[292] auszeichnet, dass er der Gemeinschaft nicht bedarf, ist ein Gott.[293] Nach Aristoteles haben alle Menschen, die sich nicht wider ihre Natur entwickelt haben und folglich als Tier oder Gott zu bezeichnen sind, den Drang, in Gemeinschaften zu leben: „Darum haben denn alle Menschen von Natur in sich den Trieb zu dieser Gemeinschaft (...)."[294] Eine isolierte Betrachtung verbietet sich demnach. Diese an Gemeinschaften ausgerichtete Sichtweise wird „jahrhundertelang fast widerspruchslos anerkannt"[295], erst in der Neuzeit schafft sich eine auf das Individuum konzentrierte Sichtweise Raum, die besonders deutlich von Hobbes vorgebracht wird.

Aristoteles lehrt eine Sicht der Welt, die die Interdependenz zwischen Dingen betont. Erst durch die Polis wird der Mensch zu einem Menschen in seiner möglichen Vollkommenheit. Damit ist der Grundstein gelegt für moderne systemtheoretische Betrachtungen.

Wer sich mit systemtheoretischen Aspekten beschäftigt, wird sich automatisch mit Parsons auseinandersetzen,[296] denn selbst im vierten Jahrzehnt nach seinem Tod gibt es kaum eine systemtheoretische Abhandlung, die nicht auf ihn reflektiert. Das allein rechtfertigt jedoch nicht die Auseinandersetzung mit strukturfunktionaler Handlungstheorie, vielmehr besteht der Grund für die Heranziehung von Parsons' Systemtheorie in „der Betrachtung des Problems, wie Gesellschaft als System und Politik als Subsystem des Sozialen zu begreifen sei."[297]

Parsons' Ausgangspunkt[298] ist das Individuum. Dies entspricht den vorangegangenen Gedanken zur Bürgerverantwortung, deren Ausgangspunkt ebenfalls das Individuum ist. Gleichwohl verfolgt Parsons gesellschaftstheoretische Absichten, die sich insbesondere in der Frage widerspiegeln, wie ein System möglichst stabil gehalten werden kann.

Die Systemtheorie von Parsons beginnt mit dem Handlungsbegriff. Ihm folgen die Kategorien Struktur und Funktion, die schließlich im System münden. Der Handlungsbegriff bei Parsons lehnt sich an Weber an: „‚Handeln' soll dabei ein

---

292 Vgl. Höffe (Aristoteles, 2006), S. 243.
293 Vgl. Aristoteles (Politik), 1253a.
294 Aristoteles (Politik), 1253a.
295 Höffe (Aristoteles, 2006), S. 241.
296 Vgl. Röhrich (Soziologie, 1977).
297 Röhrich (Soziologie, 1977), S. 70.
298 Auf die epistemologische Grundhaltung Parsons' soll hier nur am Rande hingewiesen werden: Jensen (Einleitung, 1976), S. 13, etwa erkennt als erkenntnistheoretische Position den „Konstruktivismus". Bei Johnson (1975), S. 5, ist hingegen von „Konzeptualismus" die Rede. Selbst bezieht sich Parsons (Action, 1978), S. 5, auf die „Kantian tradition".

menschliches Verhalten (einerlei ob äußeres oder innerliches Tun, Unterlassen oder Dulden) heißen, wenn und insofern als der oder die Handelnden mit ihm einen subjektiven Sinn verbinden."[299]

Die Parallele besteht darin, dass für Weber wie für Parsons nicht jedes Verhalten[300] eine Handlung darstellt. Determiniert bei Weber allein der subjektive Sinn die Handlung, so entwickelt Parsons vier analytische Elemente: „neben der subjektiven Definition der Situation, den verfügbaren Mitteln und den verfolgten Zielen als viertes, entscheidendes Moment soziale Normen."[301] Vergleichbar sind die Termini „subjektiver Sinn" (Weber) und „verfolgte Ziele" (Parsons), wenngleich die Dimension der Parsons'schen Kategorie prospektiv weitreichender ist. Die verfolgten Ziele stellen den Außenbezug einer Handlung dar, die beobachtbare Intention einer Aktion. In der Entstehung einer Handlung steht vor der Ausübung die Wahrnehmung der Situation durch den Handelnden. Die Situation kann sowohl interne als auch externe Bedingungen beinhalten. Diese Rezeption wird bewertet, abgeglichen mit den eigenen Möglichkeiten der Reaktion und generellen oder konkreten persönlichen Zielen. Bevor es zu einer Handlung kommt, wägt der Akteur das bisherige Ergebnis mit den sozialen Normen ab.

Werden die vier Kategorien der Handlung auf den Wahlakt angewendet, so fällt Folgendes auf. Da ist zunächst die subjektive Definition, die Wahrnehmung der Situation durch den Wahlberechtigten. Er kann die Wahlsituation als medienorientiertes Spektakel, als den urdemokratischen Akt einer freien Gesellschaft oder mehr oder weniger gar nicht wahrnehmen. Bereits diese drei groben Bewertungsdifferenzierungen lassen auf unterschiedliche Handlungsmöglichkeiten schließen: Wahl, Nichtwahl und Protestwahl. Die Bewertung der Situation hängt entscheidend von den intellektuellen Fähigkeiten des Bürgers ab und von seinem Interesse an politischen Themen.

Die verfügbaren Mittel lassen sich in einem weiteren Sinn auch als Macht beschreiben. Auf die Wahl angewendet bedeutet es, dass dem Wahlberechtigten nicht nur die formale Möglichkeit der Stimmabgabe zur Verfügung stehen muss,

---

299 Weber (Wirtschaft und Gesellschaft, 1921), S. 1.
300 Vgl. Weber (Wirtschaft und Gesellschaft, 1921), S. 1: „(...) einerlei ob äußeres oder inneres Tun, Unterlassen oder Dulden." Vgl. auch Parsons (Gesellschaft, 1966), S. 121: „Ich ziehe den Ausdruck ‚Handeln' dem Ausdruck ‚Verhalten' vor, weil ich nicht an den physischen Verhaltensabläufen selbst interessiert bin, sondern an den Mustern, die sie bilden und in denen sie sich vollziehen, an ihren sinnhaften (physischen, kulturellen und sonstigen) Produkten (...)."
301 Müller (Systemtheorie, 1996), S. 286.

sondern auch die subjektiv empfundene Macht, dass die eigene Stimme Gewicht hat.

Als Drittes sind die subjektiv verfolgten Ziele zu erörtern. Im Falle der Wahl kann dies im Besonderen die beabsichtigte Machtzuweisung an eine bestimmte Partei sein, im Allgemeinen die Verwirklichung der gemeinsamen Sache, der res publica, die „öffentliche Sache, die in einer Republik latent die Sache Aller ist."[302] Im Sinne Parsons' muss sich der Wähler mit dem politischen System und dem Gemeinwesen identifizieren, um daraus verfolgbare Ziele für sich ableiten zu können[303] und sich an der Wahl zu beteiligen.

Die abnehmende wahrgenommene Wahlverpflichtung ist als soziale Norm im Rahmen des Wertewandels bestimmt worden.[304] Allgemeiner kann gesagt werden, dass der Wahlhandlung eine stützende soziale Norm zugrunde liegt, da zum Erhalt des gesellschaftlichen Systems und der politischen Ordnung die Teilhabe und Teilnahme der Bürger notwendig ist. Damit kommt dem Wahlakt nicht nur die rein prozedurale Funktion der Mehrheitsbeschaffung zu. Vielmehr liegt der Wahl bei dieser Betrachtung die Norm zugrunde, jeder Bürger habe sich so zu verhalten, dass das demokratische Gesellschaftssystem und die politische Ordnung aufrechterhalten und gefördert werden. Die stützende soziale Norm lautet: Tu alles, was den Bestand der demokratischen Gesellschaft dient. Dies kann verglichen werden mit der Wahlnorm, jener inneren Verpflichtung der Bürger, wählen gehen zu müssen, die insbesondere in den ersten Jahrzehnten der Bundesrepublik für sehr hohe Wahlbeteiligungsraten gesorgt hat. Hier ist jedoch etwas anderes gemeint. Es kommt darauf an, dass die Bürger die systemstützende Funktion der Wahl und die ihr zugrunde liegende soziale Norm erkennen und sich bewusst für die Teilnahme an der Wahl entscheiden und nicht unüberlegt dem Wahlaufruf folgen. Sich der eigenen Verantwortung bewusst zu sein, hat etwas mit Bildung zu tun, und so wird an dieser Stelle die Relevanz der politischen Bildung für die Herausbildung von Bürgersinn deutlich.[305]

Die Abgrenzung eines Systems setzt bei Parsons voraus, dass es in seiner Struktur erschlossen sein muss.

„Der Begriff ‚Struktur' bezieht sich auf diejenigen Systemelemente, die von kurzfristigen Schwankungen im Verhältnis System – Umwelt unabhängig sind. Der Strukturbegriff

---

302 Jonas (Verantwortung, 1979), S. 11.
303 Vgl. Taylor (Debatte, 1993), S. 115.
304 Vgl. Kap. 2.2.
305 Vgl. Breier (Leitbilder, 2003), S. 9 f.

bezeichnet also Systemmerkmale, die in einem bestimmten Rahmen im Vergleich mit anderen Elementen als Konstanten gelten können."[306]

Es handelt sich um die Eckpfeiler eines Systems. Parsons führt als Beispiel die amerikanische Verfassung an:

„So blieb im großen und ganzen die amerikanische Verfassung ein stabiler Bezugspunkt über einen Zeitraum von mehr als anderthalb Jahrhunderten. Während dieser Zeit hat sich natürlich die Struktur der amerikanischen Gesellschaft in mancherlei Hinsicht erheblich gewandelt; es gab Veränderungen im Recht, durch Gesetzgebung, durch Rechtsauslegung und durch mehr informelle Abläufe. Der Bundesstaat jedoch, mit der Teilung zwischen Legislative und Exekutive, der unabhängigen Rechtsprechung, der Trennung von Kirche und Staat, den Grundrechten persönlicher Freiheit, der Versammlungsfreiheit und des Eigentums sowie einer Vielzahl anderer Merkmale, ist unter den meisten Aspekten konstant geblieben."[307]

Ähnliches gilt für die Geschichte der Bundesrepublik Deutschland. Auch das Grundgesetz hat überdauert, die wesentlichen Elemente des Grundgesetzes sind seit der Verabschiedung des Grundgesetzes unverändert. Dazu gehört vor allem Artikel 20, der als „Verfassung in Kurzform" bezeichnet wird. Hier wird festgelegt, dass die Bundesrepublik Deutschland ein sozialer und demokratischer Bundesstaat ist.

Parsons geht davon aus, dass die amerikanische Verfassung wesentliches Strukturelement der nordamerikanischen Gesellschaft ist. Er beschreibt also die Beziehung von zwei Systemen unterschiedlicher Ordnung – das Gesellschaftssystem als System höherer Ordnung und das politische System als Subsystem der Gesellschaft. Sodann zählt Parsons die wesentlichen Strukturmerkmale der Verfassung auf: Bundesstaat, Gewaltenteilung, Trennung von Staat und Kirche, Grundrechte. Bereits die Federalists haben auf das Fundament der amerikanischen Verfassung und Gesellschaft hingewiesen, da nämlich „alle unsere politischen Experimente in der Fähigkeit des Menschen zur Selbstregierung gründen lassen."[308] Die vorstehenden Merkmale der nordamerikanischen Gesellschaft sind folglich um den Grundsatz der Volkssouveränität zu ergänzen.

Die Forderung nach Selbstregierung gründet auf der Überzeugung, dass der Mensch frei ist und zudem fähig ist, Verantwortung zu übernehmen. Dies ist das wesentliche Strukturelement demokratischer Gesellschaften, als Volkssouveränität bezeichnet, ausgefüllt mit der Verantwortung des Einzelnen. Der Beobachter des Amerika des 19. Jahrhunderts, Alexis de Tocqueville, stellt Gleiches fest:

---

306 Parsons (Soziale Systeme, 1976), S 167 f.
307 Parsons (Soziale Systeme, 1976),, S. 168.
308 Hamilton, Madison, Jay (Federalist, 1788), 39. Artikel, S. 225.

„Wenn es auf Erden ein Land gibt, in dem man hoffen darf, das Dogma der Volkssouveränität in seinem wahren Wert würdigen, in seiner Wirkung auf das Staatsleben studieren und seine Vorteile wie seine Gefahren abwägen zu können, so ist dieses Land Amerika."[309]

Hier wird deutlich, dass das Prinzip der Volkssouveränität auch im Verständnis Tocquevilles ein gesellschaftliches Prinzip ist, das sich auf das politische Leben auswirkt. Für die Vereinigten Staaten als Gesellschaft gilt: „Volkssouveränität wurde oberstes Gesetz."[310] So ist die amerikanische Gesellschaft von diesem Prinzip getragen: „Das Volk ist Anfang und Ende aller Dinge; alles geht vom Volk aus, alles in ihm auf."[311] Und die amerikanische Verfassung weist wiederum die genannten wesentlichen Strukturmerkmale auf, deren Basis die Volkssouveränität ist. Hier wird der hierarchische Aufbau konsonanter, sich gegenseitig stützender und konkretisierender Strukturelemente deutlich. Auf der Ebene der Gesellschaft manifestiert er sich im Glauben an die Volkssouveränität, an die Fähigkeit zur Selbstregierung und an das Volk als Quelle aller Macht und Verantwortung. Im politischen System erfährt das gesellschaftliche Strukturmerkmal der Volkssouveränität seine Ausformung in konkretem Verfassungsrecht und im Aufbau der politischen Ordnung.

Die Funktion Zielerreichung ist nach Parsons in die Umwelt von Systemen gerichtet. Die Ziele sind allerdings so in ein Verhältnis zur Systemumwelt im Sinne eines Abgleichs mit den zur Verfügung stehenden Mitteln zu setzen, dass Konflikte vermieden werden. Dies bezeichnet die Funktion Anpassung. Unter Integration eines Systems versteht Parsons die „Koordination seiner Teileinheiten"[312] und bezeichnet damit auch ein Mindestmaß an Solidarität zwischen den Systemelementen. Diese Funktion kann auch als soziale Kontrolle beschrieben werden. Die latente Strukturerhaltung oder auch die Erhaltung der normativen Muster spiegelt den systemischen Reflexionsboden wider, die relative Stabilität in den Grundwerten des Systems. Parsons spricht von „Komplexen symbolischer Bedeutung"[313].

Die Verknüpfung von Funktion und Struktur bringt Parsons zu einem Herzstück seiner Theorie, indem er bestimmten Subsystemen von Gesellschaften jeweils eine der vier Hauptfunktionen zuweist. Da er sich auf die vier beschriebenen Funktionen beschränkt, kann es jeweils auch nur vier Subsysteme geben.

---

309 Tocqueville (Amerika, 1835), S. 46.
310 Tocqueville (Amerika, 1835), S. 47.
311 Tocqueville (Amerika, 1835), S. 49.
312 Parsons (System, 1972), S. 12.
313 Parsons (System, 1972), S. 12.

Bezugspunkt ist bei Parsons das allgemeine Handlungssystem. Er betrachtet „soziale Systeme, zusammen mit kulturellen Systemen und Persönlichkeitssystemen sowie Verhaltensorganismen, als primäre Bestandteile des allgemeinen Handlungssystems."[314] Mit Persönlichkeit und den Verhaltensorganismen wird sein auf das Individuum bezogener Ansatz erneut deutlich. Dem sozialen System wird hauptsächlich Integrationsfunktion zugeschrieben, die latente Strukturerhaltung als Hauptfunktion dem kulturellen System, die „Zielverwirklichung fällt als Hauptaufgabe der Persönlichkeit des Individuums zu"[315] und die Anpassung dem Verhaltensorganismus.

Im von Parsons so genannten „allgemeinen Handlungssystem" kommt dem kulturellen System die Funktion der latenten Strukturerhaltung zu. Wesentlicher Bestandteil der latenten Strukturerhaltung ist bei Parsons das Wertesystem. In der Kultur des allgemeinen Handlungssystems verortet Parsons den moralischen Reflexionsboden, der auch die Handlung im Rahmen der beschriebenen Verhältnismäßigkeitsentscheidung mitbestimmt.

In der vorliegenden Arbeit sind die sozialen Systeme, denen im allgemeinen Handlungssystem die Integrationsfunktion zukommt, von besonderer Relevanz. Auf dieser Ebene definiert Parsons die Gesellschaft. Damit ist eine Gesellschaft im Rahmen seines allgemeinen Handlungssystems das soziale System höchster Stufe.

„Sozialsysteme sind geordnete Aggregate, in denen Menschen sich unter spezifischen Aspekten ‚wahrnehmen' und bestimmte Empfindungen füreinander haben; Sozialsysteme bestehen aus interagierenden Rollen innerhalb von Kollektiven, deren spezifische Interaktion durch Normen geordnet wird, die in Werten begründet und an Werten orientiert sind."[316]

Soziale Systeme unterscheiden sich von anderen Systemen dadurch, dass sie durch Interaktion bestimmt sind; Interaktion zwischen Menschen, deren Handlungen durch ihre eigenen Wertvorstellungen geprägt sind.

Die Wechselbeziehungen zwischen Systemen hat Parsons mit dem „Phänomen der gegenseitigen Durchdringung"[317] beschrieben. „Der vielleicht bekannteste Fall gegenseitiger Durchdringung ist die Internalisierung sozialer Objekte und kultureller Normen in die Persönlichkeit des Individuums."[318] Parsons[319] beschreibt die wech-

---

314 Parsons (System, 1972), S. 12.
315 Parsons (System, 1972), S. 13.
316 Parsons (Soziale Systeme, 1976), S. 80.
317 Parsons (System, 1972), S. 14.
318 Parsons (System, 1972), S. 14.
319 Wie viele theoretische Bilder birgt auch das der gegenseitigen Durchdringung von Parsons die Gefahr, die Systeme als an sich allein stehende Gebilde zu verstehen, die erst durch das Phänomen der gegenseitigen Durchdringung miteinander in ein Verhält-

selseitige Durchdringung des kulturellen Systems mit dem Persönlichkeitssystem, da die Internalisierung von Werten und Normen handlungsleitend wird.[320]

Das Phänomen der gegenseitigen Durchdringung hat Folgen für die Betrachtung der Wahl und der Bürgerverantwortung. Zunächst ist die für demokratische Gesellschaften konstitutive Idee der Volkssouveränität, das Postulat der Verantwortung der Bürgerschaft, zu betrachten. Zum Zweiten spiegelt sich diese Volkssouveränität im Wahlakt wider, der zur Etablierung der Repräsentanten führt. Im politischen System herrscht ein anderer Verantwortungsbegriff vor, der Begriff der Ämterverantwortung. Und schließlich fällt nach Parsons alles im Persönlichkeitssystem des Wahlberechtigten zusammen, in seinem Verantwortungsgefühl. Seinem Verantwortungsgefühl entsprechend begeht der Bürger eine Handlung, die eben auch Unterlassen in Form der Wahlenthaltung sein kann. Unterschiedliche Verantwortungsinhalte auf unterschiedlichen Ebenen des allgemeinen Handlungssystems können die konsonante Hierarchie stören

Dem kulturellen System kommt bei Parsons insofern besondere Bedeutung zu, als dass die normative Kultur in einer Gesellschaft institutionalisiert wird. Gleichzeitig wird sie aber auch im Persönlichkeitssystem internalisiert und wird damit handlungsleitend. Damit wird zum einen klar, dass Parsons Werten und Normen eine hervorragende Rolle beimisst; zum anderen sticht hier sein handlungstheoretischer Ansatz deutlich hervor. Im Falle dieser gegenseitigen Durchdringung von kulturellem System, Persönlichkeitssystem und politischem Gemeinwesen als Subsystem des sozialen Systems Gesellschaft kommt eine Grundannahme Parsons' zum Tragen. Parsons geht davon aus, dass jedes Subsystem einen kompatiblen Ausschnitt aus der Wertordnung des übergeordneten Systems darstellen muss, um den Bestand des Gesamtsystems nicht potenziell zu gefährden:

"In the case of an organization as defined above, this value system must by definition be a subvalue system of a higher-order one, since the organization is always defined as a subsystem of a more comprehensive social system. Two conclusions follow: First, the value system of the organization must imply basic acceptance of the more generalized values of the superordinate system – unless it is a deviant organization not integrated into the superordinate system. Secondly, on the requisite level of generality, the most essential feature of the value

---

nis treten. Es ist darauf hinzuweisen, dass sie allein durch die personelle Verflechtung entsteht, da die Individuen einer gegebenen Gesellschaft sowohl Elemente der Wirtschaft, der Normerhaltung, der gesellschaftlichen Gemeinschaft als auch des politischen Gemeinwesens sind. Die gegenseitige Durchdringung ist also schon dadurch gegeben, dass Menschen in den jeweiligen Systemen handeln, sie in ihren Handlungen wertgeleitet sind und diese Werthaltungen in allen Subsystemen handlungsbestimmend wirken.

320 Dies gilt persönlichkeitspsychologisch mittlerweile als sichere Erkenntnis. Vgl. etwa Montada (Sozialisation, 1995).

system of an organization is the evaluative legitimation of its place or 'role' in the superordinative system."[321]

Darüber hinaus erhält ein System erst durch sein Wertesystem eine Existenzberechtigung: "In the most general sense the values of the organization legitimize its existence as a system."[322] Nach dem Phänomen der gegenseitigen Durchdringung ist als letztes Kernelement der Parsons'schen Systemtheorie die Wertehierarchie auf den Begriff der Bürgerverantwortung anzuwenden. Es hat sich bereits gezeigt, dass die wesentlichen Strukturelemente des Gesellschaftssystems und der Verfassung als Kern des politischen Systems in den Vereinigten Staaten kompatibel sind und aufeinander aufbauen. Parsons liefert die Begründung, dass es auch so sein muss, wenn ein System auf Dauer bestehen soll. Die Grundwerte eines sozialen Systems legitimieren seine Existenz, sämtliche Systeme in einem Gesellschaftssystem durchdringen einander und müssen auf der Ebene der wesentlichen Strukturelemente kompatibel sein. Wie Parsons für die nordamerikanische Gesellschaft feststellt, gilt auch für die Bundesrepublik Deutschland, dass die wesentlichen Strukturelemente des politischen Systems unverändert geblieben sind. Hier sind insbesondere das Prinzip der Volkssouveränität, das verfassungsrechtlich fundierte Wahlrecht des Artikels 20 GG und seine Ausformung durch das Bundeswahlgesetz gemeint.

Nach Parsons ist die amerikanische Verfassung eine werthaltige Reflexionsebene mit vier Elementen: föderale Ordnung (Bundesstaat), Gewaltenteilung, Trennung von Staat und Kirche (Säkularisierung) und Gewährung der Grundrechte.[323]

Dies ist Parsons' allgemeine Definition einer demokratischen Gesellschaft. Trotz der Übereinstimmungen ist Kritik zu üben. Parsons' Verständnis von Demokratie ist seiner Theorie entsprechend konsequent; das politische System läuft bei ihm jedoch Gefahr, „generell zum Anpassungsgehilfen im Inneren, Macht als Sachautorität zu einem generalisierten Mechanismus des Systems"[324] zu werden. Zugute zu halten ist Parsons, dass er zwar politisches System und Macht scheinbar unreflektiert degeneriert, er andererseits aber – wohl selbstverständlich – davon ausgeht, dass es immer nur um die Erhaltung „wünschenswerte(r) Typen sozialer Systeme"[325] geht. Dieser Widerspruch ist relevant für das Verständnis der Weltanschauung Parsons': Die Aufgabe seiner universalistischen Theorie des Handelns als Systemtheorie besteht darin, Phänomene bzw. Handlungen, wie Parsons es nennen würde, wertfrei zu erklären. Gleichzeitig

---

321 Parsons (Structure, 1960), S. 20.
322 Parsons (Structure, 1960), S. 21.
323 Vgl. Parsons (Soziale Systeme, 1976), S. 168.
324 Narr (Systemtheorie, 1976), S. 113.
325 Parsons (System, 1972), S. 15.

geht er aber auch davon aus, dass es wünschenswerte und folglich auch nicht wünschenswerte soziale Systeme gibt. Es muss also einen Reflexionsboden geben, auf dessen Grundlage über die Kategorien wünschenswert und nicht wünschenswert zu befinden ist. Die Antwort auf die sich daraus ergebende Frage bleibt der Soziologe Parsons schuldig. Insofern liegt das Problem nicht darin, dass Parsons aus seinem Selbstverständnis heraus Funktionalität mit Legitimität gleichsetzt, sondern dass seine Theorie grundlegende Aspekte unbeachtet lässt. Diese grundlegenden Aspekte können in den wesentlichen Strukturelementen demokratischer Gesellschaften gefunden werden, die als wünschenswert gelten können. So ist die Systemtheorie von Talcott Parsons um das „Dogma"[326] der Volkssouveränität zu ergänzen.

Parsons geht davon aus, dass es durch die Zugehörigkeit der Individuen zu mehreren Systemen zu gegenseitigen Durchdringungen unterschiedlicher Systeme oder Subsysteme kommt. Dabei bringt der Handelnde seine Grundeinstellungen in unterschiedliche Systeme ein und beeinflusst damit das Wertesystem des jeweiligen Systems. Konsequent fordert Parsons deshalb, dass die Werte eines Subsystems einen Ausschnitt des Wertesystems des übergeordneten Systems darstellen müssen. Werden diese beiden Annahmen, hierarchische Wertekonsonanz und gegenseitige Durchdringung, von Talcott Parsons auf die Bürgerverantwortung angewendet, so ergibt sich Folgendes: Zum einen stellt die Volkssouveränität, also die Bürgerverantwortung, einen der unumstößlichen Grundwerte demokratischer Gesellschaften dar. Daraus folgt, dass sich die Grundwerte gesellschaftlicher Subsysteme konsonant zur Bürgerverantwortung verhalten müssen, um die Stabilität des Gesellschaftssystems nicht zu gefährden. Dies gilt auch für das politische System, das Parsons als Subsystem der Gesellschaft versteht. Im politischen System herrscht die Vorstellung von der Ämterverantwortung vor. Die Ämterverantwortung steht dann im Widerspruch zur Bürgerverantwortung, wenn nicht die Bürgerverantwortung die Grundlage der Ämterverantwortung darstellt.

Zum anderen verdeutlicht das Phänomen der gegenseitigen Durchdringung die Bedeutung der wahrgenommenen Bürgerverantwortung und der Rückbindung der Ämterverantwortung an die Bürgerverantwortung. Denn wenn sich bei den Bürgern der Eindruck verfestigt, dass die Repräsentanten die tatsächliche Verantwortung und Macht in der Gesellschaft haben, die letztlich nicht an die Verantwortung der Bürger zurückgebunden ist, dann entsteht auf individueller Ebene die Einstellung eigener Verantwortungs- und Machtlosigkeit, die sich in Wahlenthaltung äußern kann. Deshalb ist jetzt das Verhältnis von Bürgerverantwortung und der Verantwortung der Amtsträger zu erörtern.

---

326 Tocqueville (Amerika, 1835), S. 46.

4 Entwicklungsmöglichkeiten der Bürgerverantwortung

4.1 Bürgerverantwortung und die Verantwortung der Amtsträger

Der Amtsgedanke und mit ihm die Verantwortung der Amtsträger werden für repräsentativ verfasste Demokratien als dominierend angesehen. Ein Minister, dessen Mitarbeiter sich rechtswidrig verhalten, übernimmt für den Amtsmissbrauch seiner Untergebenen die politische Verantwortung. Häufig ist das gleichbedeutend damit, dass er von seinem Amt zurücktritt. Es wird eine durchgängige Verantwortungskette beginnend mit der Wahl, über die Mehrheitsbildung im Parlament, die Wahl des Regierungschefs und dessen Berufung durch das Staatsoberhaupt, die Ernennung der Minister und Staatssekretäre und schließlich die Verantwortung der Beamten, die politisch getragen wird von der Verantwortung des jeweilig zuständigen Ministers, begründet.[327] Erst der Gedanke des Amtes ermöglicht, von „(...) verantwortlicher Behandlung und Gestaltung der öffentlichen Angelegenheiten zu sprechen."[328]

Der Amtsgedanke ist in Deutschland untrennbar mit dem guten Funktionieren des Staates verbunden: „Wo immer der Gedanke des gemeinen Besten im Mittelpunkt der politischen Begriffswelt steht, ist der Amtsgedanke ihm beigestellt"[329]. Während vor allem in der amerikanischen Tradition das Amt erforderlich war, um die Souveränität des Volkes durchzusetzen[330], so ist in Deutschland der Amtsgedanke eng mit dem Staat verbunden. Der Staat als Träger der Ämter ist im deutschen politischen Denken ursprünglicher als die unpolitische Gesellschaft, er wird ihr häufig sogar gegenübergestellt. Ernst Vollrath hat diese Schwerpunktbildung im politischen Denken Deutschlands in seiner „Grundlegung einer philosophischen Theorie des Politischen"[331] formuliert: „Das politische Denken ist wesentlich und typischerweise etatistisch."[332] Das politische Denken geht nach Vollrath in Deutschland vom Staat und nicht von den Bürgern aus, weil hier die politische Identität des Heiligen Römischen Reiches Deutscher Nation nicht in der Realität vorlag. Vielmehr fand die Manifestierung von Territorialstaaten in Deutschland insbesondere nach dem dreißigjährigen Krieg auf der Ebene der Kleinstaaten statt. Anders als etwa in England war der nationale Staat in Deutschland nicht die Lebenswirklichkeit, sondern musste ge- bzw. erdacht werden. Das rückt den Staat in den Mittelpunkt des po-

---

327 Vgl. Hennis (Amtsgedanke, 1962), S. 135.
328 Breier (Leitbilder, 2003), S. 42.
329 Hennis (Amtsgedanke, 1962), S. 131.
330 Vgl. insbesondere Hamilton, Madison, Jay (Federalist, 1788), 76. Artikel.
331 Vollrath (Theorie, 1987).
332 Vollrath (Theorie, 1987), S. 103.

litischen Denkens. „Die Zentrierung des deutschen politischen Denkens auf Phänomen und Begriff des Staates ist Folge des Mangels an konkreter Identität."[333]

Während die politischen Denker des 16. bis 18. Jahrhunderts demzufolge als Fürstendiener, als Verfechter der jeweils kleinen Staaten[334] fungierten, erweisen sich die Staatstheoretiker des 19. Jahrhunderts eben als Theoretiker des Staates, als Befürworter „eines abstrakten Staates und seiner Idee."[335] Der Staat erscheint im Etatismus gleichsam als eigenständige Substanz und wird darüber hinaus als solche legitimiert:„Das Zentrum dieser Politik-Auffassung bildet der Staat als ebenso kompetente wie befugte Rechtsherrschaftsordnung, die den pflichtschuldigen Gehorsam ihrer Untertanen legitimerweise einfordern kann (...)."[336]

Dem Staat wird „Rechtssubjektivitätscharakter"[337] zugeschrieben, er ist. Auf die Partizipation der Bürger zur Verwirklichung des Staates kommt es mithin nicht an, sie ist gänzlich entbehrlich. „Bürger (kommen) (...) nicht ins Blickfeld."[338] In diesen Zusammenhang fällt auch der Begriff des Staatsbürgers, den Sternberger für ein zusammengesetztes Ersatzwort hält: „Es war auch darum mit diesem zusammengesetzten Ersatzworte nicht viel Staat zu machen, weil es den Staat schon voraussetzt, den die Bürger, ginge es mit rechten bürgerlichen Dingen zu, ja erst bilden sollen."[339]

Wenn Hennis darauf hinweist, dass der Amtsbegriff auch und besonders in England und den Vereinigten Staaten von Amerika mit den dortigen repräsentativen Demokratien eng verknüpft ist[340], so muss doch die Art des politischen Denkens – etatistisch wie in Deutschland oder eher am politischen Prozess interessiert[341] wie in England und den Vereinigten Staaten von Amerika – hinzugedacht werden. Dem deutschen etatistischen politischen Denken folgend kann ansonsten das Amt verstanden werden als Vollzugsorgan des Staates, der als eigenständiges Subjekt gedacht wird. So mutet es etatistisch an, wenn Hennis konstatiert, dass die Demokratie besonders deshalb zu den „‚guten' Herrschaftsformen"[342] zu rechnen ist, weil „alle herrschaftliche, politische Gewalt Amtsgewalt ist."[343] Nun kann Hennis nicht vorgehalten werden, er würde „eine Gesellschaft von

---

333 Vollrath (Theorie, 1987), S. 104.
334 Vgl. Vollrath (Theorie, 1987), S. 102.
335 Vollrath (Theorie, 1987), S. 102.
336 Vollrath (Theorie, 1987), S. 108.
337 Vollrath (Theorie, 1987), S. 118.
338 Breier (Leitbilder, 2003). S. 53.
339 Sternberger (Aspekte, 1967), S. 13.
340 Vgl. Hennis (Amtsgedanke, 1962), S. 130 f.
341 Vgl. Vollrath (Theorie, 1987), S. 139.
342 Hennis (Amtsgedanke, 1962), S. 128.
343 Hennis (Amtsgedanke, 1962), S. 128.

Privatleuten"³⁴⁴ präferieren, die dem Staat als Untertanen gegenübersteht. Eine derartige Unterstellung wäre Unsinn. Hingewiesen sei in diesem Zusammenhang auf sein Anliegen, die „Motive des Bürgersinns"³⁴⁵ zu ergründen und zu stärken. Und dennoch ist nicht ganz von der Hand zu weisen, dass auch Hennis einer etatistischen Denkweise anheimfällt.

In seiner Frankfurter Antrittsvorlesung vom 4. Februar 1961 untersucht Hennis den Zusammenhang zwischen „Amtsgedanke und Demokratiebegriff"³⁴⁶. „Der zentrale Begriff der repräsentativen Demokratie ist (...) das Amt."³⁴⁷ Die repräsentative Demokratie ist nach Hennis nichts anderes als „die Fortentwicklung des Ämterstaates, der der feudalen Welt (...) zugrunde lag."³⁴⁸ Der einzige Unterschied liegt für Hennis in „dem neuen Souverän – dem Volke"³⁴⁹, vor dem sich die Amtsträger zu verantworten haben. Hennis bringt das Prinzip der Repräsentation mit dem Amtsgedanken in Deckung. Dieses Aufeinanderverwiesensein des Amtes und der Repräsentation ist erforderlich, um die herausgehobene Rolle der Verantwortung von Amtsträgern zu begründen. Denn wenn das Amt der zentrale Begriff der repräsentativen Demokratie ist, sich um diesen zentralen Begriff alles andere im politischen Denken und Handeln dreht, so muss die Verantwortung der Amtsträger eine herausragende, wenn nicht gar exklusive Stellung einnehmen. Verantwortung wird in diesem Sinne verstanden als „Verantwortung vor dem, der in ein Amt beruft"³⁵⁰. Hennis geht weiter, indem er herausstellt, dass in einer plebiszitären Demokratie überhaupt keine Verantwortung mehr möglich ist, da es an der Verantwortungsinstanz fehlt.³⁵¹ Die Repräsentation sieht Hennis am ehesten mit dem Instrument der Mehrheitswahl verwirklicht, da dies das einzige Wahlsystem ist, das eine klare und eindeutige Beziehung zwischen den Kandidaten eines Wahlkreises und den jeweiligen Wählern herstellt. Mit Blick auf England stellt er fest: „Auf allen Ebenen klare Berufungs- und Verantwortungsverhältnisse!"³⁵²

Konsequent verfolgt er seinen Gedanken der „Amtsdemokratie"³⁵³ und der Repräsentation und er knüpft zwischen diesen beiden Begriffen ein starkes Band, so dass nicht der eine Gedanke aufgegeben werden kann, ohne dass der

---

344 Breier (Leitbilder, 2003), S. 53.
345 Hennis (Bürgersinn, 1962).
346 Hennis (Amtsgedanke, 1962).
347 Hennis (Amtsgedanke, 1962), S. 130.
348 Hennis (Amtsgedanke, 1962), S. 130.
349 Hennis (Amtsgedanke, 1962), S. 137.
350 Hennis (Amtsgedanke, 1962), S. 134.
351 Vgl. Hennis (Amtsgedanke, 1962), S. 134.
352 Hennis (Amtsgedanke, 1962), S. 135.
353 Hennis (Amtsgedanke, 1962), S. 134.

andere nicht auch zu existieren aufhörte: ohne das Amt und die Ämterverantwortung keine repräsentative Demokratie. Das ist der Grund, warum jede andere politische Verantwortung – hier nämlich die Bürgerverantwortung – negiert werden muss. Jede Verantwortung jenseits der Amtsträger würde das Repräsentativsystem schwächen. Es böte den Repräsentanten eine willkommene Gelegenheit, sich im Bedarfsfall ihrer Amtsverantwortung zu entledigen. Mit dem Feigenblatt der Bürgerverantwortung könnten sie eigene Unzulänglichkeiten und Fehler kaschieren.

„Der politische Begriff der Repräsentation"[354], sein Verhältnis zur Demokratie und die Bedeutung der Ämterverantwortung sind jedoch nicht in dieser Klarheit zu definieren, wie Hennis es vorbringt. Landshut führt aus, dass der Begriff der Repräsentation im 19. Jahrhundert eng mit der Forderung nach einer Verfassung und einer Volksvertretung verbunden ist: „Repräsentation bedeutete also von vornherein eine Gegenkraft, ein Gegengewicht gegen die absolute Souveränität des Fürsten (...)."[355] Mit Repräsentation war – ausgehend von der historischen Entstehung des Begriffes – der Gegensatz zur „Fürstensouveränität"[356] gemeint. Es sollte nicht länger hingenommen werden, dass die Meinung der Untertanen ungehört bleibt. Man kann folglich sagen, dass sich über den Begriff der Repräsentation der demokratische Geist eingeschlichen und schließlich durchgesetzt hat. Dieser demokratische Geist ist es aber auch, der das zweite große und aktuelle Spannungsverhältnis ausmacht, in dem sich die Repräsentation befindet. In der repräsentativen Demokratie werden die „verbindlichen Entscheidungen nicht durch Abstimmung des versammelten Volkes selbst getroffen"[357], sondern von einer Versammlung von Abgeordneten oder Volksvertretern. Während Hennis das hohe Maß der Eigenverantwortung der Amtsträger betont und eine Verantwortung der Bürgerschaft verneint, weil es ihr an einer Verantwortungsinstanz mangelt, stellt Landshut fest, dass die repräsentative Versammlung lediglich ein „Ersatz für die Versammlung der Bürger selbst (ist), die nicht praktikabel ist".[358]

Die Federalists weisen darauf hin, dass es aus ihrer Sicht neben der rein quantitativen Notwendigkeit eines Repräsentativsystems auch qualitative Gründe gibt, sich nicht der direkten Demokratie zu verschreiben.[359] In jedem Fall aber gilt seit der ersten französischen Revolutionsverfassung, dass das Prinzip der Repräsentation Ausdruck der Souveränität des Volkes ist.

---

354 Landshut (Repräsentation, 1964), S. 421 ff.
355 Landshut (Repräsentation, 1964), S. 421.
356 Landshut (Repräsentation, 1964), S. 421.
357 Landshut (Repräsentation, 1964), S. 422.
358 Landshut (Repräsentation, 1964), S. 422.
359 Vgl. Hamilton, Madison, Jay (Federalist, 1788), 10. Artikel.

Diese Selbstherrschaft des Volkes ist nur dann möglich, wenn „im Staat alle Bürger gleichermaßen die Macht besitzen und sich in Einmütigkeit selbst die Gesetze geben."[360] Kersting stellt weiter fest, dass Rousseaus Gedanken, die in seinem „Gesellschaftsvertrag"[361] festgehalten sind, als „radikaler demokratieethischer Grundtext"[362] zu verstehen sind und als solche bis heute ideengeschichtliches Fundament und Basis für die Kritik am bürgerfernen Repräsentativsystem darstellen. Bei Rousseau wird erst durch den „Übergang aus dem Naturzustande in das Staatsbürgertum"[363] – hier wird die zeitgenössische Verankerung von Rousseaus Denken mit dem Ausgangspunkt des Naturzustandes und dem damit verbundenen negativen Menschenbild[364] deutlich – der Mensch zum Menschen. Die Souveränität der Bürgerschaft vollzieht sich bei Rousseau als die „Ausübung des Allgemeinwillens"[365] kollektiv und weist fünf Eigenschaften auf. Erstens ist die den Allgemeinwillen ausübende Souveränität unveräußerlich. Erst die Unterschiedlichkeit der Individualinteressen der Menschen im Naturzustand macht einerseits eine Gesellschaft erforderlich, andererseits jedoch sind es die in den Menschen bereits angelegten Übereinstimmungen, die die Errichtung von Gesellschaften möglich machen. Würde die Souveränität hingegen veräußert werden, so würde folglich der Allgemeinwille veräußert. Damit wäre der freien Gesellschaft die Grundlage entzogen.[366]

Zweitens geht Rousseau von einer vollständigen Identität von Herrschenden und Beherrschten aus: Der Allgemeinwille muss „Ausfluss der Gesamtheit des Volkes"[367] sein, sonst wäre er nicht der Allgemeinwille. „Ein Teil kann nicht legitim über die Allgemeinheit bestimmen (...)".[368] Damit verbietet sich auch drittens jede Repräsentation. Dies führt Rousseau auch dazu, die Demokratie nur für kleine Staaten zu fordern, in denen die Versammlung aller Bürger organisatorisch überhaupt möglich ist. Hier knüpft Kersting mit seiner Kritik an, indem er Rousseau vorwirft, nicht „an einer konstruktiven politischen Philosophie"[369] interessiert zu sein. Denn dann hätte er sich zur Repräsentation bereit finden müssen. Viertens geht Rousseau davon aus, dass der allgemeine Wille „beständig der richtige"[370] ist. Einzig schwierig ist, den allgemeinen Willen zu

---

360 Kersting (Vorwort, 2005), S. 13.
361 Rousseau (Gesellschaftsvertrag, 1762).
362 Kersting (Vorwort, 2005), S. 16.
363 Rousseau (Gesellschaftsvertrag, 1762), S. 49.
364 Vgl. Rousseau (Gesellschaftsvertrag, 1762), S. 49: „Erst in dieser Zeit verdrängt die Stimme der Pflicht den physischen Antrieb und das Recht der Begierde (...)".
365 Rousseau (Gesellschaftsvertrag, 1762), S. 59.
366 Vgl. Rousseau (Gesellschaftsvertrag, 1762), S. 59 f.
367 Rousseau (Gesellschaftsvertrag, 1762), S. 61.
368 Kersting (Gesellschaftsvertrag, 2002), S. 86.
369 Kersting (Gesellschaftsvertrag, 2002), S. 85.
370 Rousseau (Gesellschaftsvertrag, 1762), S. 64.

erkennen. So kann es vorkommen, dass die Bürgerschaft falsche Entscheidungen trifft, dies ist jedoch Ausfluss der Unkenntnis über die volonté générale. Fünftens mündet Rousseaus Volkssouveränität in der absoluten Volksherrschaft, die keine individuellen Rechte kennt und ebenso absolut ist wie vormals die Herrschaft der Monarchen. Rousseaus Gesellschaftsvertrag ist das moderne Gründungsbuch der Idee „mit sich in allen Stufen identischen Demokratie"[371].

Aufgrund der Größe Frankreichs sah die erste Revolutionsverfassung vor, dass es repräsentativ regiert werden soll. Die Rousseau'sche Theorie der Volkssouveränität und die repräsentative politische Praxis als Ersatz für die nicht praktikable Volksgesetzgebung führten schnell zu Kritik:

„Wenn die Souveränität in dem unmittelbaren und einheitlichen Willen des Volkes (...) besteht und ein Wille als solcher nicht abgetreten werden kann, ohne damit aufzuhören der Wille des Volkes zu sein, so können die vom Volke in die Nationalversammlung entsandten Abgeordneten nichts tun, beschließen oder unterlassen, was ihnen nicht ausdrücklich von ihren Wählern aufgetragen wurde."[372]

Dies führte dazu, dass einige Abgeordnete die Stimmabgabe verweigerten, bevor sie sich nicht die Instruktionen ihrer Wähler eingeholt hatten.[373] Sie haben ihre Funktion als Abgeordneter verstanden als Erfüllungsgehilfe des Wählerwillens – „genau genommen verantwortungslos"[374]. So scheint es einen Widerspruch zu geben zwischen der Volkssouveränität und verantwortungsvollen Amtsträgern.

Landshut kommt zu dem Schluss, dass es eine „prinzipielle Unvereinbarkeit einer repräsentativen Versammlung, die selbstständige Entscheidungen trifft, mit dem Grundsatz der Souveränität des Volkes"[375] gibt. Die Verfassungen der westlichen Demokratien und zahlreiche Politikwissenschaftler – hier ist Hennis' Auflösung des Konfliktes zwischen Demokratie und Repräsentation zugunsten des Amtes und der Repräsentation vorgestellt worden – haben sich seit der Französischen Revolution bemüht, diesen Gegensatz von Repräsentation und Volkssouveränität entweder zu leugnen oder zu überdecken, indes: „Das Problem der Unvereinbarkeit der Volkssouveränität mit einer repräsentativen Versammlung (...) blieb (...) ungelöst".[376] Bis heute werden die Parlamente mit großer Selbstverständlichkeit als „Organ(e) der Volkssouveränität"[377] verstanden. Auch

---

371 Hennis (Amtsgedanke, 1962), S. 134.
372 Landshut (1964), S. 423.
373 Vgl. Landshut (Repräsentation, 1964), S. 423.
374 Breier (Leitbilder, 2003), S. 42.
375 Landshut (Repräsentation, 1964), S. 423.
376 Landshut (Repräsentation, 1964), S. 425.
377 Landshut (Repräsentation, 1964), S. 425.

das Grundgesetz bildet keine Ausnahme. Es vereinigt die beiden sich gegenseitig ausschließenden Prinzipien der Volkssouveränität und der „Parlaments-Souveränität"[378] in den Artikeln 20 GG und 38 GG. Artikel 20 GG gibt dem demokratischen Grundsatz der Volkssouveränität Ausdruck: „Alle Staatsgewalt geht vom Volke aus." Ähnliche Formulierungen finden sich in allen demokratischen Verfassungen und sie sind auch vollkommen unwidersprochen; die Volkssouveränität bildet die tragende Säule jeder Demokratie. Die Volkssouveränität kennt keine Einschränkung, und es scheint klar zu sein, dass die Aufteilung in die drei Gewalten hinsichtlich der Volkssouveränität sekundär ist. Insofern geht auch das Grundgesetz davon aus, dass die richterliche, die vollziehende und die gesetzgebende Gewalt „Organ(e) der Volkssouveränität"[379] sind: „Die drei Gewalten sind immer eine nachträgliche Aufsplitterung der ursprünglich ungegliederten, summarischen Staatsgewalt."[380] So kann das Verhältnis von Bürgerschaft und Abgeordneten nur als das von „Auftraggeber und Beauftragten"[381] verstanden werden.

Im Gegensatz dazu steht die Formulierung des Artikel 38, die den Abgeordneten gerade frei von jedem Auftrag erklärt: Die Abgeordneten „sind Vertreter des ganzen Volkes, an Aufträge und Weisungen nicht gebunden und nur ihrem Gewissen unterworfen." Artikel 38 GG schreibt den Grundsatz der Repräsentation fest. Der Abgeordnete repräsentiert nicht nur die Wähler, die ihn gewählt haben, sondern das ganze Volk. Die Verfechter der Ämterdemokratie und der Parlamentssouveränität argumentieren, dass es eine durchgängige Rechtfertigungskette von der Bürgerschaft bis zu den Mitarbeitern von Ministerien gäbe. Doch gibt Artikel 38 GG hier eine andere Auskunft. Die Verantwortungsinstanz der Abgeordneten stellt nicht die Bürgerschaft dar. Vielmehr sind die Abgeordneten nur ihrem Gewissen verantwortlich. Dieses Bild des vollkommen unabhängigen Abgeordneten macht deutlich, dass er sich nicht als Organ der Volkssouveränität verstehen kann: „Vielmehr besteht die Repräsentation gerade darin, dass sie völlig ungebunden und frei aus eigener Verantwortung und eben nicht nach dem Willen einer anderen politischen Instanz zu entscheiden hat."[382] Sämtliche Bemühungen, diese beiden sich widersprechenden Prinzipien zu vereinen, müssen als „Hilfskonstruktionen"[383] scheitern.

Artikel 20 GG weist jedem Bürger das gleiche Quäntchen an Verantwortung zu, und in der Summe dieser einzelnen Bürgerverantwortungen entsteht der Allge-

---

378 Sternberger (Zweifel, 1986), S. 234.
379 Landshut (Repräsentation, 1964), S. 425.
380 Landshut (Repräsentation, 1964), S. 427.
381 Landshut (Repräsentation, 1964), S. 427.
382 Landshut (Repräsentation, 1964), S. 428.
383 Landshut (Repräsentation, 1964), S. 428.

meinwille der Gesellschaft. Aus diesem gesellschaftlichen Kollektiv geht alle Staatsgewalt hervor. Diese Staatsgewalt ist unveräußerlich, unteilbar, unfehlbar und nicht repräsentierbar. So stellt sich das politische Gemeinwesen aus der Sicht der Volkssouveränität dar.

Das Prinzip der Repräsentation hingegen, auf das Artikel 38 GG verweist, setzt auf eine begrenzte Anzahl von Abgeordneten, die in alleiniger Verantwortung die Regierung über die Gesellschaft vollziehen. Dem repräsentativen Gedanken ist die Idee der Ungleichheit inhärent, die Überzeugung, dass es gelingen müsse, Menschen zu wählen, „die aufgrund ihrer Kenntnisse und Erfahrung das wahre Interesse des Landes am besten erkennen können."[384] Es sollen also Repräsentanten gefunden werden, die „geeignet sind, mit einer herrschaftlichen Verantwortung betraut zu werden."[385] Der Grundsatz der Repräsentation bildet also die Grundlage für die Akzeptanz von Eliten und gleichzeitig den Ausgangspunkt für die Ablehnung der Bürgerverantwortung. Die repräsentative Ausformung demokratischer Gesellschaften kommt den „Taschenspielerstreiche(n) unserer Staatsmänner"[386] gleich, die die Souveränität des Volkes zerlegen wollen.

Sie kommt „dem Hereinbringen eines Trojanischen Pferdes gleich, mit dem – im Namen der Volkssouveränität – ein politisches Strukturprinzip Eingang fand, das dem der Souveränität schlechthin entgegengesetzt"[387] ist. Landshut lässt diesen unüberbrückbaren Widerspruch stehen und entwickelt einen neuen Ansatz, um den Begriff der Repräsentation zu erhellen. Dabei endet er jedoch wieder bei Fragestellungen, die sich mit der richtigen Auswahl von Amtsträgern befassen. „Repräsentation setzt also einerseits voraus, dass es Personen gibt, deren menschliches Format sie befähigt, die allgemeine Sache zu ihrer eigenen zu machen (…)."[388] Er lässt sowohl die Frage unbeantwortet, was die allgemeine Sache ist bzw. wer die allgemeine Sache definiert, als auch die Frage, wer über das menschliche Format entscheidet. So präferiert er die Parlamentssouveränität mit „einer eigenen, originären politischen Gewalt"[389] und schlägt sich so auf die Seite der Amtsdemokratie.

Es lassen sich nach dieser Diskussion zwei Gruppen von Begriffen und Prinzipien herausarbeiten, die sich gegenüberstehen. Auf der einen Seite Hennis' Ämterdemokratie, Landshuts Begriff der von der Volkssouveränität losgelösten Repräsentation, inklusive Parlamentssouveränität und schließlich die

---

384 Hamilton, Madison, Jay (Federalist, 1788), 10. Artikel, S. 55.
385 Landshut (Repräsentation, 1964), S. 429.
386 Rousseau (Gesellschaftsvertrag, 1762), S. 62.
387 Landshut (Repräsentation, 1964), S. 430.
388 Landshut (Repräsentation, 1964), S. 436.
389 Landshut (Repräsentation, 1964), S. 437.

Verantwortung der Amtsträger. Auf der anderen Seite stehen die plebiszitäre Demokratie im Sinne Rousseaus, die Volkssouveränität und die Bürgerverantwortung.

Das Präferieren der Verantwortung der Amtsträger muss zur Ablehnung der Bürgerverantwortung führen, so dass die Volkssouveränität auf dem Altar der Repräsentation geopfert wird. Der Bürgerverantwortung wird damit der Boden entzogen. Doch auch die Verfechter der Repräsentation brauchen das Engagement der Bürger, und sei es auch nur alle vier Jahre. Zum Tag der Wahl werden die Bürger umworben und zur Teilnahme an der Wahl ermuntert. Danach können sie getrost in ihren bürgerlichen Dämmerschlaf zurückfallen.

Hennis' Vortrag hinsichtlich des Verhältnisses von Demokratie und Ämterverantwortung ist in sich schlüssig und nachvollziehbar. Legt man aber die Schablone, die Landshut so treffend über die Unvereinbarkeit von Volkssouveränität und Repräsentation angefertigt hat, darüber, so muss auffallen, dass sich Hennis zwar starkmacht für das Prinzip der mit dem Ämtergedanken untrennbar verbundenen Repräsentation, er aber gleichzeitig die Volkssouveränität anerkennt.[390] Eines macht Landshut klar: Die Kluft zwischen dem Prinzip der Volkssouveränität – also Bürgerverantwortung – und der Repräsentation – also Ämterverantwortung – ist unüberbrückbar.

Die vollständige Konzentration auf die Repräsentation, wie von Hennis gefordert, bedeutet für das politische Denken die vollständige Verantwortung der Amtsträger. Dies entspricht der politischen Realität in der Bundesrepublik Deutschland. Mit Hans Jonas ist festgestellt worden, dass Verantwortung immer die auf das Verantwortungsobjekt, in diesem Fall die res publica, gerichtete Macht braucht, um sich zu verwirklichen. Ein rein repräsentativ ausgerichtetes System braucht keine verantwortungsvollen Bürger. Es bedarf allenfalls abstimmender Untertanen, deren Aufgabe sich darin erschöpft, die Repräsentanten mit dem Schein der Legitimität zu versehen.

Wer sich auf die Grundidee der Demokratie besinnt, wird zugestehen, dass es die Überzeugung der „Fähigkeit des Menschen zur Selbstregierung"[391] war, die allerlei „Experimente"[392] erforderte, um sie auch in Massengesellschaften durchzusetzen. So waren die ersten Versuche von Repräsentativ-Systemen ein Zugeständnis an den bis dahin souveränen Monarchen und zugleich Ausdruck der Manifestierung der sozialen Ungleichheiten in Gesellschaften. Das Ständewahlrecht in Deutschland steht hierfür Pate. So gesehen bleibt das Prinzip der Reprä-

---
390 Vgl. Hennis (Amtsgedanke, 1962), S. 137: „(...) dem neuen Souverän – dem Volke (...)."
391 Federalist, Artikel 39, S. 225.
392 Federalist, Artikel 39, S. 225.

sentation in seiner Bedeutung hinter dem der Volkssouveränität zurück und muss wie auch die Ämterverantwortung an seinen rechten Platz gerückt werden.

Aus republikanischer Sicht mag eingewendet werden, dass doch auch die Repräsentanten Bürger sind, aufgrund ihres Amtes herausgehobene Bürger. Auf diese Weise bekäme im Begriff des „Bürgers" beides seinen Raum: sowohl die Verantwortung der Bürger, die ein Amt innehaben, als auch die Verantwortung der Bürger, die kein Amt innehaben. Zweifellos sind auch die Amtsträger Bürger. Es darf jedoch nicht vergessen werden, dass die Verfechter der Ämterverantwortung den Bürgern die Fähigkeit zur Verantwortung absprechen, weil der Bürgerschaft die Rechtfertigungsinstanz fehlt.[393] Durch die pointierte Gegenüberstellung von Bürgerverantwortung, die direkt aus dem Prinzip der Volkssouveränität hergeleitet ist, und Ämterverantwortung, die aus dem etatistischen Denken in Deutschland hervorgegangen ist, wird deutlich, welche Verantwortung in einer Demokratie die ursprüngliche ist, nämlich die Bürgerverantwortung. Sie ist Quelle aller sich aus ihr bildenden Verantwortungen: „Alle Staatsgewalt geht vom Volke aus."[394]

Nach Parsons müssen die Grundwerte von Systemen unterschiedlicher Ordnung kompatibel zueinander sein, sie müssen aufeinander aufbauen, sich ergänzen.[395] Auf der Ebene der Gesellschaft ist das Prinzip der Volkssouveränität verankert, das in der vorliegenden Arbeit eng mit dem Begriff der Bürgerverantwortung verbunden wird. Im politischen System hingegen, das Parsons als Subsystem der Gesellschaft definiert, herrscht augenscheinlich das Prinzip der Parlamentssouveränität vor. Dies kann auch als Ämterverantwortung bezeichnet werden. Wie Landshut treffend formuliert, ist das Prinzip der Repräsentation dem Prinzip der Volkssouveränität „schlechthin entgegengesetzt"[396]. Damit ist ein Fall zu konstatieren, dem Parsons schlechte Überlebenschancen einräumt. Denn ein System kann nur dann auf Dauer bestehen, wenn die Grundwerte des Gesellschaftssystems mit den Grundwerten der Subsysteme kompatibel sind. Dies ist hier offensichtlich nicht der Fall. Dennoch besteht die Bundesrepublik Deutschland seit annähernd 60 Jahren.

Dies wirft die Frage auf, ob die Bürger in den Anfangsjahren der Bundesrepublik in der Lage gewesen sind, mehr Verantwortung zu übernehmen als ihnen im Wahlrecht zukommt. Denn der Widerspruch zwischen Ämterverantwortung und Bürgerverantwortung ist vor dem Hintergrund der Wahlbeteiligung dann unproblematisch, wenn die Bürger nicht mehr politische Verantwortung

---

393 Vgl. Maluschke (Sittlichkeit, 1988), S. 221.
394 Artikel 20 GG.
395 Vgl. Parsons (Structure, 1960), S. 20.
396 Landshut (Repräsentation, 1964), S. 430.

einfordern, sich also ihre tatsächliche Möglichkeit der Verantwortungsübernahme mit ihrem Wunsch nach Verantwortung deckt. Mit Jonas ist festgestellt worden, dass eine Verantwortungsübernahme zunächst voraussetzt, dass sich der Handelnde mit einem Gut identifiziert.[397] Dies lenkt den Blick auf die Lebensumstände und auch die intellektuellen Fähigkeiten der Bürger. In diesem Sinne kann Hennis verstanden werden, der mit seinem Ansatz der Ämterverantwortung eher skeptisch der Verantwortungsfähigkeit der Bürger gegenüberzustehen scheint. Hennis tritt hier als konservativer Denker auf, dessen Ziel es war, eine stabile Ordnung in der Bundesrepublik Deutschland nach dem Zweiten Weltkrieg zu unterstützen. Nach dem Dritten Reich fehlte ihm offenbar das Vertrauen in die Kompetenz der Bürger. Insofern ist sein Engagement für die Ämterverantwortung zu verstehen als Versuch, erneuten Totalitarismus abzuwehren. Das verbindet ihn mit Berlin, dessen Konzept der negativen Freiheit ebenfalls motiviert zu sein scheint von dem Wunsch, Totalitarismus zu verhindern. Dieses vorsichtige Vorgehen erinnert stark an die Empfehlungen, die Edmund Burke den Engländern nach der Französischen Revolution gab.[398] Er plädiert für eine Fortentwicklung der politischen Ordnung in England und warnt vor einer Revolution.

Die Zurückhaltung von Hennis und Berlin findet ihre Begründung in der skeptischen Einschätzung der Fähigkeiten der Bürger, Verantwortung zu übernehmen. Vor diesem Hintergrund ist nun zu untersuchen, ob und, wenn ja, wie sich die Handlungskompetenzen, Wertvorstellungen und Forderungen an die politische Beteiligung der Bürger verändert haben.

4.2 Reaktionen auf gesellschaftliche Veränderungen

Ingleharts World-Values-Surveys liefern Daten aus „43 Gesellschaften, die 70 % der Weltbevölkerung repräsentieren."[399] Anhand dieser Studien werden die gesellschaftlichen Veränderungen dargestellt und diese Veränderungen in eine Beziehung zur Bürgerverantwortung gesetzt.

Die Hypothese der World-Value-Surveys war, dass seit dem Zweiten Weltkrieg ein Wertewandel von materialistischen hin zu postmaterialistischen Werten stattgefunden habe:

„Wie uns fast die gesamte Geschichte zeigt, waren die Bedrohung durch starken Mangel oder sogar Hunger für die meisten Menschen von entscheidender Bedeutung. Doch der historisch

---

397 Vgl. Jonas (Verantwortung, 1979), S. 180.
398 Vgl. Burke (Reflections, 1790).
399 Inglehart (Postmodernisierung, 1998), S. 11.

einzigartige Grad an ökonomischer Stabilität, den die Nachkriegsgeneration in den meisten Industriegesellschaften erlebte, führte zu einer allmählichen Verschiebung von ‚materialistischen' Werten, bei denen die Betonung vor allem auf ökonomischer und körperlicher Sicherheit lag, hin zu ‚postmaterialistischen' Prioritäten, die Selbstverwirklichung und Lebensqualität betonen."[400]

Nach Ingleharts Theorie sind diese gesellschaftlichen Werteverschiebungen Folgen der ökonomischen Entwicklung. Das Fortschreiten der ökonomischen Prosperität führt zu zwei aufeinander folgenden Entwicklungen, „de(r) der Modernisierung und de(r) der Postmodernisierung – die mit zwei sehr unterschiedlichen Überzeugungssystemen verknüpft sind."[401]

Im weiteren Verlauf seiner Untersuchung stellt Inglehart die Frage: „Führt Modernisierung zu Demokratie?" In seiner revidierten Fassung der Modernisierungsthese verneint er eine Automatik, denn die Geschichte weise auch ökonomische Prosperitäten in Gesellschaften auf, die nicht demokratisch seien. So wehrt er auch den Vorwurf des Ethnozentrismus[402] ab. Ihm geht es nicht um eine Verwestlichung der Welt, denn Modernisierung findet weltweit statt, „und auf gewisse Weise liegt Ostasien heute an der Spitze des Modernisierungsprozesses."[403] Vielmehr ist es die weltweit „nach Besitz strebende Rationalität"[404], die den Modernisierungsprozess befördert. Seine Abgrenzung zu den gängigen Modernisierungstheorien umfasst außerdem die Verneinung von Linearität,[405] wie sie beispielsweise dem Determinismus von Marx entspricht. So bewegt sich Wandel

„nicht bis zum jüngsten Tag kontinuierlich. Statt dessen erreicht er irgendwann einen Punkt fallender Profitraten und hat, so unser Standpunkt, während der letzten Jahrzehnte eine grundlegend neue Richtung eingeschlagen."[406]

Modernisierung ist nach Inglehart nicht das Ende der Geschichte, wie die Determinismen[407] früherer Modernisierungstheorien glauben machen wollen, sondern ihr folgt die Postmodernisierung.

---

400 Inglehart (Postmodernisierung, 1998), S. 13.
401 Inglehart (Postmodernisierung, 1998), S. 18f.
402 Vgl. Inglehart (Postmodernisierung, 1998), S. 30 ff.
403 Inglehart (Postmodernisierung, 1998), S. 22.
404 Inglehart (Postmodernisierung, 1998), S. 23.
405 Vgl. Inglehart (Postmodernisierung, 1998), S. 23 f.
406 Inglehart (Postmodernisierung, 1998), S. 22.
407 Vgl. Inglehart (Postmodernisierung, 1998), S. 24 ff.

Inglehart versteht Gesellschaften als Systeme:

„Die Frage, ob das Verhalten des menschlichen Körpers tatsächlich vom Muskel-, Kreislauf-, Nerven- oder Atmungssystem bestimmt wird, ist sinnlos: Jedes einzelne System hat eine wichtige Aufgabe, und sobald auch nur eines ausfällt, hören sämtliche Körperaktivitäten auf."[408]

Ingleharts Verständnis von Gesellschaften ist also geprägt von einer notwendigen wechselseitigen Unterstützung von Politik, Wirtschaft und Gesellschaft. In der Sprache von Talcott Parsons entspricht dies dem Phänomen der gegenseitigen Durchdringung.[409]

Diese Erweiterungen der Modernisierungstheorien will Inglehart als „Postmodernisierungstheorie"[410] verstanden wissen. Und im Rahmen der Postmodernisierung kommt Inglehart zu einer anderen Antwort auf die Frage nach der Demokratisierung, die er im Rahmen der Modernisierung noch verneint hatte: „Aber Demokratie wird immer dann wahrscheinlicher, wenn Gesellschaften von der Modernisierungs- in die Postmodernisierungsphase übergehen."[411] Und weiter formuliert er:

„Diese Veränderungen schließen die Tatsache mit ein, dass Postmodernisierung von Natur aus der Entstehung demokratischer politischer Institutionen förderlich zu sein scheint, während Modernisierung nicht zwangsläufig an den Demokratisierungsprozess gebunden ist."[412]

Später wird deutlich, welche Veränderungen es im Speziellen sind, die die Demokratisierung im Rahmen der Postmodernisierung fördern und welche Auswirkungen das auch auf die Bundesrepublik Deutschland hat.

Inglehart beschreibt die Schnittstelle zwischen Modernisierung und Postmodernisierung als Schwelle zwischen dem subjektiv wahrgenommenen Gefühl, ob das eigene Überleben als unsicher einerseits oder als sicher andererseits angesehen wird und so zu unterschiedlichen Weltbildern führt.[413] Er betrachtet tabellarisch die vier Sphären Politik, Ökonomie, Normen zu Sexualität/Familie und Religion. Wird das Überleben als unsicher angesehen, geht Inglehart vom Bereich der Modernisierung aus. Auf dem Gebiet der Politik sind die persönlichen Einstellungen dann eher von Fremdenfeindlichkeit und Fundamentalismus geprägt. Starken politischen Autoritäten wird in diesem Zustand relativ

---

408 Inglehart (Postmodernisierung, 1998), S. 22.
409 Vgl. Parsons (System, 1972), S. 14.
410 Inglehart (Postmodernisierung, 1998), S. 23.
411 Inglehart (Postmodernisierung, 1998), S. 23.
412 Inglehart (Postmodernisierung, 1998), S. 27.
413 Inglehart (Postmodernisierung, 1998), S. 67.

leicht gefolgt. Inglehart sieht gar ein „Bedürfnis nach starken Führern"[414]. In der Sphäre der Ökonomie legt der in seiner Existenz unsichere Mensch viel Wert auf wirtschaftliches Wachstum, um – salopp gesprochen – sein Scherflein ins Trockene zu bringen. Aus diesem Wunsch nach wirtschaftlicher Sicherheit zieht er ein großes Maß an Motivation. Diese Einstellung prägte stark das Nachkriegsdeutschland und bietet eine Erklärung für das Wirtschaftswunder der 50er Jahre des letzten Jahrhunderts. Politische Beteiligung kam den meisten Bürgern nicht in den Sinn. Vor dem Hintergrund der wirtschaftlichen Existenzsicherung sind auch Normen zu Sexualität/Familie zu sehen. Im Vordergrund hierbei steht die Maximierung der Reproduktion. Hohe Geburtenraten kennzeichnen diese Phase. Auch aus einer wirtschaftlichen Notwendigkeit heraus werden heterosexuelle Familien mit zwei Elternteilen bevorzugt und gelebt. Der Religion kommt in dieser Phase in der Regel eine große Bedeutung zu, denn sie gibt absolute Normen vor, die nicht reflektiert werden müssen, und bietet die notwendige Berechenbarkeit und Konstanz, die den Menschen Sicherheit geben kann. Zusammenfassend kann gesagt werden, dass Inglehart davon ausgeht, dass Menschen nach Sicherheit streben, wenn sie sie für sich nicht wahrnehmen (Mangelhypothese)[415], und dass für ihr Weltbild insbesondere die Umstände in den eigenen Entwicklungsjahren entscheidend sind und es dann von späterer ökonomischer Veränderung annähernd unberührt bleibt (Sozialisationsthese).[416]

Entsprechend bildet Inglehart das sichere Weltbild heraus, das sich im Bereich der Politik durch eine geringe Wertschätzung der politischen Eliten auszeichnet. Die Menschen mit sicherem Weltbild haben den Drang, an der politischen Macht zu partizipieren und sehen eine Möglichkeit zur Selbstverwirklichung. So hat dann das subjektive Wohlbefinden auch auf ökonomischer Ebene Priorität vor dem Wirtschaftswachstum, das noch charakteristisch für das unsichere Weltbild war. Insgesamt sinkt die Ehrfurcht vor der Macht des Geldes. Die Gestaltung von Sexualität und Familie ist nicht länger geprägt von den vormaligen Normen der lebenslangen heterosexuellen Einehe. Es werden vielmehr individuelle Möglichkeiten der sexuellen Befriedigung und Selbstverwirklichung gesucht. Nach Inglehart ist Homosexualität demnach nicht ein Phänomen, das in der Substanz zugenommen hat, vielmehr ist im Rahmen des subjektiv sicheren Weltbildes vermehrt die Selbstsicherheit bei den Menschen vorhanden, nach ihrer eigenen Facon glücklich zu werden und nicht in erster Linie gesellschaftlichen Konventionen nacheifern zu müssen. Dies hat zur Folge, dass sich damit auch die gesellschaftlichen Konventionen selbst verändern. Normen werden flexibler, und an die Stelle der verbürgten Religiosität tritt die Suche nach dem Sinn und Zweck des Lebens.

---

414 Inglehart (Postmodernisierung, 1998), S. 67, Tabelle 1.1.
415 Vgl. Inglehart (Postmodernisierung, 1998), S. 53.
416 Vgl. Inglehart (Postmodernisierung, 1998), S. 53.

Um den Übergang vom unsicheren zum sicheren Weltbild weiter zu erhellen, hat Inglehart den Zusammenhang von Wohlstand und subjektivem Wohlbefinden untersucht.[417] Er kommt dabei zu dem Ergebnis, dass sich das subjektive Wohlbefinden bei einem Pro-Kopf-Einkommen unterhalb von 6000 Dollar nahezu explosionsartig mit dem Anstieg des Pro-Kopf-Einkommens nach oben entwickelt. „Oberhalb einer Schwelle von 6000 Dollar (Kurs 1991) gibt es so gut wie keinen Zusammenhang zwischen Wohlstand und subjektivem Wohlbefinden."[418] Die Bundesrepublik befindet sich weit über dieser Schwelle von 6000 Dollar. Inglehart spricht in diesem Zusammenhang von dem den Wirtschaftswissenschaften entliehenen abnehmenden Grenznutzen und erklärt auf diese Weise, dass sich subjektives Wohlbefinden in Gesellschaften mit hohem Wohlstand eher durch einen individuellen Lebensstil erreichen lässt als durch ökonomische Gewinne.[419]

Die Prozesse der Modernisierung und die Postmodernisierung haben gravierende Veränderungen in den entwickelten Gesellschaften hervorgerufen. Vor dem Hintergrund der Entwicklung der Wahlbeteiligung wurde festgestellt, dass sich derjenige Bürger in besonderem Maße verantwortlich fühlen müsste, der über eine gute Bildung verfügt und infolgedessen seine Macht erkennen kann, die ihm im Wahlakt zukommt. Inglehart konstatiert einen „Anstieg des Bildungsniveaus, in dessen Folge sich eine Öffentlichkeit ausbildet, die sich besser artikulieren kann und die Fähigkeiten mitbringt, sich zu organisieren und zu kommunizieren (...)."[420]

Neben den Veränderungen im Berufsleben, das auf mehr Selbstständigkeit der Belegschaften ausgerichtet ist, ist das gestiegene Bildungsniveau, das auch für die Bundesrepublik festzustellen ist, ein Phänomen, das die „Massenpartizipation"[421] auslöst. Die Modernisierung, geprägt von einer

„verstärkten Urbanisierung, zunehmenden beruflichen Spezialisierung und einem höheren Niveau an Schulbildung (...) (bringt) (...) tendenziell weitere, weniger unmittelbar, aber vergleichbar einflussreiche langfristig wirkende Konsequenzen, wie z. B. die zunehmende Partizipation von Menschen, mit sich."[422]

Dass Menschen mit einem höheren Bildungsniveau „auf der ganzen Welt tendenziell aktiver in der Politik sind (...), ist einer der in den Sozialwissen-

---

417 Vgl. insbesondere Inglehart (Postmodernisierung, 1998), S. 93, Abb. 2.3.
418 Inglehart (Postmodernisierung, 1998), S. 94.
419 Vgl. Inglehart (Postmodernisierung, 1998), insbesondere S. 96, Abb. 2.4.
420 Inglehart (Postmodernisierung, 1998), S. 230.
421 Inglehart (Postmodernisierung, 1998), S. 230.
422 Inglehart (Postmodernisierung, 1998), S. 18.

schaften am besten belegten Befunde."⁴²³ Genauso gilt auch in Deutschland, dass die Tatsache, „dass in der ganzen Welt die älteren Geburtskohorten weniger gebildet sind als die jüngeren, (...) besser belegt (ist)"⁴²⁴.

Neben dem auf Bildung basierenden Bewusstsein, politische Verantwortung und Macht zu besitzen, wurde festgestellt, dass sich der Bürger mit der res publica identifizieren müsse, um eine hohe Partizipationsbereitschaft hinsichtlich seiner Teilnahme an Wahlen aufzuweisen. Die Frage nach der Identifikation mit der res publica kann hier zunächst mit dem Grad der Legitimität, die ein politisches System aufweist, beantwortet werden. Inglehart hat sich diesem Phänomen empirisch über die Ermittlung des subjektiven Wohlbefindens der Menschen genähert: „Nach sorgfältiger Überlegung erscheint es sinnvoll, dass die allgemeine Lebenszufriedenheit eine bessere Voraussetzung für eine stabile Demokratie ist als die Zufriedenheit mit dem politischen System."⁴²⁵

Denn „wenn man den Eindruck hat, dass das eigene Leben unter demokratischen Institutionen insgesamt gut verläuft, dann führt dies zu einer relativ tiefen, diffusen und dauerhaften Basis, die die Institutionen unterstützt."⁴²⁶

Von dieser Grundannahme geht bereits Easton⁴²⁷ aus. Inglehart hat dazu untersucht, wie lange in 40 Gesellschaften demokratische Institutionen funktionieren und wie sich in diesen Gesellschaften das subjektive Wohlbefinden darstellt.⁴²⁸ Das Ergebnis ist eindeutig: Das subjektive Wohlbefinden steigt signifikant mit der Dauer des kontinuierlichen Funktionierens demokratischer Institutionen. „Eben weil die allgemeine Lebenszufriedenheit tief verwurzelt und diffus ist, sorgt sie für eine stabilere Basis einer bestimmten Regierungsform, als es die Zufriedenheit mit der Politik je tun könnte."⁴²⁹

Daher weist die allgemeine Lebenszufriedenheit eine relativ große Konstanz auf im Gegensatz zur Zufriedenheit mit der Politik, die durchaus starken Schwankungen unterliegen kann. Die hohe Zufriedenheit kann Inglehart auch für die Bundesrepublik Deutschland feststellen, obwohl sie nicht in die Riege der alten Demokratien einzuordnen ist, in denen demokratische Institutionen bereits vor

---

423 Inglehart (Postmodernisierung, 1998), S. 425.
424 Inglehart (Postmodernisierung, 1998), S. 425.
425 Inglehart (Postmodernisierung, 1998), S. 250.
426 Inglehart (Postmodernisierung, 1998), S. 250.
427 Easton (Political Analysis, 1965).
428 Vgl. Inglehart (Postmodernisierung, 1998), S. 250, insbesondere Abb. 6.3. Er errechnet eine Korrelationskoeffizienten r von 0,82 (!). Für eine Betrachtung über die Zeit vgl. insbesondere Inglehart (Postmodernisierung, 1998), S. 261, Abb. 6.4.
429 Inglehart (Postmodernisierung, 1998), S. 251.

1918 funktionierten: Kanada, Großbritannien, Belgien, Finnland, USA, Irland, Norwegen, Nordirland, Niederlande, Dänemark, Schweiz, Irland. Dass dieser Befund trotz der hohen Zufriedenheit mit dem System nicht zu einer erhöhten Wahlbeteiligung führt, lässt auf die Konstitution des politischen Systems schließen.

Das Interesse an Politik ist gestiegen. Inglehart präsentiert den Vergleich von 21 Gesellschaften und stellt nur bei vier Staaten ein gesunkenes politisches Interesse fest: Spanien, Ungarn, Island und Frankreich.[430] In der Bundesrepublik Deutschland ist das politische Interesse ebenfalls gestiegen. Zu gleichen Ergebnissen für Deutschland kommt Bürklin.[431] Zum politischen Interesse kann auch gezählt werden, ob die Menschen mit Freunden gelegentlich über Politik sprechen. Es zeigt sich ein sehr ähnliches Bild bei den untersuchten 21 Gesellschaften: In 17 Staaten – darunter auch die Bundesrepublik Deutschland – ist die Zahl derer, die über Politik diskutieren, gestiegen.

Einen „dramatischen Beleg für steigenden politischen Aktivismus"[432] macht Inglehart bei der Betrachtung der Partizipationsbereitschaft aus. Bei den dieser Feststellung zugrunde liegenden Gesellschaften erwähnt er die Bundesrepublik explizit. So ist der Prozentteil derjenigen, die sagen, dass sie sich bereits an Unterschriftenaktionen[433] beteiligt haben, ebenso stark gestiegen wie der Anteil der Menschen, die an einem Boykott teilgenommen haben.[434] Gleiches gilt für die Anzahl der Bürger, die an Demonstrationen teilgenommen haben. Es zeigt sich in allen Einzelfragen die gleiche starke Tendenz: Die Partizipationsbereitschaft hat stark zugenommen.

Die Ergebnisse von Inglehart lassen sich zusammenfassen: Das Bildungsniveau ist gestiegen, das politische Interesse und die Partizipationsbereitschaft ebenso. „Postmaterialisten sind gebildeter, redegewandter und politisch aktiver als Materialisten."[435] All das lässt auf ein größeres Verantwortungsbewusstsein in der Bürgerschaft schließen. Und dennoch sinkt die Wahlbeteiligung beinahe kontinuierlich. Dies könnte zunächst den Schluss nahe legen, dass der Wertewandelansatz nicht geeignet ist, das Phänomen der Wahlbeteiligung zu erschließen, und Kleinhenz Recht zu geben wäre, wenn er feststellt: „Gleichgültig ob die Wertetypen oder die Partizipationsbereitschaft zugrunde gelegt wird, kann

---

430 Inglehart (Postmodernisierung, 1998), S. 426, insbesondere auch S. 427, Abb. 10.8.
431 Vgl. Bürklin (Wandel, 1992).
432 Inglehart (Postmodernisierung, 1998), S. 429.
433 Vgl. Inglehart (Postmodernisierung, 1998), S. 430, Abb. 10.10.
434 Vgl. Inglehart (Postmodernisierung, 1998), S. 433, Abb. 10.11.
435 Inglehart (Postmodernisierung, 1998), S. 55.

der Wertewandel-Ansatz von Inglehart weder bei statischer noch dynamischer Betrachtung die sinkende Wahlbeteiligung erklären."[436]

Vielmehr könnte das Dealignment, die abnehmende Bindung zwischen Parteien und Bürgern wieder in den Vordergrund treten. Dealignment wurde insbesondere bei jüngeren Menschen als Ursache für Wahlenthaltung gemessen. Tatsächlich finden sich auf den ersten Blick vergleichbare Befunde bei Inglehart:

„Die jüngeren relativ postmaterialistischen Kohorten werden weniger von dem Bedürfnis getrieben, sich mit einer bestimmten politischen Partei unter den vorhandenen Wahlmöglichkeiten zu identifizieren, obgleich ihre höhere Bildungs- und Politisierungsniveaus sie prädisponieren, sich mit irgendeiner politischen Partei zu identifizieren."[437]

Auf den ersten Blick scheint Inglehart hier mit Kleinhenz auf einer Linie zu liegen. Doch Inglehart lenkt die Aufmerksamkeit auf das politische System, für dessen Gestalt besonders in Deutschland die politischen Parteien stehen.[438] Es ist sogar der Befund zu lesen, Deutschland befinde sich „Auf dem Weg in den Parteienstaat"[439]. An einigen Stellen weist Inglehart auf die Strukturen und Ursprünge hin, die Parteien aufweisen:

„Institutionen wie Gewerkschaften, Kirchen und verschiedene Parteien, welche die politische Beteiligung der Massen im späten 19. und frühen 20. Jahrhundert mobilisierten, waren hierarchische Organisationen, in denen Massen von disziplinierten Gefolgschaften von einer kleinen Zahl von Führern geleitet wurden."[440]

Die Parteien in Deutschland sind immer noch „elitengelenkte Organisationen",[441] die die tatsächliche Macht in der Gesellschaft innehaben. „Die von oligarchischen Führungseliten getragenen Parteien sind (...) die eigentlichen Träger der staatlichen Macht."[442] Die wichtigen Entscheidungen werden in den Spitzen der Parteien – nicht in den Spitzen der Gremien der Parteien – getroffen. Dies gilt besonders für die Frage der Bildung regierungsfähiger Mehrheiten, was doch eigentlich eine der Hauptfunktionen der Wahl sein sollte.

---

436 Kleinhenz (Nichtwähler, 1995), S. 126.
437 Inglehart (Postmodernisierung, 1998), S. 429.
438 Vgl. auch Hennis (Parteien, 1969), S. 10: „(...) aber die Demokratie setzt für die legitime Entstehung aller politischen Organe, sei es das Parlament oder die Regierung, eine vorhergehende Willensbildung innerhalb des Volkes, konkret der Wählerschaft, voraus, die nicht anders als durch Parteien organisiert werden kann."
439 Hennis (Parteienstaat, 1998).
440 Inglehart (Postmodernisierung, 1998), S. 239.
441 Inglehart (Postmodernisierung, 1998), S. 239.
442 Berka (Bürgerverantwortung, 1995), S. 70.

„Wenn man sich wechselseitig für regierungsfähig erklärt, erfolgt dies unter den heutigen Bedingungen ganz oben, wie 1969 in nächtlichen Gesprächen zwischen Brandt und Scheel, 1982 zwischen Kohl und Genscher. Das Volk – die da unten – bleibt dabei völlig unbeteiligt. Schon seine gewählten Vertreter, die Abgeordneten des Deutschen Bundestages, haben dabei, solange sie es sich gefallen lassen, nicht groß reinzureden."[443]

Die Geschichte der Bundesrepublik kennt nur einen einzigen Fall, in dem die Bundestagswahl zu einem vollständigen Regierungswechsel geführt hat. Das war 1998.

Artikel 21 GG weist den Parteien die Aufgabe zu, an der Willensbildung des Volkes mitzuwirken. In diesem Recht der Parteien zur Mitwirkung an der politischen Willensbildung des Volkes „liegt die Anerkennung und Bekräftigung der ursprünglichen Verantwortung des Bürgers."[444] Damit kommt den Parteien nur eine „instrumentelle Funktion"[445] zu. Ihre tatsächliche Funktion als „Träger der staatlichen Macht"[446] geht weit über ihre Aufgabe nach Artikel 21 GG hinaus. Die Bürgerschaft haben die Parteien dabei nicht im Blick.

Ein weiteres Phänomen, das die Parteien noch nicht in der Lage gewesen sind aufzulösen, beschreibt Inglehart:

„Wir sind Zeugen einer neuen, die Eliten herausfordernden Form der Beteiligung, welche die individuellen Präferenzen präziser formulieren kann als die alte. Sie ist themenorientiert und stützt sich eher auf Ad-hoc-Gruppen als auf etablierte bürokratische Organisationen. Sie trachtet eher nach Veränderungen des politischen Systems als danach, Eliten einer bestimmten Partei eine uneingeschränkte Handlungsvollmacht auszustellen. Diese Art der Beteiligung erfordert relativ hohe Fähigkeiten."[447]

Eine Entwicklungschance der Bürgerverantwortung ist insofern im Selbstverständnis der politischen Parteien zu finden:

„Angesichts der immer noch umfassenden Durchdringung der Gesellschaft durch die politischen Parteien hängt die Erschließung neuer Räume bürgerschaftlicher Mitwirkung nicht zuletzt von der Einsicht der politischen Parteien ab, Begrenzungen ihres umfassenden Machtanspruchs zu akzeptieren."[448]

Die Bürgerschaft ist dem Befund Ingleharts folgend immer weniger bereit, Blankovollmachten auszustellen. Vielmehr ist sie an themenorientierter Partizipation interessiert, wozu die Parteien den Bürgern keine Gelegenheit bieten. Vielmehr

---

443 Hennis (Zuschauer, 1995), S. 138.
444 Berka (Bürgerverantwortung, 1995), S. 71.
445 Berka (Bürgerverantwortung, 1995), S. 71.
446 Berka (Bürgerverantwortung, 1995), S. 70.
447 Inglehart (Postmodernisierung, 1998), S. 240.
448 Berka (Bürgerverantwortung, 1995), S. 82.

gebärden sich die Parteien immer noch wie um die vorletzte Jahrhundertwende. „Große Teile der Öffentlichkeit wenden sich tatsächlich von den oligarchischen Politikorganisationen alter Machart ab, die sie in der Modernisierungsära mobilisiert haben."[449] Bürgerbeteiligung ist strukturell nicht zu erkennen, obwohl es mit dem postmaterialistischen Wertewandel notwendig geworden wäre, um einer abnehmenden Bindungskraft der Parteien entgegenzuwirken:

„Das Aufkommen postmoderner Werte bewirkte im politischen Bereich, dass der Autoritätsverlust immer weiter um sich greift und dass auf Partizipation und Selbstverwirklichung größeres Gewicht gelegt wird. Diese Tendenzen führen zu Demokratisierung (in autoritären Staaten) und zu stärker partizipierender und zielorientierter Demokratie (in bereits demokratischen Gesellschaften). Sie erschweren hingegen die Stellung regierender Eliten."[450]

Die Existenz von Eliten, die aus sich heraus bestehen und politische Verantwortung für sich beanspruchen, erschwert es folglich den Bürgern, ihnen unreflektiert die Stimme für die nächsten Jahre zu geben. Dabei hilft auch nicht weiter, dass es in der Bundesrepublik mehrere konkurrierende Parteien gibt: „Und selbst in dem Fall, dass konkurrierende Parteien existieren, bedeutet das vielleicht nur, dass die Bürger zwischen mehreren Eliten wählen können. Diese treffen dann die wirklich wichtigen Entscheidungen für die nächsten paar Jahre."[451]

Dieses problematische Verhältnis zu den Eliten ist konstitutive Ursache für ein Fazit Ingleharts: „Wählen ist für Staatsbürger keine notwendigerweise effektive Methode, Einfluss auf nationale Entscheidungen zu nehmen."[452] Nach dem gezeichneten Bild der Parteien verwundert diese Einschätzung nicht, wenn die Frage der Regierungsbildung in der Regel ohne die Einbindung der Bürgerschaft entschieden wird, die Parteien immer noch elitengesteuerte oligarchische Organisationen für das massenhafte Einsammeln von Stimmen darstellen und aus ihnen heraus keine Impulse wahrzunehmen sind, dass sie an Partizipation der Bürger wirklich interessiert sind. „Weil dauerhafte Bürgerbeteiligung anscheinend die (mitunter) oligarchische Macht der traditionellen Institutionen eines Repräsentativsystems gefährdet (...),"[453] ist von den Parteien in der derzeitigen Struktur kein Impuls in Richtung mehr Bürgerbeteiligung zu erwarten.

Es hat sich gezeigt, dass das politische Verantwortungsbewusstsein, die Verantwortungsfähigkeit und der Wunsch nach Partizipation an politischen Entscheidungen auch in der Bundesrepublik Deutschland stark gestiegen sind. Mag

---

449 Inglehart (Postmodernisierung, 1998), S. 425.
450 Inglehart (Postmodernisierung, 1998), S. 68.
451 Inglehart (Postmodernisierung, 1998), S. 240.
452 Inglehart (Postmodernisierung, 1998), S. 239.
453 Barber (Demokratie, 1994), 22.

Hennis mit seiner kritischen Einschätzung der Bürgerverantwortung Anfang der 60er Jahre des 20. Jahrhunderts richtig gelegen haben, so ist nun ein völlig anderes Bild von der Bürgerschaft zu zeichnen: Sie strebt politische Beteiligung wesentlich mehr an als in den ersten Jahren der Bundesrepublik Deutschland. Wann dieser Prozess der stärkeren Verantwortungswahrnehmung durch die Bürger begonnen haben könnte, kann anhand der Wahlbeteiligungsraten betrachtet werden. So stieg die Wahlbeteiligung bis 1972 auf 90,8 % und 1976 auf 90,4 %.[454] Seitdem steigt der Anteil der Nichtwähler stetig an. So kann spätestens seit Mitte der 80er Jahre des 20. Jahrhunderts ein verstärktes Problem ausgemacht werden, das sich aus dem diskutierten Widerspruch zwischen Volkssouveränität und Parlamentssouveränität ergibt.

Dabei ist auch die Rolle der Parteien erörtert worden, die bisher nicht in der Lage sind, auf die zunehmende Verantwortungsbereitschaft der Bürger zu reagieren. Vielmehr scheinen die Parteien nach wie vor „hierarchische Organisationen"[455] zu sein, deren Geschicke von wenigen gelenkt werden. Dies verweist auf die Einstellung der sogenannten „politischen Eliten". Unter Zuhilfenahme der prägenden Elitentheoretiker soll nun betrachtet werden, welche Bedeutung es hat, wenn von „Eliten", also Auserwählten, die Rede ist.

4.3 Eliten und Repräsentanten

Das politische System präsentiert sich im Grunde unverändert, während sich die Bürgerschaft mehr politische Beteiligung einfordert. Veränderungen des politischen Systems, insbesondere des Wahlrechts und des Abstimmungsrechts, hätten von den Repräsentanten initiiert und umgesetzt werden können. Dass dies nicht geschehen ist, wirft die Frage auf, welches Selbstverständnis bei den Vertretern des politischen Systems vorherrscht, aus dem heraus Veränderungen – etwa aus Anlass der deutschen Einheit – bisher nicht realisiert wurden, obwohl sie notwendig gewesen wären, um den Entwicklungen in der Bürgerschaft Rechnung zu tragen.

Damit kommen elitentheoretische Aspekte hinzu, die Aufschluss geben sollen über das möglicherweise vorherrschende Demokratieverständnis von Repräsentanten, so sie denn den gängigen elitentheoretischen Gedanken folgen. Dabei müssen elitentheoretische Fragestellungen daran ausgerichtet sein, „ob diese Eliten daran gehindert werden, abgesonderte Kasten und Oligarchien zu bilden, und statt dessen in überzeugender Weise an die demokratische Verantwortung

---

454 Vgl. Abb. 2.
455 Inglehart (Postmodernisierung, 1998), S. 239.

aller zurückgebunden sind."⁴⁵⁶ Es ist notwendig, dass gerade in Massengesellschaften⁴⁵⁷ Repräsentation stattfindet, um das Funktionieren der politischen Ordnung zu gewährleisten. Röhrich geht davon aus, dass die „repräsentative Demokratie nur funktionsfähig bleibt, wenn einige Menschen mehr Verantwortung übernehmen als alle anderen."⁴⁵⁸ Dieses Mehr an Verantwortung lässt sich im Sinne Röhrichs als politische Verantwortung von Amtsinhabern bezeichnen, von der bereits die Rede war. Sie ist Ausfluss der Tatsache, dass im repräsentativen System die Volkssouveränität notwendigerweise vertreten wird. Dies geschieht konstitutiv durch Wahlen, die die Repräsentanten und folglich die Repräsentation legitimieren.⁴⁵⁹

Die neuzeitliche Diskussion um das Verhältnis von Eliten und Demokratie ist bereits mindestens 100 Jahre alt. Die hier zu behandelnden Autoren sind vor allem Gaetano Mosca, dem am meisten Raum mit seiner classe politica eingeräumt werden soll, und Vilfredo Pareto mit seinem Ansatz der Elitenzirkulation.⁴⁶⁰ Bereits Hübner⁴⁶¹ hat sich diesem Thema über Mosca und Pareto genähert.

Mosca⁴⁶² hat sich unter dem Titel „Das aristokratische und das demokratische Prinzip"⁴⁶³ mit dem Verhältnis dieser beiden Grundsätze befasst. Schon der Titel seiner Eröffnungsvorlesung in Turin macht deutlich, dass es sich für ihn bei Demokratie⁴⁶⁴ um ein Prinzip, also eine Technik zur Ausübung von Herrschaft, handelt. Herrschende Minderheiten hat es immer gegeben und wird es immer geben, so die Annahme Moscas. Die

„ewigen Kämpfe zwischen Aristokratie und Demokratie, von denen die Geschichte spricht, sind fast immer zwischen einer alten herrschenden und einer neuen Minderheit geführt worden, die sich mit der alten Minderheit vermischen oder sie beseitigen wollte."⁴⁶⁵

---

456 Röhrich (Eliten, 1991), S. 9.
457 Vgl. Hamilton, Madison, Jay (Federalist, 1788), 10. Artikel, S. 55.
458 Röhrich (Eliten, 1991), S. 9.
459 Vgl. Röhrich (Eliten, 1991), S. 9.
460 Vgl. Meisel (Mythos, 1962), S. 20.
461 Vgl. Hübner (Elite, 1967).
462 Italienischer Parlamentarier (ab 1908) und späterer Senator (ab 1919). Einen kurzen aber eindrucksvollen Überblick über das Leben Moscas gibt Meisel (Mythos, 1962), S. 25 ff. Vgl. auch Röhrich (Eliten, 1991), S. 56.
463 Mosca (Prinzip, 1903).
464 Nach Mosca (Prinzip, 1903), S. 41, definiert sich Demokratie danach, dass „die Regierung eines Volkes nur dann legitim ist, wenn sie aus dem Willen der Mehrheit des Volkes hervorgeht (...)." Die Beschränkung auf die Regierungsgewalt, wiederum also mit Herrschaft zu übersetzen, und das Fehlen zusätzlicher demokratischer Elemente verdeutlicht seine technisch-pragmatische Einstellung.
465 Mosca (Prinzip, 1903), S. 36.

So gibt es eine classe politica, der zu herrschen es obliegt.[466] Sie ist es, „die in Wahrheit das politische Leben des Staates in Händen hält"[467]. Mit dieser Sichtweise und somit auch mit der gesamten Gesellschaftstheorie Moscas geht das Phänomen einher, dass die politische Klasse nicht dem Wandel der Zeit zu unterliegen scheint, sondern dass vielmehr die politische Klasse fortdauere. Diese Annahme von Mosca hat Röhrich Enthistorisierung genannt.[468]

Gerechtfertigt wird die classe politica aus einem explizit ademokratischen Axiom: Mosca geht von einer Ungleichheit aus, die sich aus der gesellschaftlichen Stellung, die er „moralisches Ansehen"[469] nennt, der herrschenden Minderheit ergibt. Aus dem Vorhandensein hervorragender Qualitäten in der herrschenden Klasse folgert Mosca die Legitimität ihrer Vormachtstellung. Darüber hinaus führt ohnehin jedes politische Regime zur Aristokratie.[470] Zwar kann das Prinzip der Abstammung[471] durch demokratische Elemente abgelöst werden, aber nur, um so dann die „eigentliche Aristokratie"[472] zu erreichen.[473] Demokratie mit ihrer Annahme der Volkssouveränität, also der Bürgerverantwortung, ist ohnehin eine trügerische Methode, weiß man doch „sehr gut, dass es nicht die Wähler sind, die den Abgeordneten auswählen, sondern dass es in

---

466 Der Begriff der politischen Klasse legt die Assoziation mit der marxistischen Lehre nahe. Es kann jedoch kein Zweifel bestehen, dass Marx und Mosca in keiner Weise einander entsprechen. So bilanziert Röhrich (Einleitung, 1975), S. 5: „Und wenn der marxistische Sozialismus im Staat das Instrument der ‚herrschenden Klasse' sah, so entspricht diese Deutung selbstredend nur scheinbar der in Moscas Gesellschaftstheorie, in der die Macht als Medium gesellschaftlicher Integration sich im Sinne einer voluntaristischen Zwangstheorie mit dem Willen von Minderheiten verbindet, umschrieben mit dem Begriff der ‚politischen Klasse.'"
467 Croce (Geleitwort, 1950), S. 5.
468 Vgl. Röhrich (Einleitung, 1975), S. 6. Auf das Phänomen der Enthistorisierung hat bereits Hübner (Elite, 1967), S. 11 und insbesondere S. 26, hingewiesen. Daneben verweist Röhrich auf Moscas Tendenz zur Entökonomisierung. Denn auch in Italien hat es im Zuge der Industrialisierung eine Verschiebung der Kräfteverhältnisse hin zum industriell prosperierenden Norden gegeben. Diese in einem geschichtlichen Kontext entstandene wirtschaftliche Entwicklung verkennt Mosca.
469 Mosca (Prinzip, 1903), S. 40.
470 Vgl. Mosca (Prinzip, 1903), S. 42.
471 Das Grundlegende der Abstammung sei letztendlich das übertragene gesellschaftliche Ansehen über Generationen hinaus. Mosca (Prinzip, 1903), S. 43, schreibt: „Der mittelalterliche Räuberhauptmann, der sich zum Herrn eines Tales gemacht hatte, errichtete auf einem Berg eine Burg, die die Herrschaft seiner Nachkommen verewigen sollte."
472 Mosca (Prinzip, 1903), S. 44.
473 Diese Interpretationsweise wird auch von Finocchiaro (Mosca, Gramsci, 1999), S. 25, geteilt: "Mosca would also argue that there is no reason to believe it (the democracy) could ever exist in the future."

der Regel der Abgeordnete ist, der sich von den Wählern wählen lässt".[474] Beschrieben wird das Verhältnis von Demokratie und Aristokratie in der Form, dass sie sich nur oberflächlich unterscheiden, doch in ihrer tatsächlichen Herrschaftsstruktur gleich sind:

> „In allen regelrecht konstituierten Gesellschaften, in welchen etwas besteht, was man Regierung nennt, finden wir, dass sämtliche Gewalt ausgeübt wird im Namen des gesamten Volkes oder einer dominierenden Aristokratie oder eines einzelnen Herrschers (...). Aber neben dieser Tatsache finden wir unvermeidlich eine zweite: Die herrschende Klasse, das heißt diejenigen, die die öffentliche Macht innehaben und ausüben, stellt stets eine Minderheit dar, und unter dieser finden wir eine zahlenmäßig große Gruppe von Personen, die niemals in irgendeinem *wirklichen* Sinne an der Regierung teilhaben, sondern ihr nur unterworfen sind; diese Gruppe können wir als die beherrschte Klasse bezeichnen."[475]

Dies kann als Kernthese Moscas Werk angesehen werden. Auf diese Konstatierung der faktischen Macht von Eliten baut er die Legitimation der Herrschaft der classe politica auf. Sie ist legitimiert, weil die Elite herrscht. Diese Legitimation ist in ihrer Begründung ein Zirkelschluss und baut darüber hinaus weder auf Volkssouveränität noch einer anderen übergeordneten Gewalt auf. Immerhin macht sich Mosca die Mühe, die Legitimation der classe politica zu hinterfragen und sie nicht schlicht hinzunehmen. Allerdings erscheint die Basis der Legitimation mit dem gesellschaftlichen Ansehen kaum stichhaltig zu sein.

Dennoch wendet Mosca sich nicht gegen die Demokratie schlechthin.

---

474 Mosca (Teorica, 1925), S. 250. Im Original: «(...) non sono gli elettori che eleggono il Deputato, ma ordina-riamente è il Deputato che si fa eleggere dagli elttori (...).» An anderer – späterer – Stelle wird Mosca (Herrschende Klasse, 1950), S. 134, noch deutlicher, wie er die demokratische Wirklichkeit bewertet: „In anderen Regierungsformen zwingt eine organisierte Minderheit der unorganisierten Mehrheit ihren Willen auf; genau dasselbe geschieht auch trotz des gegenteiligen Anscheins im Repräsentativsystem." Mosca (Herrschende Klasse, 1950), S. 216, wendet sich explizit gegen die „Theorie der Volkssouveränität (stellt), die Rousseau und seine demokratische Schule entwickelt haben und derzufolge die Regierung aus der Mehrheit der Bürger hervorgehen muss." Vgl. Mosca (Herrschende Klasse, 1950), S. 221: Dem „Übel des Parlamentarismus" muss Einhalt geboten werden.

475 Mosca (Teorica, 1925), S. 16. Im italienischen Original: «In tutte le società regolarmente constituite, nelle quali vi ha ciò che ci dice un Governo, noi oltre al vedere che l'autorità di questo si esercita in nome dell'universo popolo, oppure di un'aristocrazia dominante, o di un unico sovrano (...) troviamo costantissimo un altro fatto: che i governanti, ossia quelli che hanno nelle mani ed esercitano i pubblici poteri, sono sempre una minoranza, e che al di sotto di questi vi è una classe numerosa di persone, le quali non partecipando mai realmente in alcun modo al Governo, non fanno che subirlo; esse si possono chiamare i governati.»

„Vielleicht wird man das vorliegende Werk Moscas als „antidemokratisch" bezeichnen. Für einige wird das ein Lob, für viele andere eine Herabsetzung und Diskreditierung bedeuten. Aber diese Bezeichnung ist nicht genau. Denn Moscas Werk ist ein Werk der kritischen Wissenschaft und als solches weder ademokratisch noch ausschließlich aristokratisch. Es bekämpft die demokratische Theorie, aber nicht die praktischen demokratischen Tendenzen, denn diese existieren auf dem Gebiete der Tatsachen (...)."[476]

Es wird deutlich, dass Moscas Erkenntnisinteresse nicht der Demokratie gilt, sondern der Herrschaft und der Herrschaftssicherung. Daher favorisiert er aristokratische Regime: „Im allgemeinen kann man von aristokratischen Regimes sagen, dass sie eine größere Standfestigkeit haben als liberale."[477]

Er wendet sich gegen die politische Theorie seiner Gegenwart. Die neuzeitlichen Grundlagen für die Ideen der Demokratie spielen für ihn keine Rolle. Mosca geht es um die Frage, wie die Herrschaft der classe politica gerechtfertigt werden kann, wie sie der Masse gegenüber erklärt werden kann: Legitimation von oben nach unten. So wird Moscas Gesellschaftstheorie zu einem konservativen Ansatz in seiner stigmatisiertesten Interpretation, da an dem Alten um des Alten willen, um des Erfolges der Eliten willen festgehalten wird. Die Verantwortung der Bürger spielten keine Rolle.

Die Zeit, in der Mosca seine „Herrschende Klasse" verfasst, war eine Zeit des Umbruches. Erfahrungen mit dem, was heute unter einer repräsentativen Demokratie verstanden wird und sich überwiegend bewährt hat, hat es zu Moscas Zeit auf dem europäischen Festland in dieser Form noch nicht gegeben.[478] Die USA sind nicht Europa, und Großbritannien scheint kein kontinuierliches Vorbild zu sein.[479] Gleiches gilt für Frankreich, das im 18. und 19. Jahrhundert von

---

476 Croce (1923), S. 7. Allerdings finden sich bei Mosca Aussagen, die diese rein theoretische Ausrichtung seiner Kritik an der Demokratie widerlegen: So vertritt er bereits die auch in neuerer Zeit in der Bundesrepublik Deutschland aufgekommene These der Schönwetterdemokratie, bezieht dies allgemein auf alle „liberalen Regimes", wie Mosca sie nennt. Mosca (Herrschende Klasse, 1933), S. 390: „Bei diesen (den liberalen Regimen, TL) ist der Organismus so kompliziert, dass er nur unter günstigen Bedingungen funktionieren kann, d. h. vorzugsweise in Epochen wirtschaftlichen Wohlstands und hoher geistiger Blüte."
477 Mosca (Herrschende Klasse, 1933), S. 390.
478 Vgl. Meisel (Mythos, 1962), S. 20: „Ernst und voll Leidenschaft, ist er einer der Alten, die in eine fremde Zeit geraten."
479 Seit 1906 begann der Aufstieg der Labour Party in Großbritannien, wodurch das klassische Alternierungsschema zwischen den Konservativen und den Liberalen aufgeweicht wurde. In diesem Zuge kam es 1923 zur ersten Labour-Minderheitsregierung, die aber nur von kurzer Dauer war. Das britische Modell schien an Stabilität und damit an Attraktivität einzubüßen. Vgl. Löwenstein (Großbritannien,1967), S. 20 ff. Aber bereits in der zweiten Hälfte des 19. Jahrhunderts begann sich die Arbeiterschaft zu organisieren und schickte sich an, das hergebrachte System aus Liberalen und Konservativen abzulösen.

Instabilität, Revolutionen und Staatskrisen geprägt war. Auf der anderen Seite entstand mit der Industrialisierung jedoch die Diskussion um den Klassenkampf, namentlich vorangetrieben durch Marx und Engels. Moscas Bemühen galt vordringlich der Abwehr des Kommunismus, und die Demokratie schien ihm keine geeignete Alternative, sondern vielmehr ein Äquivalent zu sein. Kollektivismus, Moscas undifferenzierter Sammelbegriff für Kommunismus, Sozialismus und Sozialdemokratie, „diese ganze sozialistische Strömung, deren Lehre unwissenschaftlich und deren Ideal unerreichbar ist,"[480] steht für alles Nichtaristokratische und findet bei den „wilden Instinkte(n) der menschlichen Natur (...) ein allzu fruchtbares Betätigungsfeld"[481]. Dies wird von Mosca „bekämpft"[482]. Seine Angst gilt der Revolution, in dessen Zuge sich „die Veränderungen in der Zusammensetzung der herrschenden Klasse rasch und stürmisch (vollziehen), so kann die alte Minderheit im Lauf von einer oder zwei Generationen fast vollständig durch neue Elemente ersetzt werden."[483]

Trotz seiner Kritik an demokratischen Überlegungen unterlaufen ihm prodemokratische Werturteile: „Man möchte fast instinktiv annehmen, dass das demokratische Prinzip niemals untergeht, weil es unentbehrlich ist für das ständige Vorwärtsstreben der menschlichen Gesellschaft."[484]

Mosca beschreibt Demokratie als Prinzip, also als Methode. Und dennoch scheint sich mehr dahinter zu verbergen als eine bloße Methode, denn die Demokratie ist, so Mosca, schließlich unentbehrlich für gesellschaftliches Vorwärtsstreben. Mit dem Vorwärtsstreben können weitere Begriffe assoziiert werden: der Zukunft entgegenstreben, die Zukunft gestalten wollen, das Leben in die Hand nehmen. All das ist Ausdruck einer Haltung von Menschen, sich nicht in ihr Schicksal ergeben zu wollen, sondern Verantwortung für sich und die Gestaltung der Zukunft übernehmen zu wollen. Diese Einstellung widerspricht explizit der Einschätzung Moscas von der trägen, unpolitischen beherrschten Klasse. Vielmehr leistet es der Argumentation Vorschub, dass der Mensch Verantwortung trägt für sich, seine Lebensumstände und auch für die gesellschaftlichen Bedingungen, unter denen er lebt.

---

480 Mosca (Herrschende Klasse, 1950), S. 252.
481 Mosca (Herrschende Klasse, 1950), S. 253. Weiter heißt es dort: „Der Arme hört, dass der Reiche sich mit den Früchten seines Schweißes ein vergnügtes Leben macht, nachdem er ihm seinen gerechten Anteil am Sozialprodukt durch eine auf Gewalt und Betrug gegründete Gesellschaftsordnung geraubt hat."
482 Mosca (Herrschende Klasse, 1950), S. 255.
483 Mosca (Herrschende Klasse, 1933), S. 391. Vgl. weiter S. 392.
484 Mosca (Prinzip, 1903), S. 45.

Die classe politica hat immer geherrscht und wird auch immer herrschen. Hinzuzufügen ist dieser bereits beschriebenen Grundthese Moscas nun sein Ergebnis: Die herrschende Klasse herrscht legitimerweise, weil sie über bessere Fähigkeiten verfügt als die Masse, der der „politische Sinn"[485] fehle. „Deshalb droht den liberalen Institutionen die größte Gefahr von der Ausweitung des Wahlrechts auf die ungebildeten Bevölkerungsschichten."[486]

Die späte Endfassung seiner „Theorie der herrschenden Klasse"[487], die wie andere Werke, so etwa „Die herrschende Klasse"[488], mehrfach überarbeitet wurde, klingt in seinem Fazit m. E. weit versöhnlicher und bei strenger Betrachtung seines Werkes nicht allzu konsequent:

„Aus einer objektiven Untersuchung historischer Ereignisse kann man den folgenden Schluss ziehen: Die besten Regimes, d. h. diejenigen, die lange Zeit bestehen und die fähig sind, jene heftigen Konvulsionen zu vermeiden, die die Menschheit immer wieder in die Barbarei zurückwerfen, sind die gemischten. Wir nennen sie ‚gemischt', weil in ihnen weder das aristokratische noch das liberale Prinzip vorherrscht und weil die Tendenz zur Aristokratie durch eine allmähliche, aber fortwährende Erneuerung der herrschenden Klasse gebremst wird, die auf diese Weise die besseren Volkskräfte absorbieren kann."[489]

Er entwickelt seine „Einstellung zur Demokratie vom Abscheu bis zur Duldung"[490]. Bei aller Kritik an der Theorie der herrschenden Klasse soll diese Metamorphose nicht unbeachtet bleiben.

Als kritischer Zeitgenosse des beginnenden „Zeitalter(s) der Demokratie"[491] verschließt Mosca die Augen nicht vor der Geschichte – üblicherweise nehmen seine demokratiekritischen Überlegungen Ausgang bei der aristotelischen Unterscheidung in Demokratie, Aristokratie und Monarchie.[492] Dennoch zieht er enthistorisierte Schlüsse, die über die Zeit hinweg gelten sollen. Eliten haben

---

485 Mosca (Herrschende Klasse, 1933), S. 391.
486 Mosca (Herrschende Klasse, 1933), S. 391. So bekennt sich noch Mosca (Krisis, 1928), S. 88, zur Lösung der Krise des parlamentarischen Systems: „Ganz einfach zum alten absolutistischen System zurückzukehren, oder den Absolutismus mit dem Kommunismus zu verbinden oder endlich mit dem Syndikalismus überzugehen, d. h. das Prinzip der Klassenvertretung anstelle des geltenden Grundsatzes der individuellen Vertretung und der Wahlkörper auf beruflicher statt lokaler Basis anzuwenden."
487 Mosca (Herrschende Klasse, 1933).
488 Mosca (Herrschende Klasse, 1950). Die erste Ausgabe erschien 1895, die zweite, völlig überarbeitete, 1922 und die dritte, wiederum geänderte, 1938. Vgl. Mosca (Herrschende Klasse, 1950), S. 10 ff.
489 Mosca (Herrschende Klasse, 1933), S. 393.
490 Meisel (Mythos, 1962), S. 25.
491 Mosca (Prinzip, 1903), S. 41.
492 Vgl. insbesondere Mosca (Teorica, 1925), S. 79 ff.

immer geherrscht und werden immer herrschen, so Moscas Kurzformel. Auf einen geschichtlichen prospektiven Entwicklungsprozess lässt er sich nicht ein. Die Machtübernahme Mussolinis scheint seine negative Einstellung gegenüber den demokratischen Gehversuchen Italiens zu bestätigen.[493]

Spielen bei Mosca demokratische Überlegungen noch eine gewisse Rolle, so konzentriert sich Vilfredo Pareto nur noch auf die in Konkurrenz stehenden Eliten. Mosca sieht die vage Möglichkeit, über Wahlen neue Eliten auf dem Wege zur wahren Aristokratie zu etablieren.[494] Pareto hingegen akzeptiert auch die gewaltsame Machtübernahme durch eine neue Elite. Dies wird als rechtfertigende Ideologie für den italienischen Faschisten betrachtet.[495] Es wird sogar behauptet, dass er der „Karl Marx des Faschismus"[496] ist.

Pareto, der Sozialwissenschaftler,[497] vertritt die Auffassung, „dass die Regierungskunst einzig und allein darin besteht, sich der in der Gesellschaft vorhandenen Gefühle und Interessen zu bedienen (...)."[498] Hier wird bereits deutlich, welche Rolle er der Bevölkerung zumisst. Manipulation wird gleichgesetzt mit Regierungskunst. Dies ist deshalb für Pareto konstitutiv, weil er annimmt, dass menschliches Verhalten irrational determiniert sei: auf der Grundlage von sogenannten Residuen. Diese Residuen geschickt anzusprechen und zu beeinflussen, ist demnach die Basis erfolgreichen Verharrens in der herrschenden Elite.

Auf der Grundlage dieser Residuen und ihrer Ableitungen, den Derivationen, entwickelt Pareto seine Gesellschaftstheorie.[499] Danach gibt es in der herrschenden Elite dominierende psychische Konstanten. Schafft es die Elite, aus den Unterschichten die jeweils besten Familien[500] zu integrieren, und schaffen es andererseits diese Familien, die herrschende Elite zu infiltrieren, kommt es nach Pareto zu jenem gesunden Kreislauf der Eliten. Wenn sich hingegen die Elite

---

493 Vgl. Meisel (Mythos, 1962), S. 28.
494 Vgl. Mosca (Prinzip, 1903), S. 44.
495 Vgl. Röhrich (Eliten, 1991), S. 65 f.
496 Vgl. Tommissen (Faschismus, 1973), S. 380.
497 Einschränkend sei bereits hier angemerkt, dass hier aus erkenntnisorientierten Gründen nur der Sozialwissenschaftler Pareto behandelt wird, und nicht der Nationalökonom. Zur Rolle Paretos in den Wirtschaftswissenschaften vgl. Brinkmann (Pareto, 1950), S. 1 ff. mit zahlreichen Nachweisen; ebenso Weinberger (Kritik, 1949) und Schuler (Pareto, 1935). Auf die Unterscheidung von Paretos Werk in eine „ökonomische(n) und soziologische(n) Seite" hat auch Eisermann (Methode, 1964), S. 127, hingewiesen.
498 Eisermann (Allgemeine Soziologie, 1962), S. 32.
499 Einen Überblick über das soziologische Hauptwerk Paretos gibt Hirsch (Pareto, 1948).
500 Vgl. Pareto (Traité, 1919), § 2054.

gegen Erneuerung abschottet, dann sammeln sich in den Unterschichten die dortigen elitären Elemente, um notfalls gewaltsam die Macht zu übernehmen.

Pareto geht davon aus, dass menschliches Verhalten von irrationalem Charakter geprägt wird. Die seelische Verfassung des Menschen, die instinktmäßig[501] bzw. triebmäßig determiniert ist, ist für sein Tun verantwortlich. Dieser angeborene, innerste irrationale Kern des Menschen bildet als „Komplex aus Wünschen, Forderungen und Interessen, die alle logisch unverbunden auf dem Seelengrunde ruhen"[502], den Ausgangspunkt seines Verhaltens. Diese Grundlage bezeichnet Pareto begrifflich als Überbleibsel (residuo). In diesen Residuen sind auch die Motive zu suchen, die er dann konsequenterweise als irrational definiert. Er teilt die Residuen in sechs Klassen ein, denen er im Trattato jeweils gehörigen Platz einräumt:

Klasse I: Instinkt der Kombinationen[503]
Klasse II: Persistenz der Aggregate[504]
Klasse III: Externalisierungsbedürfnis[505]
Klasse IV: Geselligkeitsbedürfnis[506]
Klasse V: individuelle Integrität[507]
Klasse VI: sexuelle Bedürfnisse.[508]

Für die circulation des élites sind die Residuen der Klassen I und II relevant.

Den Kombinationsinstinkt beschreibt Pareto schlicht als die „Neigung, gewisse Dinge zu kombinieren."[509] Der Mensch neigt dazu, teilweise völlig willkürlich in der Kombination Lösungen zu finden. So zitiert Pareto als Beispiel den Kardinal Richelieu, „der sich mit Pferdemist und Weißwein behandeln"[510] ließ. Viel mehr gibt auch der Trattato[511] nicht her. Karrer weist darauf hin, dass der Begriff „combinazione" neben dem „abstrakten und internationalen Gehalt auch noch den ganz konkreten und nationalen einer gewinnbringenden, wenn auch nicht notwendigerweise legalen geschäftlichen Operation besitzt."[512] Folgt man dieser Einschätzung, so kann der Eindruck, dass Pareto diese Residuen als eher

---

501 Vgl. Pareto (Traité, 1919), § 870.
502 Eisermann (Pate, 1947), S. 92.
503 Pareto (Traité, 1919), §§ 889 ff.
504 Pareto (Traité, 1919), §§ 991 ff.
505 Pareto (Traité, 1919), §§ 1089 ff.
506 Pareto (Traité, 1919), §§ 1113 ff.
507 Pareto (Traité, 1919), §§ 1207 ff.
508 Pareto (Traité, 1919), §§ 1326 ff.
509 Pareto (Traité, 1919), § 889.
510 Pareto (Traité, 1919), § 894.
511 Vgl. Pareto (Traité, 1919), §§ 891 ff.
512 Karrer (Rückblick, 1948), S. 506.

minderwertig ablehnt, nicht verwundern.[513] Das parlamentarische System befördert ihm zufolge Residuen der Klasse I, die opportunistisch seien und ein Sich-Durchschlängeln fördern. Tatsächlich entsteht der Eindruck, dass nach Pareto die Herrschenden von Residuen der Klasse II bestimmt sein müssen. Diese bezeichnet Pareto als Persistenz der Aggregate.[514] Dabei werden mehrere „combinazioni" zu einem Aggregat zusammengefasst und bilden ein Cluster, an dem der Mensch festhält. Sie stehen für Konstanz und Charakterstärke. Diese Verbundenheit der Kombinationen verstärkt die Konstanz der Residuen der Klasse II. Patriotismus[515] und Religion[516] entstammen dieser Klasse von Residuen. Nicht weiter zu erläutern sind die Derivationen,[517] Paretos pseudologisches[518] Bindeglied zwischen Zielen und Residuen. Diese Begründungen werden eingeteilt in

Klasse I: Behauptung
Klasse II: Autorität
Klasse III: Übereinstimmungen
Klasse IV: Beweise mit Worten.[519]

Die Derivationen gewinnen eine gewisse Bedeutung in der Umsetzung seiner Gesellschaftstheorie, die in Kapiteln XI[520] bis XIII des Trattato niedergelegt ist; diese Bedeutung erhalten sie jedoch nur im Zusammenspiel mit den Residuen, insbesondere der Klassen I und II. Diese sind für Pareto von größerer Relevanz.

Pareto benutzt als Synonym für Menschen, die in ihrem Handeln vornehmlich von Residuen der Klasse I bestimmt sind, den Begriff „Fuchs", für diejenigen, die von der Klasse II dominiert werden, den Begriff „Löwe".[521] Diese benutzten Begriffe sind nicht zufällig mit den von Machiavelli gebrauchten identisch.[522] So schreibt Machiavelli über die Eigenschaften des Fürsten:

---

513 Vgl. Pareto (Traité, 1919), §§ 2178 ff. Dort finden sich zur Charakterisierung der Residuen der Klasse I Begriffe wie „Korruption", „Betrug" und „Fälschung", die durchweg negativ besetzt sind.
514 Vgl. Pareto (Traité, 1919), §§ 991 ff.
515 Vgl. Pareto (Traité, 1919), § 994.
516 Vgl. Pareto (Traité, 1919), § 1021.
517 Vgl. Pareto (Traité, 1919), §§ 1413 ff.
518 Vgl. Eisermann (Pate, 1947), S. 92; Röhrich (Eliten, 1991), S. 64.
519 Vgl. Pareto (Traité, 1919), § 1419.
520 Vgl. Pareto (Traité, 1919), §§ 1868 ff. Hier kommt m. E. den Residuen ein wesentlich höheres Gewicht zu.
521 Vgl. Pareto (Traité, 1919), § 2178.
522 Vgl. etwa Pareto (Traité, 1919), § 2534: « Nous somme très près d'une théorie des résidus de la deuxième classe. » Pareto bezieht sich hier auf Machiavelli. Hinweise auf die Ehrerbietung Paretos für Machiavelli finden sich unter anderem in Pareto (Traité, 1919), §§ 1975, 2522, 1929. Vgl. auch Eisermann (Allgemeine Soziologie, 1962), S. 33.

„Da also ein Fürst gezwungen ist, von der Natur der Tiere den rechten Gebrauch zu machen, muss er sich unter ihnen den Fuchs und den Löwen auswählen; denn der Löwe ist wehrlos gegen die Schlingen und der Fuchs gegen die Wölfe. Man muss also ein Fuchs sein, um die Schlingen zu erkennen, und ein Löwe, um die Wölfe zu schrecken."[523]

So ist auch für Pareto das Handeln von Menschen nicht ausschließlich durch Residuen der Klassen I oder II bestimmt, sondern immer eine Kombination aus allen sechs Klassen. Gleichwohl gibt es überwiegende Residuenklassen. Dies sind in der Regel entweder die Residuen der Klasse I oder II.

Besonders unterscheiden sich – in der Anwendung auf Herrschaft – die Residuen der Klasse I und II, also die Füchse und Löwen, in Hinblick auf ihre Einstellung zur Gewalt, da gilt, „dass der, der sich auf Schlauheit verlässt, weniger geeignet zur Gewaltanwendung ist und immer weniger geeignet dazu wird, und vice versa."[524]

Als Tatsache nimmt Pareto die Herrschaft einer Elite, einer Oberschicht an. Gleichzeitig bezeichnet er die Geschichte aber auch als „Friedhof der Aristokratien"[525], da es durch den Kreislauf der Eliten oder durch Revolutionen zu einer Ablösung der herrschenden Klasse kommt. Als Regelfall nimmt Pareto die erfolgreiche Infiltration der herrschenden Elite durch die Unterschichten an und nennt dies Elitenzirkulation.[526] Dabei befinden sich konkurrierende Eliten in einem Kreislauf der Herrschaft:

---

523 Machiavelli (Fürst, 1513), S. 137.
524 Pareto (Traité, 1919), § 2190. Übersetzung nach Pareto (Soziologie, 1916), S. 173. Pareto füllt die Residuen an anderer Stelle mit den Begriffen „Spekulanten" und „Rentnern" aus. Röhrich (Eliten, 1991), S. 64, sieht eine Entsprechung von Kombinationen und „Spekulanten" einerseits und persistenten Aggregaten und „Rentnern" andererseits. Ähnlich synonym verwendet auch Brinkmann (Einführung, 1950), S. 5, diese Begriffe. Eisermann (Klassiker, 1987), S. 231, verneint jedoch explizit diese Entsprechung, sondern verweist vielmehr auf den Zusammenhang von A und B zu den „Füchsen" und „Löwen" und bezieht sich dabei zutreffenderweise auf Pareto (Traité, 1919), §§ 2178, 2227, 2480. Pareto selbst hat die „Spekulanten" und „Rentner" zunächst auf den Wirtschaftsprozess bezogen, was als ein Beleg dafür angeführt werden kann, dass er sich als Ökonom verstand, der nur gesellschaftswissenschaftliche „Ausrutscher" zuließ (vgl. Eisermann (Klassiker, 1987), S. 229). Den hier zutage tretenden akademischen Widerspruch zwischen Röhrich, der die Übertragung auf die Staatstheorie Paretos für zulässig hält, und Eisermann, der eben diese Übertragung ablehnt, umgehe ich, indem ich die konsensualen Begriffe „Fuchs" und „Löwe" verwende. Feststehen dürfte indes, dass sowohl „Spekulanten" wie „Füchse" von vergleichbaren psychischen Konstanten, den Kombinationen, bestimmt werden, wie auch die „Rentner" und „Löwen" persistente Aggregate aufweisen.
525 Pareto (Traité, 1919), § 2053.
526 Vgl. Pareto (Traité, 1919), § 2227.

„A sei die herrschende Elite, B diejenige, die sie davon zu vertreiben sucht, um an ihre Stelle zu treten, C der Rest der Bevölkerung, einschließlich der Eigenbrötler, den Menschen, denen jede Energie, Charakter und Intelligenz fehlen, die den Rest bilden, wenn man von der Elite absieht. Die A und die B sind die Chefs, die in C ihre Anhänger, ihre Instrumente suchen. Die C allein wären machtlos, eine Armee ohne Führer, sie erlangen nur eine Bedeutung, wenn sie durch A oder B geführt werden. Sehr oft, fast immer, sind es die B, die sich an ihre Spitze stellen, die A wiegt sich in falscher Sicherheit oder verachtet die C. Im übrigen sind es die nicht herrschenden B, die die C besser täuschen können, weil ihre Versprechen ein längeres Verfallsdatum haben. Manchmal jedoch versuchen die A die B zu überbieten in der Hoffnung, die C durch offensichtliche Konzessionen zufriedenstellen zu können, ohne zuviel davon verwirklichen zu müssen. Wenn die B nach und nach die Stelle der A durch langsame Infiltration einnehmen, wenn also die Bewegung der sozialen Zirkulation nicht unterbrochen wird, sind die C ohne Anführer, die sie in eine Revolte führen könnten, und man beobachtet eine Periode des Wohlstands. Die A versuchen im allgemeinen, sich dieser Infiltration zu widersetzen, aber ihr Widerstand kann unwirksam sein und als Abwehrversuch ohne Folgen scheitern. Wenn der Widerstand wirksam ist, können die B die Position nur einnehmen, indem sich die B mit Hilfe der C eine Schlacht gegen A liefert. Wenn sie erfolgreich gewesen sind und die Macht erobert haben, wird sich eine neue Elite D bilden und ihrerseits die Rolle spielen, die die B gegenüber den A gespielt haben; und so weiter."[527]

Die Elitenzirkulation Paretos wird durch Infiltration der herrschenden Elite sichergestellt. Hier scheinen moralische Überlegungen fehl am Platze zu sein, wie der Hinweis auf Versprechen mit Verfallsdatum belegt. Der Vergleich mit

---

527 Pareto (Systèmes, 1902), S. 35 f. Es muss allerdings angemerkt werden, dass Pareto (Trattato, 1923) von zwei konkurrierenden Eliten A und B, wie hier zitiert, ausgeht und dies dann als Elitenzirkulation bezeichnet werden kann. Später, Pareto (Traité, 1919), § 2042, beschränkt er den Kreislauf der Eliten auf den „besonderen Fall, wo man nur zwei Gruppen, die Elite und den Rest der Bevölkerung betrachtet (...)." In seinem Trattato – Pareto (Traité, 1919) – findet sich diese Form der konkurrierenden Eliten also nicht wieder. Dies ist sicher nicht weiter bemerkenswert, es sei denn, es unterläuft der Fehler, Ausführungen des Trattato auf zwei sich gegenüberstehende Eliten zu beziehen, wie dies bei Röhrich (Eliten, 1991), S. 62, geschieht. Auch Eisermann (Klassiker, 1987), S. 235 f. könnte man eine derartige Intension entnehmen. Ein weiterer Nachweis hierzu findet sich bei Pareto (Traité, 1919), § 2054: „Die herrschende Klasse wird, nicht nur in der Zahl sondern, was wichtiger ist, auch in der Eigenschaft von solchen Familien fortgesetzt, die aus den Unterschichten kommen und die für die Behauptung der Macht nötige Tatkraft sowie die erforderlichen Proportionen von Residuen mitbringen." Nun mag eingewandt werden, dass Pareto auch im Trattato von einer zweigeteilten Elite spricht, nämlich von der regierenden Elite und der nicht-regierenden Elite: vgl. Pareto (Traité, 1919), § 2031. Jedoch bezeichnet er hier nicht die konkurrierende Elite B, wie noch in Pareto (Systèmes, 1902), als nicht-regierende Elite, sondern z. B. berühmte Schachspieler, die zwar aufgrund ihrer hervorragenden Eigenschaften zur Elite gehören, aber eben nicht zur regierenden und die übrigens auch nicht danach trachten; vgl. Pareto (Traité, 1919), § 2033. Ich werde zwar auch auf Pareto (Trattato, 1923) zurückgreifen, jedoch Pareto (Trattato, 1916) nicht hierauf beziehen. Die Übersetzungen dieser Anmerkungen sind Pareto (Soziologie, 1916) entnommen. Vgl. auch Eisermann (Denker, 1961), S. 392 f.

Machiavelli drängt sich auf. Dieser hatte im Principe dem Fürsten nahegelegt: „Ein kluger Herrscher kann und darf daher sein Wort nicht halten, wenn ihm dies zum Nachteil gereicht (...)."[528]

Diese Täuschungen entstammen den Residuen der Klasse I, dem Instinkt der Kombinationen, von denen die herrschende Klasse A dominiert wird. Dennoch spielen sie auch in der beherrschten Klasse B, wie hier gesehen, eine Rolle.[529] Brinkmann erkennt richtigerweise „konservative und progressive Grundhaltungen"[530] in dem Konzept der Persistenz der Aggregate und des Instinkts der Kombinationen. Jedoch sind die Begriffe konservativ und progressiv in den korrekten zeitlichen Kontext zu stellen. So ist mit zweitem der sich etablierende Parlamentarismus – wiederum auf Italien gemünzt – gemeint. Insgesamt zeichnet er ein düsteres Bild vom Parlamentarismus. Denn: „Halten wir uns nicht mit der Fiktion der Volksvertretung auf, taubes Korn liefert kein Mehl."[531]

Elitenzirkulation hingegen stellt das soziale Gleichgewicht in Gesellschaften wieder her:

„Durch die Elitenzirkulation unterliegt die herrschende Elite einer beständigen langsamen Transformation. Sie fließt wie ein Fluß dahin; heute ist sie eine andere als gestern. Von Zeit zu Zeit sind heftige Störungen zu beobachten, die vergleichbar sind mit den Überschwemmungen eines Flusses. Sodann beginnt die neue herrschende Elite, sich langsam zu verändern: der Fluß ist in sein Bett zurückgekehrt und fließt nun wieder regelgerecht."[532]

---

528 Machiavelli (Fürst, 1513), S. 137.
529 Pareto (Traité, 1919), § 2178.
530 Brinkmann (Einführung, 1950), S. 5. Vgl. zum Beispiel auch Eisermann (Denker, 1961), S. 391.
531 Pareto (Traité, 1919), § 2244. Die Übersetzung ist Eisermann (Allgemeine Soziologie, 1962), S. 190, entnommen. Bei Eisermann (Klassiker, 1987), S. 252, findet sich für den letzten Teil die Übersetzung: „(...), dieses Geschwätz enthält keine Substanz." Warum Eisermann hier so übersetzt, bleibt unklar. Die italienische Originalfassung lautet: «(...) queste chiccheriere non fanno farina.» Also: Taubes Korn liefert kein Mehl. In der französischen Ausgabe heißt es übrigens: « Ne nous arrêtons pas à la fiction de la représentation populaire. Autant en emporte le vent. » Also: Das verweht der Wind.
532 Pareto (Traité, 1919), § 2056: « Par l'effet de la circulation des élites, l'élite gouvernementale est dans un état de transformation lente et continue. Elle coule comme un fleuve; celle d'aujourd'hui est autre que celle d'hier. De temps en temps, on observe de brusques et violentes perturbations, semblable aux inondations d'un fleuve. Ensuite la nouvelle élite gouvernementale recommence à se modifier lentement: le fleuve, rentré dans son lit, s'écoule de nouveau régulièrement. » (In Details abweichende) Übersetzungen finden sich bei Röhrich (Eliten, 1991), S. 65, bei Pareto (Soziologie, 1916), S. 230 sowie bei Eisermann (Allgemeine Soziologie, 1962), S. 154.

Damit ist das soziale Gleichgewicht wiederhergestellt. Das soziale Gleichgewicht, insbesondere gekennzeichnet durch ein „harmonisches Zusammenwirken der beiden Residuen der Klassen I und II"[533], ist auch für Paretos Betrachtung von Revolutionen Ausgangspunkt. Die derzeit nicht herrschende Klasse B versucht, den Platz der A einzunehmen. Dabei geht Pareto davon aus, dass die A, also die zurzeit herrschende Elite, die C missachtet. Somit kann B die C instrumentalisieren, um auf diesem Wege selbst die Herrschaft zu erringen. In diesem Transformationsprozess kann die Bevölkerung quasi als Katalysator fungieren, muss dies aber nicht. Denn der Übergang kann auch durch Infiltration der A durch die B erfolgen oder, wenn dies nicht gelingt, durch Gewalt.[534] Das Volk verkommt bei Pareto zu einem machtlosen Herrschaftsbeschaffer und hat, ähnlich wie bei Mosca, keinen Einfluss auf die Auswahl der Herrscher.

„Revolutionen entstehen, weil sich, sei es auf Grund langsamer werdender Elitenzirkulation, sei es aus einem anderen Grund, niedere Elemente in den oberen Schichten ansammeln. Diese Elemente besitzen die Residuen, die sie an der Macht halten können, nicht mehr; und sie vermeiden den Gebrauch der Gewalt. Unterdessen entwickeln sich in den niederen Schichten die herausragenden Elemente, die die erforderlichen Residuen zum Herrschen besitzen und zum Gebrauch von Gewalt entschlossen sind."[535]

Verweichlichung und Zimperlichkeit bei der Anwendung von Gewalt und das Verbrauchtsein in der Herrschaft schwächen die jeweils herrschende Klasse A. Die aber regenerierte Klasse B ist weder von der dauernden Herrschaft geschwächt noch hängt sie den törichten Gedanken des Humanitarismus an. So entfesselt kann sie leicht die C instrumentalisieren und wenn nötig gewaltsam die Macht ergreifen.

„Nehmen wir ein Land, in dem die herrschende Klasse A immer mehr zum Humanitarismus neigt, das heißt nur noch die schädlichsten persistenten Aggregate akzeptiert, die anderen als alte Vorurteile zurückweist und, während sie das „Reich der Vernunft" vorbereitet, zur Gewalt immer weniger fähig wird, will sagen sich immer mehr der Hauptpflicht der Herrschenden entledigt. Dieses Land geht dem völligen Untergang entgegen. Aber da erhebt

---

533 Hamann (Elitentheorie, 1964), S. 15.
534 Vgl. Pareto (Traité, 1919), § 2227: « (...) soit par infiltration (circulation des élites), soit par secousses, au moyen des révolutions. »
535 Pareto (Traité, 1919), § 2057: « es révolutions se produisent parce que, soit à cause du ralentissement de la circulation de l'élite, soit pour une autre cause, des éléments de qualité inférieure s'accumulent dans les couches supérieures. Ces éléments ne possèdent plus les résidus capable de les maintenir au pouvoir, et ils évitent de faire usage de la force; tandis que dans les couches inférieures se développent les éléments de qualité supérieure, qui possèdent les résidus nécessaires pour gouverner, et qui sont disposés à faire usage de la force. » Geringfügig differierende Übersetzungen finden sich bei Pareto (Soziologie, 1916), S. 230 sowie bei Eisermann (Allgemeine Soziologie, 1962), S. 154.

sich die beherrschte Klasse B gegen die Klasse A. Um sie auch mit Worten zu bekämpfen, wendet sie die gleichen humanitären Derivationen an, die A so teuer sind. Aber unter diesen Forderungen verbergen sich ganz andere Gefühle, die sich nicht scheuen, sich durch Handlungen zu manifestieren. Die B machen großzügig Gebrauch von der Gewalt: sie enteignen nicht nur die A, sondern sie töten auch mehrere von ihnen; wahrhaftig vollbringen sie ein ebenso nützliches Werk, wie es das Vernichten schädlicher Tiere darstellt."[536]

Wer den großzügigen Gebrauch von Gewalt rechtfertigt, läuft sehr schnell Gefahr, gerade im Vormärz des Faschismus, in seine Nähe gerückt zu werden. Dies ist Pareto, dem „Philosoph der Rebarbarisierung",[537] widerfahren.

Die Suche nach Begriff und Inhalt der Verantwortung der Bürgerschaft fällt leicht: Sie kommt in elitentheoretischen Überlegungen nicht vor. Diese Feststellung ist ebenso wichtig wie die Einschätzung, die über Paretos Verhältnis zur Demokratie zu finden ist: „Der Demokratie und dem proletarischen Sozialismus zu Leibe zu rücken, gelüstete ihn."[538] Das Volk ist schlicht die beherrschte Klasse C, die weder Recht noch Möglichkeit hat, die eigenen Vorstellungen durchzusetzen. In unserem Zeitalter der Demokratie erscheint es undenkbar, dass Theorien von Demokratie in einer direkten Traditionslinie und mit direktem Bezug zu Mosca und Pareto entwickelt werden und bis heute auch das Verständnis von politischen Eliten kennzeichnen.

Streng dem Wissenschaftsverständnis Paretos folgend[539] hat sich Schumpeter mit der Demokratie auseinandergesetzt, vor allem im vierten Teil von

---

536 Pareto (Traité, 1919), § 2191: « Supposons un pays où la classe gouvernante A tende toujours plus à l'humanitarisme, c'est-à-dire qu'elle accepte uniquement les persistances des agrégats les plus nuisibles, qu'elle repousse les autres comme de vieux préjuges, et qu'en préparant le „règne de la raison", elle devienne toujours moins capable d'user de la force, autrement dit quelle s'exonère du principal devoir des gouvernants. Ce pays s'achemine à une ruine complète. Mais voici que la partie de la classe B s'insurge contre la Partie A. Pour la combattre, par des discours, la Partie B fait usage des dérivations humanitaires si chères à la partie A ; mais sous ces dérivations se cachent des sentiments bien différents, qui ne tardent pas à se manifester par des actes. Les B font largement usage de la force: non seulement ils dépossèdent les A, mais ils en tuent plusieurs ; et, à vrai dire, ils accomplissent ainsi une oeuvre aussi utile que celle qui consiste à détruire des animaux nuisibles. » Eine ähnliche Übersetzung findet sich bei Eisermann (Allgemeine Soziologie, 1962), S. 174.
537 Wiese (Pareto, 1936), S. 443.
538 Wiese (Pareto, 1936), S. 438.
539 Vgl. Salin (Einleitung, 1950), S. 8. Am Rande sei angemerkt, dass es auch zwischen Schumpeter und Mosca Parallelen gibt. Wenn Mosca (Teorica, 1925), S. 250, schreibt, man wisse „sehr gut, dass es nicht die Wähler sind, die den Abgeordneten auswählen, sondern dass es in der Regel der Abgeordnete ist, der sich von den Wählern wählen lässt." So klingt es bei Schumpeter (Demokratie, 1950), S. 449, fast wie ein Plagiat: „In allen normalen Fällen liegt die Initiative beim Kandidaten, der sich um das Amt als

„Kapitalismus, Sozialismus und Demokratie"[540]. Es erstaunt, dass ihm die Integration von Grundwerten der Demokratie wie „Gewissens- und Redefreiheit, Gerechtigkeit, eine anständige Regierung usw."[541] und den Herrschaftsaspekten der Demokratie nicht zu gelingen scheint. Schumpeter lädt den Leser zu einem gedanklichen Experiment ein: Man versetze sich „in ein hypothetisches Land, das auf demokratischen Weg die Verfolgung von Christen, das Verbrennen von Hexen und das Hinmorden von Juden praktiziert."[542] Schumpeters Schluss: „Wir würden bestimmt diese Praktiken nicht darum billigen, weil sie nach den Regeln des demokratischen Verfahrens beschlossen wurden."[543] Demnach taugt die Demokratie nicht, solches Unrecht zu unterbinden. Diese Folgerung ist jedoch nur dann schlüssig, wenn Schumpeters Annahme, dass „Demokratie (nur) bedeutet (...), dass das Volk die Möglichkeit hat, die Männer, die es beherrschen sollen, zu akzeptieren oder abzulehnen"[544], a priori akzeptiert wird. Andernfalls entpuppt sich dieses Experiment als leicht zu enttarnender Zirkelschluss. Denn bereits hier dürfte deutlich sein, dass mit der Demokratie die Gewährung etwa von Menschenrechten impliziert ist, dass das Rechtsstaatsprinzip untrennbar mit modernen Demokratien verbunden ist.

Schumpeter versucht, die Frage zu beantworten, wie die Gesellschaft der Zukunft konstituiert sei. Dabei stellt er zunächst fest, dass der Kapitalismus in Form des Monopolkapitalismus keine Überlebenschancen hat: „Kann der Kapitalismus weiterleben? Nein, meines Erachtens nicht."[545] Den Grund hierfür sieht Schumpeter in den Errungenschaften des Kapitalismus, insbesondere in der allgemeinen Wohlfahrt.[546] Für Schumpeter bedeutet Kapitalismus oder Sozialismus – dies ist die dichotome Entscheidungsmatrix Schumpeters – aber mehr als die Frage nach einer Wirtschaftsform. Vielmehr gibt es einen „besondere(n) Menschen- und Gesellschaftstypus, welcher den Kapitalismus formt und durch ihn geformt wird."[547] Sodann wendet er sich dem Sozialismus zu: „Kann der Sozialismus funktionieren? Selbstverständlich kann er es."[548] Hier verstärkt sich

---

Parlamentsmitglied und die damit jeweils verbundene lokale Führung bewirbt. Die Wähler beschränken sich darauf, sein Angebot entweder anderen vorzuziehen und es anzunehmen oder es abzulehnen." Hier wird bereits, ähnlich wie bei Mosca, die kritische Einstellung der Demokratie gegenüber sichtbar. Weitere Nachweise für die Anlehnung Schumpeters an Pareto finden sich in Beckerath (Kapitalismus, 1950), S. 197 ff.
540 Schumpeter (Demokratie, 1950).
541 Schumpeter (Demokratie, 1950), S. 384.
542 Schumpeter (Demokratie, 1950), S. 384.
543 Schumpeter (Demokratie, 1950), S. 384.
544 Schumpeter (Demokratie, 1950), S. 452.
545 Schumpeter (Demokratie, 1950), S. 105.
546 Vgl. etwa Starbattty (Staatskonzeption, 1985), S. 98.
547 Beckerath (Kapitalismus, 1950), S. 200.
548 Schumpeter (Demokratie, 1950), S. 267.

der Eindruck, dass Schumpeter mit seinen Gedanken beim Sozialismus beginnt, denn dieser stellt ein komplettes Gesellschaftssystem dar. Demgegenüber muss, um vergleichbar zu sein, der Kapitalismus auch als allumfassendes System verstanden werden.

Schumpeter erkennt in der Demokratie eine reine Herrschaftstechnik:[549]

„Die Demokratie ist eine politische Methode, das heißt: eine gewisse Art institutioneller Ordnung, um zu politischen – legislativen und administrativen – Entscheidungen zu kommen, und daher unfähig, selbst ein Ziel zu sein, unabhängig davon, welche Entscheidungen sie unter gegebenen historischen Verhältnissen hervorbringt."[550]

Die Skepsis Schumpeters gegenüber der Demokratie geht weit: „Nichts ist leichter als eine eindrucksvolle Liste von Fehlschlägen der demokratischen Methode aufzustellen, (...)."[551] Dennoch erkennt er auch Selektionsmechanismen, die das Übel ein wenig abmildern: „Immerhin gibt es also im Strom, der die Politiker in die Ämter der Nation treibt, manche Felsen, die nicht unwirksam sind, um den Aufstieg des Deppen oder des Windbeutels zu verhindern."[552]

Dem freien Markt ähnlich geht es um „Stimmenmaximierung"[553]:

„Die demokratische Methode ist diejenige Ordnung der Institutionen zur Erreichung politischer Entscheidungen, bei welcher einzelne die Entscheidungsbefugnis vermittels eines Konkurrenzkampfes um die Stimmen des Volkes erwerben."[554]

Hier findet sich Schumpeters Kritik. In seiner Auseinandersetzung mit der „Klassischen Lehre der Demokratie"[555] beschäftigt er sich zunächst mit den Begriffen Gemeinwohl und Wille des Volkes. Sie sind nach Schumpeter keine bestimmbaren Größen. Sie als Grundlage für die Definition von Demokratie zu nehmen bedeutet, „eine Demokratie in jenem Sinne sei ein nicht realisierbares Ideal."[556] Ortlieb verortet bei Schumpeter sodann folgerichtig eine „Ablehnung"[557] der Demokratie.

---

549 Vgl. Röhrich (Eliten, 1991), S. 42 ff., insbesondere S. 47, aber auch S. 133 f.
550 Schumpeter (Demokratie, 1950), S. 384.
551 Schumpeter (Demokratie, 1950), S. 459.
552 Schumpeter (Demokratie, 1950), S. 459.
553 Röhrich (Eliten, 1991), S. 31.
554 Schumpeter (Demokratie, 1950), S. 429.
555 Schumpeter (Demokratie, 1950), S. 397 ff.
556 Ortlieb (Schumpeter, 1956), S. 155.
557 Ortlieb (Schumpeter, 1956), S. 155.

Dennoch hat Schumpeter damit ein sich entsprechendes Verständnis vom politischen System und vom Wirtschaftssystem erreicht. Geht es im Wirtschaftssystem dem Kunden darum, sich mit seinen beschränkten Geldmitteln für ein Produkt zu entscheiden, so ist es im politischen System der Wähler, der sich auf seinem Stimmzettel für ein Produkt entscheiden muss. Mit diesem Verständnis ist genau das erreicht, was Schumpeter nicht wollte: Lässt sich Hexenverbrennung gut verkaufen, weil es populär ist, wird es angeboten.[558]

Schumpeter meint, die Schwierigkeit der Demokratie darin zu erkennen, dass in ihr unrechtmäßiges Verhalten nicht ausgeschlossen werden kann. Deshalb steht er ihr kritisch gegenüber. Das Problem in der Auseinandersetzung mit Schumpeter liegt darin, dass das, was von Schumpeter als Kritik an der Demokratie verfasst ist, als Definition der Demokratie verstanden wird. Damit wird der letzte inhaltliche Aspekt aus seiner Demokratieauseinandersetzung herausgelöst und prägt so das zweckrationale Verständnis von Demokratie.

Schumpeter versucht zu zeigen, dass Demokratie nicht in der Lage ist, auf einen werthaltigen Reflexionsboden zurückzugreifen, weil ihr die inhaltliche Dimension fehlt. Vielmehr gilt mit der demokratischen Methode alles als gerechtfertigt, was eine Mehrheit findet.

Dass die Definition von Demokratie nach Schumpeter

„inhaltlich über das Wesen der Demokratie nichts besagt und also hinter den großen Bildern, Vorstellungen und Begriffen des 18. und 19. Jahrhunderts weit zurückbleibt, liegt auf der Hand, entspricht aber nur der Auffassung der Wissenschaft, die Schumpeter leitet – einer Auffassung, die auf Wesenserkenntnis verzichtet und sich auf Erfassung formaler Strukturelemente beschränkt."[559]

Die Legitimität der Regierenden speist sich bei Schumpeter nicht aus dem Prinzip der Volkssouveränität, sondern vielmehr aus dem Marktgesetz mit seiner Nutzenmaximierung.

Sobald der politischen Elite eine Existenzberechtigung aus einem anderen Prinzip als dem der Volkssouveränität hergeleitet ist, muss daraus folgen, dass die Verantwortung der Bürgerschaft eingeschränkt ist. Bei Mosca wird die classe politica durch ihre hervorragenden Qualitäten in ihrer Herrschaft

---

558 Starbattty (Staatskonzeption, 1985), S. 97, zeigt, dass es Schumpeter bei seiner Demokratiekonzeption nicht gelungen ist, jede Normativität zu vermeiden: „(...) sie birgt auch normative Elemente." Dies deckt sich mit meinem Ergebnis, das ich zu Pareto festgestellt habe: Bei genauer Betrachtung kann es kaum wertfreie Wissenschaft geben.
559 Salin (Dritter Weg, 1944), S. 122.

legitimiert. Pareto geht davon aus, dass ein neuer Führer die Geschicke, also die Verantwortung, in die Hand nehmen muss. Und Schumpeter schließlich pflichtet Mosca bei, indem er feststellt, dass es doch die Kandidaten seien, die sich auswählen lassen. Mit Volkssouveränität jedenfalls hat das nichts zu tun. Die Kritik an der Demokratie umfasst also neben der von Schumpeter vorgebrachten Unfähigkeit zur Reflexion von richtig und falsch vor allem den Vorwurf, dass in einer demokratischen Gesellschaft nicht unbedingt die Besten mit der Herrschaft betraut werden. Dass es aber die Besten sein müssen, denen es zukommt, den Staat zu lenken, um von der Gesellschaft Übel abzuwenden, ist seit jeher Ziel unterschiedlichster Untersuchungen und Überlegungen.

So fordert Platon in seinem „Staat"[560] die Herrschaft der Philosophen:

„Wenn im Staate nicht die Philosophen König werden oder die heutigen Könige und Fürsten sich nicht aufrichtig der Philosophie ergeben, wenn nicht beides eins wird, politische Macht und Philosophie, und all die einseitigen Naturen von heute, die bloß nach dem einen oder bloß nach dem anderen streben, zwangsweise ausgeschlossen werden, so ist des Elends kein Ende, lieber Glaukon; des Elends im Staate und wohl auch des Elends im menschlichen Geschlecht."[561]

Platon ist sich bewusst, wie schwer es sein kann, dieser Idee zur Umsetzung zu verhelfen. Doch auch, wenn dieses Ideal nicht realisiert werden kann, so ist dieses Bild dennoch der anzustrebende Idealzustand. So lässt Platon Sokrates fragen: „‚Und ist unsere Zeichnung etwa weniger gut, wenn wir nicht nachweisen können, dass ein solcher Staat, wie wir ihn beschrieben haben, wirklich gegründet werden kann?' ‚Allerdings nicht.'"[562]

Damit kommt der Staat Platons mit seiner Philosophenherrschaft der „Eigenwert der normativen Philosophie"[563] zu, der sich der Überprüfung seiner Umsetzbarkeit entzieht. Gleichwohl geht es Platon um die Verwirklichung, und mit der Betrauung der Philosophen hält er sie für am „ehesten möglich"[564], wenngleich er einschränkend eingesteht, dass „die Ausführung ferner steht als das Wort"[565]. Platon sieht den „Königsweg zur Abwendung allen Übels"[566] in der Beauftragung einer Elite, die wahrhaft philosophisch sein muss. Dabei ist sein empirischer Befund der politischen Realität geradezu der Kontrast zur Philosophen-

---

560 Vgl. Platon (Staat, 375 v. Chr.).
561 Platon (Staat, 375 v. Chr.), S. 473. Die hier angegebene Seitenzahl entspricht der Seitenzahl der Ausgabe von Henricus Stephanus, Paris 1578. Dies gilt für sämtliche Zitate in dieser Arbeit aus Platon (Staat, 375 v. Chr.).
562 Platon (Staat, 375 v. Chr.), S. 472.
563 Kersting (Platons Staat, 1999), S. 187.
564 Platon (Staat, 375 v. Chr.), S. 472.
565 Platon (Staat, 375 v. Chr.), S. 473.
566 Kersting (Platons Staat, 1999), S. 189.

herrschaft. Die Einsicht des Philosophen und die Macht des Politikers scheinen einander auszuschließen: „der Politiker verlacht, was der Philosoph ersinnt und vorschlägt; der Philosoph verachtet, was der Politiker sagt und tut."[567] So bleibt die Einsicht des Philosophen ohne Macht und die Macht des Politikers ohne Einsicht. Um beides, die Macht des Politikers einerseits und die Einsicht des Philosophen, zusammenzubringen, fordert Platon, dass den Philosophen „sowohl die Pflege der Philosophie als auch die Leitung des Staates zukommt (...)."[568]

Wenn die Leitung des Staates den Philosophen übertragen werden soll, so muss geklärt sein, was ein Philosoph ist. Pauschal kann der Philosoph als „Weisheitsliebender"[569] bezeichnet werden. Platon selbst bezeichnet die Philosophen als die „Schaulustigen der Wahrheit"[570]. Im Gegensatz aber zu den „Hörlustige(n) und Schaulustigen"[571] interessieren sich die Philosophen nicht in erster Linie für die schönen Dinge, die mit den Sinnen erfahrbar sind, etwa die „schönen Töne und Farben und Formen"[572], sondern für das Schöne an sich. Das Schöne wie auch das Wahre und das Gerechte entziehen sich der sinnlichen Wahrnehmung nach Platon. Sie sind nur mit dem Geist zu erfassen. Jenseits des Sehens, des Riechens, des Hörens, des Tastens, des Schmeckens verbirgt sich also die Erkenntnis des wahrhaft Schönen, Wahren oder Gerechten. Folglich bedarf es der schönen Musik nicht, um die Schönheit zu erkennen. Platon ist damit als Gründer des „Universalienrealismus"[573] zu bezeichnen. Er geht davon aus, dass das Allgemeine, also etwa die Schönheit an sich, eine von schönen Dingen völlig unabhängige Existenz hat.

Um diese undingliche Existenz sehen zu können, braucht der Philosoph ein funktionierendes „Seelenauge"[574]. Platon begibt sich hier auf ein Terrain, auf dem die menschlichen Sinne an ihre Grenzen gelangt sind. Es ist sicher leicht nachzuvollziehen, hier von Übersinnlichkeit zu sprechen. Hildebrandt bezeichnet Platons Philosophen gar als „Erleuchtete"[575]. Platon scheint davon auszugehen, dass Menschen, die eine gewisse Veranlagung mitbringen, ein sehendes Seelenauge entwickeln können. Sie müssen von „Natur gedächtnisstark, belehrbar, hochsinnig, gesittet"[576] sein. Darüber hinaus muss der Philosoph „der

---

567 Kersting (Platons Staat, 1999), S. 189.
568 Platon (Staat, 375 v. Chr.), S. 474.
569 Kersting (Platons Staat, 1999), S. 192
570 Platon (Staat, 375 v. Chr.), S. 475.
571 Platon (Staat, 375 v. Chr.), S. 475.
572 Platon (Staat, 375 v. Chr.), S. 475.
573 Kersting (Platons Staat, 1999), S. 194.
574 Platon (Staat, 375 v. Chr.), S. 527.
575 Hildebrandt (Einleitung, 1973), S. XXXIX.
576 Platon (Staat, 375 v. Chr.), S. 487.

Wahrheit, der Gerechtigkeit, der Tapferkeit, der Besonnenheit verwandt und innerlich verknüpft"[577] sein. Diese Veranlagung muss rechtzeitig – beginnend bereits im „Knabenalter"[578] – fortgeführt werden. Platon hält hier ein Curriculum aus Rechenlehre und Arithmetik, Geometrie, Astrologie und schließlich, als „Gipfel der denkbaren Welt"[579], Dialektik bereit. Platonische Dialektik erfährt folgende Definition: „Und ruht er nicht eher, bevor er mit der Vernunft das Gute an und für sich erfasst hat, so ist er auf dem Gipfel der denkbaren Welt angelangt, sowie jener am Ziele der sichtbaren Welt anlangte."[580]

Platon erscheint es einleuchtend, dass „einzig und allein die Kunst der Dialektik die Wahrheit kundtut, nachdem das Studium der eben beschriebenen Wissenschaften vorausgegangen ist."[581] Sämtliche Wissenschaft hat nicht nur den Zweck der reinen Wissensvermittlung, vielmehr ist es Aufgabe der Wissenschaft, „das Seelenauge der Menschen zu reinigen und es zum Leben zu erwecken"[582]. Dabei sitzt die Dialektik „wie ein Schlussstein oben auf den Wissenschaften"[583] und öffnet die Seele des Menschen für jenes übersinnliche Verständnis des Schönen, Wahren und Gerechten. Dieser Ausbildung soll sich vom „zwanzigsten Jahre ab"[584] gewissermaßen verschärft werden und ab dem dreißigsten Jahre erst wird geprüft, wer „von der sichtbaren und überhaupt sinnlichen Welt absehen und mit Wahrhaftigkeit in die wirkliche Welt hineinschreiten kann."[585] Erst, wenn die wahren Philosophen fünfzig Jahre alt sind, sollen sie, „einer nach dem anderen, die Mühsale der Staatsverwaltung auf sich nehmen."[586] Diese Skizze zeichnet Platon von den „Philosophenkönigen"[587].

Gegen sein Konzept der Philosophenherrschaft regt sich Widerstand, noch bevor Sokrates das ausführliche Bildungspensum der Philosophenanwärter darlegen kann. Einer seiner Zuhörer, Adeimantos, stört sich nicht an dem Gedanken, dass die Besten den Staat lenken sollen. Vielmehr beobachtet er, dass die Philosophen meist „völlig unbrauchbare Menschen werden, dass die wenigen allenfalls Tüchtigen aber durch ihr Philosophieren, das du empfiehlst, dem Staate verloren gehen."[588] Diesen zweifachen Vorwurf von Adeimantos – erstens, dass die meis-

---

577 Platon (Staat, 375 v. Chr.), S. 487.
578 Platon (Staat, 375 v. Chr.), S. 537.
579 Platon (Staat, 375 v. Chr.), S. 532.
580 Platon (Staat, 375 v. Chr.), S. 532.
581 Platon (Staat, 375 v. Chr.), S. 533.
582 Platon (Staat, 375 v. Chr.), S. 527.
583 Platon (Staat, 375 v. Chr.), S. 534.
584 Platon (Staat, 375 v. Chr.), S. 537.
585 Platon (Staat, 375 v. Chr.), S. 537.
586 Platon (Staat, 375 v. Chr.), S. 540.
587 Spaemann (Philosophenkönige, 2005), S.161 ff.
588 Platon (Staat, 375 v. Chr.), S. 487.

ten Philosophen unbrauchbar sind und zweitens, dass die wenigen brauchbaren Philosophen durch ihr Philosophieren unbrauchbar werden – pariert Sokrates mit dem Gleichnis vom Staatsschiff. Auf diesem Schiff gibt es den Eigner, der ist „größer und stärker als die ganze Bemannung: Er ist aber schwerhörig und kurzsichtig, und sein Verständnis für das Seewesen ist ebenfalls mangelhaft."[589] Unter der Besatzung entbrennt ein Streit; jeder möchte in die Gunst des Eigners treten und beansprucht die Führung des Schiffes für sich. „Dabei hat aber keiner je die Steuerkunst gelernt, kann auch seinen Lehrer und seine Lehrzeit nicht nachweisen."[590] Hierzu erklären die Seeleute, dass die Kunst der Schiffsführung gar nicht erlernbar sei, vielmehr wollen sie „jeden in Stücke hauen, der sie lehrbar nennt."[591] Auf diese Weise versuchen sie den Eigner zu beeinflussen, mal diesem, mal jenem das Ruder in die Hand zu geben. Erhält einmal einer, der die Kunst der Schiffsführung erlernt hat, den Zuspruch des Eigentümers, so „ermorden sie ihn oder werfen ihn über Bord."[592] So gelangen die Schiffsleute an die Führung des Schiffes und „segeln nun, wie es bei solchen Leuten zu erwarten ist, unter Trinken und Schwelgen dahin."[593] Ihre Helfershelfer bei der Manipulierung des Eigners stehen hoch im Kurs und werden als „Kenner des Seewesens"[594] verehrt. Ohne die Kenntnis der erforderlichen Fertigkeiten der Schiffsführung wird der wahre Steuermann für „einen Sterngucker, einen Schwätzer, einen für sich unbrauchbaren Menschen erklärt."[595]

Mit dem Gleichnis vom Staatsschiff entlarvt Platon die Pseudo-Philosophen, die er an anderer Stelle als „Philodoxen, Freunde des Meinens"[596] bezeichnet, die durch ihre Berufung auf die Philosophie für einen schlechten Leumund der wahren Philosophie sorgen. Im Gleichnis vom Staatsschiff treten sie als Schiffsleute auf, diese „Parteifunktionäre und ihre sophistischen Intellektuellenhelfer"[597], die versuchen, den Eigner, der das Volk darstellt, in ihrem Sinne zu manipulieren und ihnen die Leitung des Schiffes, des Staatsschiffes, zu übertragen. Der Eigner, so Platons Befund, ist vollkommen ungeeignet, das Staatsschiff selbst zu führen. Er sieht und hört schlecht und kennt sich in der Kunst der Schiffsführung nicht aus, die Kenntnisse erfordern von dem „Jahre und den Jahreszeiten, mit dem Himmel und den Gestirnen, den Winden und überhaupt allem, was eben"[598]

---

589 Platon (Staat, 375 v. Chr.), S. 488.
590 Platon (Staat, 375 v. Chr.), S. 488.
591 Platon (Staat, 375 v. Chr.), S. 488
592 Platon (Staat, 375 v. Chr.), S. 488.
593 Platon (Staat, 375 v. Chr.), S. 488.
594 Platon (Staat, 375 v. Chr.), S. 488.
595 Platon (Staat, 375 v. Chr.), S. 488.
596 Platon (Staat, 375 v. Chr.), S. 479.
597 Kersting (Platons Staat, 1999), S. 204.
598 Platon (Staat, 375 v. Chr.), S. 488.

in das Fach des Steuermanns fällt. Von alledem wissen auch die Schiffsleute, also die Politiker, nichts, die aber den „Kampf um Einfluss und Stimmen in der öffentlichen Arena, auf dem Deck des Staatsschiffes, effektvoll und reißerisch zu inszenieren wissen."[599] Das Volk ist nach Platon nicht in der Lage, die besonderen Fähigkeiten der Philosophen zu erkennen. Allenfalls die Schiffsleute, „die heutigen Machthaber im Staate"[600], könnten den Philosophen die Leitung des Staates antragen. Aber da das Streben der Philosophen zur Leitung des Staates dem Streben der Schiffsleute ebenfalls zur Leitung des Staates entgegengesetzt ist, ist das nicht zu erwarten. Die Möglichkeit, dass das Volk die elitären Fähigkeiten der Philosophen erkennen könnte, kommt Platon gar nicht in den Sinn. Deshalb erwähnt er es auch nicht.

Die elitentheoretischen Denker von Platon über Mosca und Pareto bis zu Schumpeter sind sich darin einig, dass das Volk nicht fähig ist, die Besten mit der Leitung des Gemeinwesen zu betrauen. Wenn also die Repräsentanten von den Bürgern gewählt werden, sollte der Begriff der Elite nicht nahe liegen. Trotzdem ist das Verständnis der politischen Repräsentanten vom Begriff der Elite geprägt. Es ist dieses Verständnis von Eliten, dass auch die politische Klasse, wie Mosca es nennen würde, in der Bundesrepublik prägt. Angehörige von Eliten sind von dem Bild, etwas Besseres zu sein, geprägt. Und so besteht in der Tat die Gefahr, dass die Repräsentanten „Kasten und Oligarchien"[601] bilden. An wenigen Stellen nur wird diese Einstellung von Repräsentanten gegenüber Teilen der Bürgerschaft deutlich. Im Hinblick auf die Diskussion um die Einführung von Elementen direkter Demokratie ist folgende Aussage des Bundestagsabgeordneten von Schönburg-Glachau zu nennen: „Wir können doch Personen mit solchen Meinungen nicht politisch mitgestalten lassen."[602]

Dass es Repräsentanten in der Bundesrepublik gibt, ist notwendige Realität. In keiner Weise notwendig hingegen ist das vorherrschende Verständnis in den Eliten und der Bürgerschaft, dass die Repräsentanten mehr sind als Funktionseliten. Dass sie mehr sind als Funktionseliten, wird sehr deutlich bei der Frage nach ihrer Verantwortung und der Verantwortung der Bürgerschaft. Denn wären sie nur Funktionseliten, würde sich ihre Ämterverantwortung aus der Verantwortung der Bürgerschaft herleiten. Wird die Verantwortung der Repräsentanten aber aus ihrer Existenz heraus begründet, so geht damit ein Verantwortungsdefizit der Bürger einher.

---

599 Kersting (Platons Staat, 1999), S. 204.
600 Platon (Staat, 375 v. Chr.), S. 489.
601 Röhrich (Eliten, 1991), S. 9.
602 Gemeinsame Verfassungskommission (Sitzung, 1993), S. 40.

In der Reflexion plebiszitärer Demokratie stellt Hennis konsequenterweise fest, dass das Volk nicht verantwortlich im Sinne der Verantwortung vor einem ihm Äußeren handeln kann:

„In der plebiszitären, mit sich in allen Stufen identischen Demokratie gibt es keine Distanz, folglich auch keine Verantwortung, denn Verantwortung ist immer nur möglich vor einem anderen, in der politischen Welt vor dem, der in ein Amt beruft."[603]

Die Ämterverantwortung der Repräsentanten wird in ihrem Inhalt, der wesentlich durch die Rechtfertigungsinstanz des Volkes bestimmt wird, mit Verantwortung schlechthin gleichgesetzt. Dass aber die Verantwortung der Bürgerschaft die Grundlage der Ämterverantwortung bildet und vor dem Hintergrund der Volkssouveränität auch bilden muss, ist bereits dargelegt. Bei Hennis scheint das Volk keine Verantwortung zu tragen. Die Verantwortung der Amtsinhaber sollte als Auswirkung der Repräsentation und als Vertretung der Verantwortung der Repräsentierten verstanden werden. Es ergibt sich dann eine Verantwortungshierarchie, deren Grundlage die Bürgerverantwortung bildet.

Mosca geht es um die Frage, auf welche Weise sichergestellt werden kann, dass die Besten in einem Land herrschen. Er vertritt die Meinung, dass dies nur in einer Aristokratie gelingen kann, da sich die Aristokraten aus den Besten zusammensetzen. Er meint zu erkennen, dass die Demokratie nicht in der Lage ist, die Besten hervorzubringen. Deshalb ist es immer so gewesen, dass eine Elite das Land beherrscht hat. Damit das Land auch auf Dauer von den Besten regiert wird, ist es erforderlich, dass Eliten die Herrschaft innehaben. Von den Gedanken der Aristokratie haben sich die modernen demokratischen Gesellschaften gelöst; und dennoch scheint das Bestreben zu sein, das jeweilige Land von den Besten regieren zu lassen.[604] Vor diesem Hintergrund ist die Einschätzung Moscas zu sehen, dass die Demokratie nicht in der Lage ist, die Besten zutage zu fördern. Auch Hereth erkennt in seiner Reflexion des Werkes von Alexis de Tocqueville[605] in dem Anspruch der Bestenauslese durch die Wahl von Repräsentanten ein sehr „gewichtiges Dilemma demokratischer Ordnung"[606]. Nach Hereth hegt Tocqueville den Verdacht, dass die Bürger nicht immer danach streben und in der Lage sind, die jeweils Besten in öffentliche Ämter zu wählen. Dies geschieht nicht etwa aus bösem Willen oder aus „Vernachlässigung des Wohles des Landes"[607], vielmehr sind die Bürger nicht immer fähig, die richtige Entscheidung zu treffen. Dies liegt daran, dass sie sich nicht

---

603 Hennis (Amtsgedanke, 1962), S. 134.
604 Vgl. Hereth (Tocqueville, 2001), S. 102 f.
605 Vgl. Hereth (Tocqueville, 2001).
606 Hereth (Tocqueville, 2001), S. 102.
607 Hereth (Tocqueville, 2001), S. 102.

tagtäglich mit der Politik beschäftigen und daher ihre Wahl eher en passant treffen. Hereth formuliert das Dilemma folgendermaßen:

„Einerseits sollen die politischen Repräsentanten die Interessen, Wünsche und Vorstellungen der Bürger in der Politik berücksichtigen und beachten. Andererseits erfordert die sachgerechte und abgewogene Auswahl politischer Amtsträger einen hohen Grad von Kenntnissen der öffentlichen Angelegenheiten."[608]

Aus diesem Grund ist es wohl tagtägliche Realität, dass nicht die Besten, also die Elite, von den Bürgern gewählt werden. Die Praxis ist viel besser damit beschrieben, dass die Bürger ihre Repräsentanten wählen. Sobald der Begriff der politischen Elite fällt, werden damit Begriffe assoziiert wie auserwählt sein – dies entspricht der wörtlichen Übersetzung des Wortes Elite –, etwas Besseres sein oder gar Nonplusultra. In diesem Sinne steht der Begriff der Elite und sogar das Streben, die Besten durch Wahl in öffentliche Ämter zu bringen, für die Annahme der Ungleichheit der Menschen. Auch wenn wir beim Begriff der Gleichheit von der Gleichheit der Startbedingungen für Menschen ausgehen, so muss doch das Verständnis der Repräsentanten als Elite unstimmig erscheinen. Diese Unstimmigkeit rührt daher, dass es eben nicht notwendigerweise die Besten sind, die die Bürgerschaft repräsentieren.

Es sollten daher nicht länger die Begriffe politische Elite oder politische Klasse verwendet werden, sondern die Vertreter des Volkes schlicht Repräsentanten genannt werden. Dabei ist nicht das Selbstbewusstsein der Repräsentanten in Gefahr, bleiben sie doch im Rahmen ihrer Ämter voll verantwortlich, nämlich vor den Bürgern. Vielmehr geht es um das Verantwortungsbewusstsein der Bürgerschaft, dem die Grundlage entzogen wird, wenn ihr die grundsätzliche Verantwortungsfähigkeit aberkannt wird.

Das Denken in elitärer Verantwortung, also die Vorstellung, dass Amtsinhaber ihre Verantwortung nicht aus der Verantwortung der Bürgerschaft herleiten, kann letztlich sogar zu totalitären Regimen führen. Spätestens dann gibt es keinen nachvollziehbaren Grund mehr für den Wähler, sich freiwillig an einer Wahl zu beteiligen. Im Fall totalitärer Regime kommt dem Wähler nur noch die Funktion der scheinbaren Legitimation des Regimes zu, im Fall der Republik verkommen die Bürger im Sinne Schumpeters zu Mehrheitsbeschaffern, die sich zwischen unterschiedlichen Eliten entscheiden können. Die letztliche Verantwortung tragen in dieser Denkart nicht die Bürger, sondern die Eliten. Wirksamen Schutz gegen diese Sichtweise bietet nur die konsequente Umsetzung der Bürgerverantwortung. Dies könnte auch mit der Einführung plebiszitärer Elemente möglich sein.

---

608 Hereth (Tocqueville, 2001), S. 102.

4.4 Plebiszitäre Mitwirkung

Die Wahl ist das kennzeichnende Merkmal einer Republik. Durch sie wird der Akt der Repräsentation eingeleitet. Die Bundesrepublik Deutschland ist, auch im Sinne des Prinzips der Repräsentation, eine Republik. Gleichzeitig definiert Artikel 20 GG die Bundesrepublik als Demokratie: „Die Bundesrepublik Deutschland ist ein demokratischer und sozialer Bundesstaat."

Zwischen den Begriffen Republik und Demokratie besteht ein Spannungsverhältnis. Für die Republik wird mit dem Begriff des Amtes argumentiert, dass erst durch die Rechenschaft gegenüber dem Wähler politische Verantwortung möglich wird und in der Folge direkte Demokratie verantwortungslos wäre, weil es dem Bürger an einer Rechtfertigungsinstanz mangelt.[609] „Denn wer soll wem gegenüber Verantwortung übernehmen, wenn Regierende und Regierte in ihrer Willensbekundung stets identisch sind?"[610] Dieser auf dem Ämtergedanken fußende Gedanke führt dazu, dass der Amtsinhaber jeglicher Verantwortung entledigt wäre, wenn er sein Tun darauf beschränkte, die Entscheidungen des Volkes umzusetzen.

„Wer hingegen vor einer Wahl auf die absurde Idee käme, der Wählerschaft zu suggerieren, er könne und würde in all seinem öffentlichen Handeln den Willen der Wähler ausführen, entledigte sich damit jeglicher Verantwortung für sein Tun (...)".[611]

Die Fortführung dieses Gedankens führt zu der Einschätzung, dass „der Begriff der politischen Verantwortung durch die Vorstellung eines letztlich unverantwortlichen Volkes destruiert"[612] wird und deshalb der Verantwortung der Amtsträger der Vorrang einzuräumen ist.

Indem aber die politische Verantwortung der Amtsinhaber in den Mittelpunkt der Betrachtung, ja sogar als primum bonum der politischen Verantwortung, gestellt wird, kann die Verantwortung der Bürgerschaft nicht gesehen werden. Die Konzentration auf die Verantwortung der Amtsträger hat Auswirkungen auf die Wahl.

Die Verfechter des Prinzips der Repräsentation bleiben die Antwort auf die Frage schuldig, welchen qualitativen Unterschied es macht, ob das als verantwortungslos bezeichnete Volk[613] Politiker in Ämter wählt, die dann Entscheidungen treffen, oder ob die Bürger selbst diese Entscheidungen treffen. Denn

---

609 Vgl. Hennis (Amtsgedanke, 1962), S. 134.
610 Breier (Leitbilder, 2003), S. 42.
611 Breier (Leitbilder, 2003), S. 46.
612 Maluschke (Sittlichkeit, 1988), S. 221.
613 Vgl. Maluschke (Sittlichkeit, 1988), S. 221.

wenn die Bürgerschaft verantwortungslos ist, so gilt dies sowohl hinsichtlich direkter Entscheidungen durch das Volk als auch hinsichtlich der Wahl von Repräsentanten. Eine Entkoppelung der Instrumente Wahl und Volksentscheid ist mit dieser Argumentation der Anhänger des Prinzips der Repräsentation m. E. nicht nachvollziehbar.

Wenn hingegen die Bürgerschaft in der Wahl verantwortlich handeln und ihre Repräsentanten bestimmen soll, kann es m. E. keinen Grund geben, warum das Volk diese Verantwortung ausschließlich bezogen auf Wahlen haben soll. Die Kompetenz, ihre Repräsentanten zu wählen, wird der Bürgerschaft in der Regel von den Verfechtern der Repräsentation zugestanden. In Bearbeitung des Werkes von Tocqueville weist Hereth darauf hin, dass die Bürger über eine hohe Kenntnis der öffentlichen Belange verfügen müssen, um die richtige Wahl zu treffen.[614] Hereth kommt zu folgendem Schluss: „Besäßen die Bürger diese Kenntnisse, wäre die Wahl von Repräsentanten eigentlich unnötig."[615] Da die Bürgerschaft über diese Kenntnisse aber nicht verfügt, kann es bei der Wahl von Repräsentanten folglich nur um die „Auswahl der Besten"[616] gehen.

„Woher und wie sollen aber die weniger klugen, weniger kenntnisreichen und weniger interessierten Wähler die Maßstäbe haben, um die Klügeren und Kenntnisreicheren als ihre Vertreter auswählen zu können?"[617] Aus diesem Dilemma gibt es zwei Auswege. Auf der einen Seite kann argumentiert werden, dass es die politische Elite ist, die sich auswählen lässt.[618] Folglich liegt bei ihr auch die alleinige Verantwortung, und die Wahl stellt nur das formale Bestellungsinstrumentarium dar. Eine echte Verantwortung kommt den Bürgern nicht zu.

Auf der anderen Seite kann mit einem Doppelbegriff der Verantwortung argumentiert werden. Dieser beinhaltet die politische Verantwortung der Amtsinhaber, die im Rahmen ihrer Kompetenzen die volle Verantwortung für ihr Handeln tragen, sowie die Verantwortung der Bürgerschaft, die aus der Idee der Fähigkeit der Menschheit, sich selbst zu regieren,[619] ebenfalls eine Verantwortung hat. Die Verantwortung der Bürgerschaft findet ihren Ausdruck im Prinzip der Volkssouveränität und ist demnach zunächst allumfassend und erfährt ihre Beschränkungen nur aufgrund der faktischen Unmöglichkeit ihrer täglichen Ausübung in Massengesellschaften.[620] Erst das Bekenntnis, dass die umfassende

---

614 Vgl. Hereth (Tocqueville, 2001), S. 102.
615 Hereth (Tocqueville, 2001), S. 102.
616 Hereth (Tocqueville, 2001), S. 102.
617 Hereth (Tocqueville, 2001), S. 102 f.
618 Vgl. Schumpeter (Demokratie, 1950), S. 449, Mosca (Teorica, 1925), S. 250.
619 Vgl. Hamilton, Madison, Jay (Federalist, 1788), 76. Artikel, S. 459.
620 Vgl. Landshut (Repräsentation, 1964), S. 422.

Verantwortung in der Bürgerschaft liegt, macht den Weg frei für die Ausbildung echten Bürgersinns.

Gerade der Liberalismus, der das Repräsentative dem Plebiszitären vorzieht, kann eine Gefahr für die Demokratie darstellen: „Repräsentation zerstört Partizipation und Bürgerschaft."[621] Barber verkennt nicht die Eroberungen[622] des Liberalismus, übt jedoch substanzielle Kritik: „Die liberale Demokratie geht von Prämissen über die menschliche Natur, das Wissen und die Politik aus, die zwar aufrichtig liberal, ihrem Wesen nach aber nicht demokratisch sind."[623]

Der Liberalismus kennt „ausschließlich persönliche und private Zwecke"[624], was dazu führt, dass sich auf seinem Fundament keine „haltbare Theorie der Bürgerschaft, der Partizipation, des Gemeinwohls oder der staatstragenden Tugend errichten lässt."[625] Somit fördert der Liberalismus eine der Gemeinschaft abgewandte Haltung, die „das politische Gemeinwesen eher für ein Werkzeug denn für einen Wert an sich"[626] halte. In der apolitischen liberalen Gesellschaft gilt: „In ihr wäre kein Raum für die Übernahme einer auf den Staat gerichteten Verantwortung."[627] Diese Einstellung fördert soziales Verhalten nur, solange es der Verwirklichung der eigenen Interessen dient. Sobald eigene Interessen gefährdet sind, tritt Rücksichtslosigkeit an dessen Stelle.

Barber entfaltet seine Kritik am die Repräsentation favorisierenden Liberalismus anhand von drei Dispositionen, die dem Liberalismus eigen sind: Die liberale Demokratie ist anarchistisch[628], realistisch[629] und minimalistisch.[630]

Die anarchistische Disposition der liberalen Demokratie erkennt Barber in ihrer wesentlichen Eigenschaft, dass jeder Mensch losgelöst von allen anderen Menschen nur seine eigenen Zwecke verfolgt. Dabei reflektiert er auf Hobbes' Naturzustand, in dem jeder ein Recht auf alles hat und der Stärkere gewinnt. Erst die vernunftmäßige Erkenntnis, dass nur eine Staatsgewalt auf Dauer den Frieden garantieren kann, zwingt den an sich anarchistischen Menschen unter das Joch der öffentlichen Gewalt. Daher verwundert es nicht, dass ein

---

621 Barber (Demokratie, 1994), S. 13.
622 Vgl. Barber (Demokratie, 1994), S. 31: „Die liberale Demokratie gehört zu den robustesten politischen Systemen in der neuzeitlichen Geschichte des Abendlandes."
623 Barber (Demokratie, 1994), S. 33.
624 Barber (Demokratie, 1994), S. 32.
625 Barber (Demokratie, 1994), S. 32.
626 Barber (Demokratie, 1994), S. 37.
627 Berka (Bürgerverantwortung, 1995), S. 61.
628 Vgl. Barber (Demokratie, 1994), S. 35 ff.
629 Vgl. Barber (Demokratie, 1994), S. 43 ff.
630 Vgl. Barber (Demokratie, 1994), S. 49 ff.

wesentliches Ziel des Liberalismus ist, „Macht und Gemeinschaft einzudämmen und danach zu beurteilen, inwiefern sie Freiheit und private Interessen beeinträchtigen."[631] Der Gemeinschaft bringt der Liberale eher Misstrauen entgegen und verneint die Eigenschaft des Menschen als politisches Wesen. In die Rolle des Staatsbürgers schlüpft der Mensch nicht aus seinem inneren Bedürfnis nach Gemeinschaft hinein, sondern vielmehr aus Klugheit, „um sein einsames Menschsein zu schützen."[632] Dies suggeriert, dass „alle menschlichen Verbindungen freiwillig eingegangen werden."[633] Doch hat schon Rousseau bemerkt, dass der Mensch überall „in Banden"[634] ist. Damit drückt er aus, dass sich jeder Mensch auch in unfreiwilligen Beziehungen befindet, ihm „bleibt gar nichts anderes übrig, als die gegebenen sozialen Verhältnisse anzunehmen."[635] Die liberalen Theorien hingegen zeichnen ein Bild vom Menschen, das dem traditionellen Selbstverständnis gegenübersteht. „Galt der vereinzelte Mensch vormals als ausgeschlossenes Wesen, so ist er nun zum Ethos stilisiert."[636] Jede Form der politischen Beziehungen gilt nach liberalem Verständnis als Einschränkung der persönlichen Freiheit. So bleiben jede Gemeinschaft und Regierung ein Übel, weshalb Barber die anarchistische Disposition der liberalen Demokratie auch im Kern als „politikfeindlich"[637] bezeichnet.

Die realistische Disposition der liberalen Demokratie erkennt Barber als „Ausweitung anarchistischer Prämissen auf den Bereich des Politischen"[638]. Während die anarchistische Disposition Macht grundsätzlich ablehnt, sieht die realistische Disposition in der „Politik die Kunst des Machtgebrauchs"[639]. Der Mensch muss aufgrund der anarchistischen Disposition des Liberalismus gewissermaßen zu seinem Glück gezwungen werden. Die Menschen, die sich ihrem Wesen nach das Leben gegenseitig schwer machen, müssen „in Gesetze eingepfercht, durch Strafen angetrieben, durch Drohungen abgeschreckt, durch Regeln beherrschbar und durch Belohnungen gefügig"[640] gemacht werden. Barber verdeutlicht auf diese Weise, dass der Liberalismus dem Grunde nach ein menschenfeindliches Konzept darstellt. In ein Gemeinwesen hineingepresst zu werden, kann jedenfalls kaum den Raum für Verantwortungsgefühl und Bürgersinn wecken.

---

631 Barber (Demokratie, 1994), S. 37.
632 Barber (Demokratie, 1994), S. 39.
633 Gantschow (Barber, 2005), S. 35.
634 Rousseau (Gesellschaftsvertrag, 1790), S. 25.
635 Gantschow (Barber, 2005), S. 36.
636 Gantschow (Barber, 2005), S. 38.
637 Barber (Demokratie, 1994), S. 35.
638 Barber (Demokratie, 1994), S. 43.
639 Barber (Demokratie, 1994), S. 43.
640 Barber (Demokratie, 1994), S. 47.

Der Liberalismus steckt Barber zufolge in einer Zwickmühle: dem Streit zwischen Freiheit und Macht. „Da ein jedes durch das Fehlen des anderen definiert ist, lassen sie sich nicht entflechten."[641] Die anarchistische Disposition des Liberalismus fordert vollständige Freiheit und die realistische Disposition fordert vollständige Kontrolle und Machtausübung. Aus dieser Zwickmühle soll die minimalistische Disposition heraushelfen, die fragt, „wie die souveräne Macht des Realisten und die vorgegebene Gier des Menschen nach Herrschaft so in den Griff zu bekommen ist, dass die Anarchie nicht als einziger Zufluchtsort erscheint."[642]

So drängt der Minimalismus zu Mäßigung und Zurückhaltung. Er versucht, möglichst jede Übertragung von Macht zu begrenzen und jeden Eingriff in die Privatsphäre einzudämmen. Im Minimalismus kommt die Skepsis des Liberalismus sowohl gegenüber den Menschen als auch gegenüber dem Staat zum Ausdruck. So werden Konflikte zwischen Bürger und Staat ebenso toleriert wie zwischen Bürger und Bürger. Der Liberalismus steht den vorhandenen Konflikten resignierend gegenüber, ohne diese Konflikte „in Kooperation zu verwandeln."[643]

Als Klammer um die drei Dispositionen sieht Barber den liberalen Staat als „Politik als Raubtierhaltung"[644], da er die Menschen manipuliert, „indem er sie zunächst mit Angst und Schrecken erfüllt und sie dann, als Gegenleistung für ihr sozial akzeptables Verhalten, vor Erpressung schützt."[645] Die Demokratie wird auf diese Weise sinnentleert und verkommt zu einer äußerst schwachen Demokratie, von Barber magere Demokratie genannt. „Mit diesem Vokabular ist kein gemeinsames für und über die öffentliche Sache möglich."[646] Die magere Demokratie fördert auch die „zynische Einstellung zu Wahlen"[647], der Barber seine Theorie der starken Demokratie gegenüberstellt.

Den Ausgangspunkt bildet hierbei Barbers Bild vom Menschen als sozialem Wesen. Hieraus leitet er sein Bild des Bürgers ab: „Bürger zu sein heißt, auf eine bestimmte, bewusste Weise an etwas teilzunehmen, auf eine Weise, die voraussetzt, dass man andere wahrnimmt und mit ihnen handelt."[648] Das Bürgersein vollzieht sich in gemeinsamem Sprechen und Handeln, wobei mit Sprechen nicht nur die Fähigkeit gemeint ist, „seinem Innersten Ausdruck zu verlei-

---

641 Barber (Demokratie, 1994), S. 48.
642 Barber (Demokratie, 1994), S. 49.
643 Barber (Demokratie, 1994), S. 55.
644 Barber (Demokratie, 1994), S. 56.
645 Barber (Demokratie, 1994), S. 60.
646 Gantschow (Barber, 2005), S. 41.
647 Barber (Demokratie, 1994), S. 13.
648 Barber (Demokratie, 1994), S. 152.

hen"[649], sondern auch die Fähigkeit umfasst, seinen Mitbürgern zuzuhören. Damit erschöpft sich die Eigenschaft als Bürger nicht in „eine(r) Menge von Anrechten"[650]. Vielmehr erhebt Barber qualitative Ansprüche. „Nur insofern die Bürger über politische Qualitäten verfügen, kann eine politische Ordnung auf Dauer bestehen."[651] Diese Qualitäten umfassen im Wesentlichen das gemeinsame Sprechen und Handeln. Beides wird von der liberalen Sichtweise nicht gefördert. Vielmehr fördert sie den Rückzug der Bürger in ihre Privatsphäre und den Vormarsch von politischen Führungsschichten. Auf die bürgerlichen Qualitäten kommt es dann nicht an. Vielmehr scheint es den Regierenden recht zu sein, wenn sie von den Bürgern beim Regieren nicht gestört werden. Auf diese Weise wird der Bürger auf einen Wähler reduziert. „Das einseitige Vertrauen auf das Repräsentativsystem hat die Bürger größtenteils entmündigt und zu passiven Klienten von Parteimanagern gemacht (...)."[652] Den Bürgern wird so der Boden für das Tragen von politischer Verantwortung entzogen.

Barbers Starke Demokratie hingegen setzt auf die Versammlung von Bürgern, bei denen öffentliche Angelegenheiten diskutiert werden. Diese Nachbarschaftsversammlungen, in denen sich jeweils 5000 bis 25.000 Bürger versammeln sollen, sind für Barber der „Grundbaustein demokratischer Gesellschaften"[653]. Auf diese Weise werden nicht nur öffentliche Angelegenheiten diskutiert, ebenso wird auch der Gemeinsinn kultiviert. Außerdem gehört das „Wahrnehmen von Kontrollfunktionen"[654] in den Aufgabenbereich dieser Treffen.

Als Ergänzung der repräsentativen Demokratie fordert Barber schließlich die Einführung plebiszitärer Elemente.

„In der hier vorgesehenen Form hat das Verfahren einige besondere Merkmale, unter anderem einen Stimmzettel mit mehreren Optionen (Multiple-Choice-Format) und einen integrierten Sicherungsmechanismus gegen den Wankelmut der Öffentlichkeit in Form einer vorgeschriebenen zweiten ‚Lesung'."[655]

Ihm geht es dabei weniger um die tatsächliche Entscheidung der Bürger als vielmehr um den bürgerbildenden Effekt, den er sich von Plebisziten verspricht. Barber geht davon aus, dass sich die Bürger vor ihrer Entscheidung mit der zur

---

649 Gantschow (Barber, 2005), S. 61.
650 Dahrendorf (Konflikt, 1994), S. 55.
651 Gantschow (Barber, 2005), S. 61.
652 Gantschow (Barber, 2005), S. 63.
653 Barber (Demokratie, 1994), S. 241.
654 Gantschow (Barber, 2005), S. 85.
655 Barber (Demokratie, 1994), S. 261.

Abstimmung stehenden Frage auseinandersetzen. Deshalb soll eine „ausgedehnte öffentliche Debatte"[656] den Abstimmungen vorausgehen.

Mit der Einführung plebiszitärer Elemente und den Nachbarschaftsversammlungen sind nach Barber die Grundlagen gelegt, dass sich echte Bürgerverantwortung entfalten kann. Die Folge davon wäre, dass sich die Bürger nicht länger von „der Politik" abwenden würden. Damit würde auch die Beteiligung an Wahlen wieder steigen. Die öffentliche Sache würde wieder mehr in den Fokus der Bürger rücken und die von Rousseau befürchtete Gefahr wäre gebannt: „Sobald der Staatsdienst aufhört, die Hauptangelegenheit der Bürger zu sein, und sie ihm lieber mit ihrem Gelde als mit ihrer Person dienen, ist der Staat schon seinem Untergang nahe."[657]

In der politischen Realität der Bundesrepublik Deutschland sind keine Ansätze zu erkennen, dass von den Repräsentanten Themen in die Bevölkerung hineingetragen werden, um sie dort auf der Sachebene zu diskutieren oder zu einer Entscheidung zu bringen. Auf Bundesebene existiert faktisch keine Möglichkeit direkter Demokratie. Hans-Jochen Vogel stellt fest: „Wir haben einen wunderbaren Satz in unserer Verfassung und der lautet: ‚Alle Staatsgewalt geht vom Volke aus.' Ich muss leider denen Recht geben, die manchmal sagen: ‚Und nie mehr kehrt sie wieder dorthin zurück.'"[658]

Artikel 20 II GG formuliert zur Ausübung der Staatsgewalt weiter: „Sie wird vom Volke in Wahlen und Abstimmungen (…) ausgeübt." Damit scheinen plebiszitäre Elemente wie Volksbegehren, Volksbefragung, Volksinitiative und Volksentscheid gleichberechtigt neben den Wahlen zu stehen.

Dass bei der Gründung der Bundesrepublik Deutschland auf die Einführung von Elementen direkter Demokratie verzichtet wurde, wird mit ihrem Beitrag zum Scheitern der Weimarer Republik erklärt. „Der Parlamentarische Rat hat gerade mit seinem strikten Bekenntnis zur parlamentarisch-repräsentativen Demokratie die entscheidenden Konsequenzen aus dem Scheitern der Weimarer Demokratie gezogen."[659]

Die Möglichkeiten direkter Demokratie in der Weimarer Reichsverfassung waren vielfältig. So war die Weimarer Reichsverfassung (WRV) bemüht, „das

---

656 Gantschow (Barber, 2005), S. 87.
657 Rousseau (Gesellschaftsvertrag, 1790), S. 165.
658 Gemeinsame Verfassungskommission (Sitzung, 1993), S. 41.
659 Gemeinsame Verfassungskommission (Bericht, 1993), S. 85.

Volk als reale politische Kraft zu etablieren."[660] Artikel 1 WRV bestimmt, dass die Staatsgewalt vom Volke ausgeht.[661]

Artikel 18 WRV befasst sich mit Gebietsänderungen und legt in den Sätzen 1 und 5 ff. die Beteiligung des Volkes fest.[662] Artikel 22 WRV regelt die Wahlen zum Reichstag und bestimmt, dass die Verhältniswahl durchzuführen ist.[663] Artikel 41 WRV bestimmt die direkte Wahl des Reichspräsidenten.[664] Im Zusammenhang mit dem Reichspräsidenten regelt Artikel 43 WRV seine mögliche Absetzung des Reichspräsidenten durch Volksentscheid nach Beschluss des Reichstages.[665] Artikel 73 WRV enthält umfangreiche plebiszitäre Elemente, die durch unterschiedliche Impulse ausgelöst werden können. So kann ein Volksentscheid über ein vom Reichstag beschlossenes Gesetz herbeigeführt werden, wenn der Reichspräsident es bestimmt. Daneben ist die Möglichkeit hervorzuheben, dass ein Zehntel der Wahlberechtigten einen Volksentscheid durch ein Volksbegehren herbeiführen kann.[666] Artikel 74 WRV regelt das Verfahren bei Uneinigkeit zwischen Reichstag und Reichsrat, bei dem dem Volk die entscheidende Rolle zufallen kann.[667] Artikel 75 WRV macht die Einschränkung, dass sich die Mehrheit der Wahlberechtigten an einem Volksentscheid beteiligen muss, um einen Beschluss des Reichstages außer Kraft zu setzen.[668] Eine Verfassungsänderung kann nach Artikel 76 WRV im Wege der Gesetzgebung durchgeführt werden. Allerdings ist dann eine Zweidrittelmehrheit der Stimmen bei Anwesenheit von ebenfalls zwei Dritteln der Mitglieder des Reichstages erforderlich. Für eine Verfassungsänderung durch Volksentscheid sind die Mehrheit der Stimmen und eine Wahlbeteiligung von über 50 % erforderlich.[669]

Die WRV bot der Bürgerschaft umfangreiche Möglichkeiten, an politischen Entscheidungen teilzuhaben. Diese sind mit erheblichen Hürden insbesondere durch Quoren versehen. So erfordert ein Volksbegehren zu einem Volksentscheid nach Artikel 73 WRV[670] die Unterstützung eines Zehntels der Wahlberechtigten. In den Quoren kann auch ein Grund dafür gesehen werden, dass die direktdemokratischen Elemente in den 14 Jahren der Weimarer Republik so selten ge-

---

660 Fenske (Verfassungsgeschichte, 1981), S. 47.
661 S. Anhang 2.
662 S. Anhang 2.
663 S. Anhang 2.
664 S. Anhang 2.
665 S. Anhang 2.
666 S. Anhang 2.
667 S. Anhang 2.
668 S. Anhang 2.
669 Siehe Anhang 2.
670 Siehe Anhang 2.

nutzt wurden. Von den acht Volksbegehren führten zwei zu Volksentscheiden, die ihrerseits beide keinen Erfolg hatten. Die Weimarer Republik ist „keinesfalls an Volksentscheiden gescheitert, was schon die historische Tatsache belege, dass keiner der beiden reichsweiten Volksentscheide Erfolg gehabt habe."[671]

„Über Jahrzehnte stand jedem Gedanken an eine plebiszitäre Erweiterung des Grundgesetzes die ganz herrschende Überzeugung entgegen, der Parlamentarische Rat habe aus den ‚bitteren Erfahrungen von Weimar' die staatsmännische Einsicht gewonnen, dass nur eine streng repräsentative Verfassungsordnung Stabilität und Rationalität gewährleiste. Diese Auffassung kann heute getrost dem Reich der Legenden zugerechnet werden. Was den Nationalsozialismus möglich machte, waren nicht die (sach-) plebiszitären Elemente im Weimarer Verfassungssystem, sondern die wirtschaftlichen und politischen Belastungen, unter denen die erste deutsche Republik antreten musste."[672]

Ähnlich argumentiert Geis, da man nicht behaupten kann, „die Weimarer Republik sei an den Plebisziten zugrunde gegangen."[673]

Deutlich wird anhand der vielfältigen Möglichkeiten zur aktiven Bürgerschaft in der Weimarer Republik und anhand der acht Volksbegehren, dass durch die Weimarer Verfassung die Partizipation gefördert wird.

Nach dem Ende des Zweiten Weltkrieges beschäftigt sich der Parlamentarische Rat mit Fragen direkter Demokratie im Grundgesetz. Dabei entscheidet er sich gegen die Annahme des Grundgesetzes durch eine Volksabstimmung und für die Ratifizierung durch die Landtage. Gleiches gilt für seine Entscheidung gegen das Verfassungsreferendum.

Der Entscheidungsprozess bezüglich des Gründungsplebiszits verläuft im Parlamentarischen Rat undurchsichtig. Nach der anfänglichen Diskussion pro Gründungsplebiszit[674] wurde am 10.02.1949 die Beschlussfassung im Hauptausschuss[675] ausgesetzt. Erst drei Monate später, am 02.05.1949, legt der Allgemeine Redaktionsausschuss eine Beschlussvorlage vor, die die Annahme durch die Landtage vorsah. Wie dieser Meinungsumschwung zustande kommt, ist unklar.

„Der Umschwung, der hier zu konstatieren ist, vollzog sich bemerkenswert intransparent: eine Vorlage ohne Begründung, die ‚Beratung' im Hauptausschuss ohne Aussprache, Debatten im Plenum, bei denen sich die Mehrheit nicht zu Wort meldete – also die um eine Korrektur des

---

671 Gemeinsame Verfassungskommission (Bericht, 1993), S. 84.
672 Gemeinsame Verfassungskommission (Anhörung, 1992), S. 73.
673 Gemeinsame Verfassungskommission (Sitzung, 1993), S. 35.
674 Die CDU/CSU-Fraktion hatte sich am 20.01.1949 für das Gründungsplebiszit ausgesprochen, ebenso die FDP.
675 Vgl. Parlamentarischer Rat (Verhandlungen 1949), S. 682.

eingeschlagenen Kurses sich mühenden Antragsteller ins Leere laufen ließ – bzw. ihr Sprecher gerade fünf Sätze aufwandte. Offenkundig kann auf dieses veröffentlichte Material (...) keine tragfähige Aussage gestützt werden."[676]

Im Gegensatz zum Gründungsplebiszit wird das Verfassungsreferendum vom Parlamentarischen Rat nicht verfolgt, obwohl es anfänglich von den Alliierten gefordert wird.

„Das Prinzip des obligatorischen Verfassungsreferendums, der Grundsatz der einfachen Mehrheit der abgegebenen gültigen Stimmen und das Erfordernis einer zustimmenden Zweidrittelmehrheit der Länder waren von alliierter Seite festgelegt."[677]

Endgültig gestrichen wird das Verfassungsreferendum vom sogenannten Fünferausschuss[678] am 25.01.1949. Jung stellt dazu fest: „Die Gründe dieser Entscheidung sind nicht bekannt."[679]

Die Vermutungen über die Beweggründe des Parlamentarischen Rates gegen Gründungsplebiszit und Verfassungsreferendum lassen sich in drei Punkten zusammenfassen: „Leitmotiv der Streichung auch dieses Elements direkter Demokratie war, wie nun schon geläufig, die Strategie der Abschottung gegenüber dem kommunistischen Generalgegner."[680] Zweitens hat dem deutschen Volk die „politische Reife"[681] gefehlt. Und drittens stellen plebiszitäre Möglichkeiten nach Heuss generell nur eine „Prämie für jeden Demagogen"[682] dar.

Die bisherige Forschung im Hinblick auf die Frage nach der Zulässigkeit von Plebisziten in der Bundesrepublik Deutschland konzentriert sich auf den juristischen Bereich. Hier besteht fast einhellig die Auffassung, dass Elemente direkter Demokratie mit Ausnahme des Artikels 29, der die Neugliederung des Bundesgebietes regelt,[683] unzulässig sind. So stellt Schapp fest, dass Plebiszite „jedoch die Ausnahme (sind) und (...) über den Fall des Artikel 29 GG hinaus nur durch eine Verfassungsänderung eingeführt werden (können)".[684] Hier wird m. E. bereits ein grundsätzlicher Fehler begangen, indem die grammatikalische

---

676 Jung (Volksentscheid, 1994), S. 254.
677 Jung (Volksentscheid, 1994), S. 273 f.
678 Mitglieder des Fünferausschusses waren: von Brentano (CDU), Höpker-Aschoff (FDP), Th. Kaufmann (CDU), Menzel (SPD), C. Schmid (SPD).
679 Jung (Volksentscheid, 1994), S. 278.
680 Jung (Volksentscheid, 1994), S. 281.
681 Herzog (Artikel 20, 1994), S. 47.
682 Parlamentarischer Rat (Verhandlungen 1949), S. 43.
683 Hin und wieder wird auch der Artikel 28 I 3 GG in diesem Zusammenhang genannt, so bei Schapp (Artikel 20, 1985) S. 828.
684 Schapp (Artikel 20, 1985), S. 828.

Auslegung des Artikel 20 II Satz 2 GG völlig außer Acht gelassen wird und stattdessen die historische und systematische Auslegung in den Vordergrund gedrängt werden.

Der Parlamentarische Rat traut „dem deutschen Volk nach den Erfahrungen von 1933 bis 1945 die politische Reife"[685] nicht zu. Herzog erkennt aber an, dass die „Staatsgewalt jedenfalls dann ‚vom Volke aus'(-geht), wenn das Volk eine anstehende Frage selbst (d. h. durch Volksentscheid) entscheidet."[686] Weiter führt Herzog „praktische Schwierigkeiten" im Zeitalter der „Massendemokratie"[687] als Entscheidungsgrund des Parlamentarischen Rates gegen plebiszitäre Elemente an, ebenso das „zunehmende Komplizierterwerden" der politischen Fragestellungen, das den „intellektuellen Rahmen"[688] der Bürger sprengt. Mit diesen Argumenten ist die Entscheidung für die repräsentative Demokratie gefallen. Gleichzeitig konstatiert Herzog, dass im Artikel 20 GG „die unmittelbare und die mittelbare Demokratie seinem Wortlaut nach gleichberechtigt"[689] nebeneinander stehen. Offensichtlich klaffen der Wortlaut des Grundgesetzes und der Wille der Verfassungsväter nach Herzog auseinander.

Eine andere Auffassung vertritt Stein im alternativen Grundgesetz-Kommentar. Er stellt heraus, dass die Auffassung, dass Volksentscheide und Volksbefragungen außer im Falle des Artikel 29 GG unzulässig sind, „mit den demokratischen Prinzipien nicht vereinbar"[690] ist. Das Grundgesetz hat sich „zwar grundsätzlich für die repräsentative Demokratie entschieden."[691] Ein ausdrückliches Verbot plebiszitärer Elemente lässt sich aber aus dem Grundgesetz nicht herauslesen. „Auch ein stillschweigendes Verbot dieses Inhaltes lässt sich nicht aus dem Grundgesetz herleiten."[692]

Neben der Frage der grundsätzlichen Zulässigkeit plebiszitärer Elemente wird die Ergänzung des Grundgesetzes diskutiert. Schuster führt die „Ergänzung der repräsentativen durch eine plebiszitäre Komponente im demokratischen Prozess"[693] im Hinblick auf die diskutierte Verfassungsreform Anfang der 70er

---

685 Herzog (Artikel 20, 1994), S. 47.
686 Herzog (Artikel 20, 1994), S. 46.
687 Herzog (Artikel 20, 1994), S. 47.
688 Herzog (Artikel 20, 1994), S. 47.
689 Herzog (Artikel 20, 1994), S. 47.
690 Stein (Artikel 20, 1984), S. 1328.
691 Stein (Artikel 20, 1984), S. 1328.
692 Stein (Artikel 20, 1984), S. 1328.
693 Schuster (Grundgesetz, 1971), S. 129, nennt folgende andere Problemkreise: „1. die Aussagen über den rechtlichen Status der Bundesrepublik Deutschland; 2. das Verhältnis von freiheitlichen Grundrechten und sozialstaatlichen Garantien; 3. die Einbeziehung des gesellschaftlichen Bereiches in die Verfassung; 4. die föderalistische Struktur

Jahre an. Bei seiner Erläuterung dieses Themas vertritt er die Ansicht, dass es sinnvoll sein kann, „für bestimmte Ausnahmesituationen (den) Appell an das Volk"[694] wieder möglich zu machen.

Nach dem Beitritt der Deutschen Demokratischen Republik zur Bundesrepublik Deutschland wird die Gemeinsame Verfassungskommission aus Bundestag und Bundesrat beauftragt, mögliche Verfassungsänderungen aus Anlass der deutschen Einheit zu erarbeiten.

Bezüglich Volksinitiative, Volksbegehren und Volksentscheid formuliert die Gemeinsame Verfassungskommission in ihrem Abschlussbericht: „Die Gemeinsame Verfassungskommission gibt keine Empfehlung zur Einführung von Volksinitiative, Volksbegehren und Volksentscheid oder von anderen Formen unmittelbarer Demokratie ins Grundgesetz ab."[695]

Die Gemeinsame Verfassungskommission, die ausschließlich aus Amtsträgern besteht, argumentiert entsprechend der Auffassung der politischen Verantwortung von Amtsträgern.[696]

„Entscheidungsfähigkeit und Verantwortungsbereitschaft des Parlaments können auch dadurch beeinträchtigt werden, dass in schwierigen, politisch sensiblen Fragen Plebiszite dem parlamentarischen Entscheidungsträger die Flucht aus der Verantwortung ermöglichten."[697]

Weiter wird argumentiert, dass Plebiszite abzulehnen sind, weil sie „Kompromisssuche und Kompromissfindung"[698] unmöglich machen. Es wird bezweifelt, dass es einen Fortschritt bedeutet, plebiszitäre Elemente einzuführen, weil sich damit der Verbandseinfluss vergrößert.[699]

Als wohl zentrales Argument kann angesehen werden, dass dem Volk immer noch nicht die politische Reife zugesprochen werden kann, um politische

---

des Gemeinwesens; 5. s. o.; 6. die Krise des parlamentarischen Systems; 7. das Geflecht der Institutionen."
694 Schuster (Grundgesetz, 1971), S. 129.
695 Gemeinsame Verfassungskommission (Bericht, 1993), S. 83.
696 Vgl. Hennis (Amtsgedanke, 1962).
697 Gemeinsame Verfassungskommission (Bericht, 1993), S. 85.
698 Gemeinsame Verfassungskommission (Bericht, 1993), S. 85.
699 Gemeinsame Verfassungskommission (Sitzung, 1993), S. 37: „Ich frage mich, und ich frage die Antragsteller, ob sie darin einen Fortschritt in Richtung Bürgerbeteiligung erkennen können, wenn die Bürger, die eine Initiative starten wollen, diese gar nicht selbst vorantreiben können, sondern sich dazu mit allen anderen möglichen Gruppen verbünden müssen, damit sie das vorgeschriebene Quorum erreichen. (...) Alles Organisationen, die ihrerseits überhaupt keine demokratische Legitimation haben."

Entscheidungen zu treffen. Dies vermutet auch Elmer: „Die Gegenargumente, die auch heute noch einmal vorgetragen wurden, laufen darauf hinaus, dass man die politische Reife der Bevölkerung bezweifelt."[700] Sehr deutlich wird diese Haltung in der Äußerung des Abgeordneten von Schönburg-Glachau: „Das ist doch enttäuschend. Wir können doch Personen mit solchen Meinungen nicht politisch mitgestalten lassen."[701]

Angeführt wird weiterhin, dass Plebiszite die Schwächung föderaler Strukturen nach sich. Daran ändert auch die mögliche Einführung eines sogenannten Länderquorums nichts. Dem Bundesrat als selbstständige Einheit wäre die Möglichkeit der Mitgestaltung genommen.[702]

Als Gründe für die Einführung plebiszitärer Elemente wird im Rahmen der Arbeit der Gemeinsamen Verfassungskommission angeführt, dass die Zeit reif für die stärkere Beteiligung der Bürger am politischen Entscheidungsprozess ist.

„Die Befürworter (...) begründeten ihre Vorschläge damit, dass die Zeit gekommen sei, den Bürgerinnen und Bürgern über die Teilnahme an Wahlen hinaus weitere Möglichkeiten unmittelbarer Einflussnahme auf die politische Willensbildung und staatliche Entscheidungen einzuräumen. Viele Bürgerbewegungen und -initiativen auf kommunaler wie auf Landes- und Bundesebene zeigten den Willen der Bevölkerung, sich aktiv für das Gemeinwesen einzusetzen und an seiner Ausgestaltung mitzuwirken." [703]

Die sinkende Wahlbeteiligung und die Politikverdrossenheit fordern Reaktionen. Auch die Hinwendung zu radikalen Parteien müssen als Hinweise verstanden werden, dass immer mehr Bürger sich von den etablierten Parteien und ihren Vertretern nicht mehr ausreichend repräsentiert fühlen. Deshalb müssen der Bürgerschaft erweiterte Handlungsmöglichkeiten eröffnet werden.[704]

Denn, so argumentiert der Abgeordnete Elmer:

„Die Politikverdrossenheit ist eben nicht nur ein Zeitphänomen, sondern durch die Struktur unserer Demokratie bedingt, solange wir nicht die Tür zu mehr ernsthafter Mitbeteiligung für alle öffnen. Was ist das für ein unmöglicher Strand, an dem das Schild steht: ‚Baden verboten, Öffnung alle vier Jahre für einen Tag!' Natürlich wäre es für uns ein kleiner Machtverlust, wenn andere ernsthaft mitentscheiden könnten."[705]

---

700 Gemeinsame Verfassungskommission (Sitzung, 1993), S. 39.
701 Gemeinsame Verfassungskommission (Sitzung, 1993), S. 40.
702 Vgl. Gemeinsame Verfassungskommission (Bericht, 1993), S. 85.
703 Gemeinsame Verfassungskommission (Bericht, 1993), S. 84.
704 Gemeinsame Verfassungskommission (Bericht, 1993), S. 84.
705 Gemeinsame Verfassungskommission (Sitzung, 1993), S. 39.

Deutlich wird hier die Befürchtung einer Aushöhlung des parlamentarischen Systems. Die Befürworter der Einführung von Elementen direkter Demokratie sehen die Gefahr des Machtverlustes nicht, da das Parlament der Hort der politischen Auseinandersetzung und Entscheidung bleibt. Da die Demokratie auf aktive, interessierte und verantwortungsbewusste Bürgerinnen und Bürger angewiesen ist, „führe ein Mehr an direkter Bürgerbeteiligung auch unmittelbar zur Festigung und Belebung der parlamentarischen Demokratie."[706]

Ein weiteres Argument, das für die Erweiterung der politischen Teilhabe der Bürger spricht und ihre politische Reife bezeugt, ist in den Umständen der friedlichen Revolution in der ehemaligen Deutschen Demokratischen Republik zu finden.

„Zudem habe die friedliche Revolution in der ehemaligen DDR, die als gelungenes Beispiel unmittelbarer Demokratie (,Wir sind das Volk!') durch die Einführung verstärkter Bürgerbeteiligung honoriert werden müssen, gezeigt, dass die Bevölkerung reif sei, verantwortlich und rational von ihren Gestaltungsmöglichkeiten Gebrauch zu machen."[707]

Es gibt den Befürwortern zufolge keine Argumente gegen die Einführung plebiszitärer Elemente auf Bundesebene, da es schon in neun der elf alten Länder der Bundesrepublik Deutschland die Möglichkeit des Volksentscheides gibt. „Es gebe keinen Grund, das, was sich auf Landesebene bewährt habe, auf Bundesebene nicht zuzulassen."[708]

Aus den vorstehenden Argumenten schlussfolgern die Befürworter der Einführung direkt-demokratischer Elemente:

„Daher sei das folgende gestufte Verfahren der direkten Demokratie ins Grundgesetz einzufügen:

– Mit der Volksinitiative erhalten die Bürgerinnen und Bürger die Möglichkeit, den Deutschen Bundestag mit bestimmten Gegenständen der politischen Willensbildung zu befassen; Gegenstand einer Volksinitiative kann auch ein mit Gründen versehener Gesetzentwurf sein.
– Stimmt der Deutsche Bundestag innerhalb einer bestimmten Frist einem solchen Gesetzentwurf nicht zu, findet auf Antrag der Vertreterinnen und Vertreter der Initiative ein Volksbegehren statt.
– Kommt es – durch Zustimmung eines festzulegenden Anteils der Wahlbevölkerung (Quorum) – zustande, so ist ein Volksentscheid über den Gesetzentwurf durchzuführen. Bei

---

706 Gemeinsame Verfassungskommission (Bericht, 1993), S. 84.
707 Gemeinsame Verfassungskommission (Bericht, 1993), S. 84.
708 Gemeinsame Verfassungskommission (Bericht, 1993), S. 85.

positivem Ausgang des Volksentscheides, d. h. bei Zustimmung einer – gegebenenfalls qualifizierten – Mehrheit der Abstimmenden, ist der Gesetzentwurf angenommen."[709]

Aus politikwissenschaftlicher Sicht ist die Frage von Bedeutung, welche Effekte die Einführung direkt-demokratischer Elemente hätte bzw. welche Effekte die Nichteinführung gezeitigt hat.

Wird gegen die Einführung plebiszitärer Elemente mit der möglichen Einschränkung der parlamentarischen Verantwortung[710] argumentiert, so erscheint dieses Argument nur schlüssig, wenn es in Zusammenhang mit dem Spannungsverhältnis von Ämterverantwortung und Bürgerverantwortung betrachtet wird. Die Konzentration der Entscheidungsgewalt auf das Parlament betont das Repräsentative in einer Form, die auf eine unverantwortliche Bürgerschaft[711] schließen lässt. Das gestiegene politische Interesse und das gestiegene Bildungsniveau[712] belegen jedoch die politische Reife der Bürgerschaft. Das vermehrte Aufkommen von Bürgerinitiativen und anderen unverfassten Formen politischer Partizipation[713] dokumentieren den Anspruch der Bürger an der aktiven Teilhabe an der politischen Macht und zeigen den zunehmenden Verantwortungswillen. Das Beharren auf der rein repräsentativen Lesart schließt die Bürgerschaft von den Entscheidungsprozessen aus. In der Folge wenden sich die Bürger vom politischen System ab. Eine Ausprägung dieser Folge ist die abnehmende Wahlbeteiligung.

Damit kann festgestellt werden, dass direkte Bürgerbeteiligung durchaus geeignet ist, der sinkenden Wahlbeteiligung entgegenzuwirken.

---

709 Gemeinsame Verfassungskommission (Bericht, 1993), S. 85.
710 Vgl. Gemeinsame Verfassungskommission (Bericht, 1993), S. 85.
711 Vgl. Maluschke (1988), S. 221.
712 Vgl. Inglehart (Postmodernisierung, 1998).
713 Vgl. Gemeinsame Verfassungskommission (Bericht, 1993), S. 84.

5 Ergebnis

Nachdem die Wahlbeteiligung in der Bundesrepublik Deutschland bei Bundestagswahlen zwischen 1953 von 86,3 % und 1972 auf 90,8 % gestiegen ist, sinkt sie seitdem fast kontinuierlich. Sie hat sich von 90,4 % (1976) auf 78,0 % (2005) verringert. Ob sich die sinkende Wahlbeteiligung destabilisierend auf die politische Ordnung auswirkt, ist umstritten. Während auf der einen Seite die Höhe der Wahlbeteiligung als untauglich angesehen wird, Rückschlüsse auf die politische Stabilität einer Gesellschaft zu ziehen,[714] und argumentiert wird, dass noch keine Demokratie an zu geringer Wahlbeteiligung zugrunde gegangen ist,[715] wird auf der anderen Seite vorgebracht, dass die Wahlbeteiligung einen wichtigen Anhaltspunkt für die Legitimität der politischen Ordnung[716] liefert. Barber beschreibt die zunehmende Weigerung der Bürger, sich an Wahlen zu beteiligen, sogar als „Bankrott der Demokratie"[717]. In jedem Fall erhöht eine niedrige Wahlbeteiligung die Chance für extremistische Parteien, in das jeweilige Parlament einzuziehen, da bei extremistischen Parteien von einer wesentlich höheren Wählermobilisierung auszugehen ist.[718] Bei einem geschätzten extremistischen Wählerpotenzial von 4 % besteht erst unter einer Marke von 80 % Wahlbeteiligung bei gleichzeitig angenommener Wählermobilisierung von 100 % die Möglichkeit, die 5-Prozent-Hürde zu nehmen und in das Parlament einzuziehen.[719] Allein dieser Umstand gepaart mit einer stetig abnehmenden Wahlbeteiligung rechtfertigt die Auseinandersetzung mit dieser Thematik.

Bei der Betrachtung der Nichtwähler wird zwischen sogenannten „echten Nichtwählern", also solchen, die aus freiem Entschluss nicht zur Wahl gehen, und sogenannten „unechten Nichtwählern", die nicht zur Wahl gehen können, etwa weil ihnen aus Umzugsgründen die Wahlberechtigungskarte nicht zugestellt werden kann, weil sie zwischen Wahlbenachrichtigung und Wahltag versterben, weil sie über Doppelwohnsitze verfügen oder weil die Briefe zur Briefwahl nicht rechtzeitig eintreffen, unterschieden. Der Anteil der unechten Nichtwähler wird auf 2,6 %[720] bis 10 %[721] geschätzt. Werden die Werte der Wahlbeteiligung um durchschnittlich 5 Prozentpunkte bereinigt, so ergibt sich,

---

714 Vgl. Almond, Verba (Civic Culture, 1963).
715 Vgl. Eilfort (Mobilisierung, 2001), S. 23.
716 Vgl. Nohlen (Wahlen, 2003), S. 680.
717 Barber (Demokratie, 1994), S. 12.
718 Vgl. Merten (Bürgerverantwortung, 1995), S. 23.
719 Vgl. Abb. 1.
720 Vgl. Lavies (Nichtwählen, 1973), S. 49.
721 Vgl. Eilfort (Nichtwähler, 1994), S. 57.

dass sich die Zahl der echten Nichtwähler in Zeit von 1972 mit 4,2 % bis 1990 auf 17,2 % mehr als vervierfacht hat.[722]

Auf der Suche nach den Gründen der abnehmenden Wahlbeteiligung weisen empirische Untersuchungen[723] nach, dass mit der Individualisierungsthese ein Rückgang der Wahlbeteiligung erklärt werden kann. Die abnehmende Parteienbindung, die als Dealignment bezeichnet wird, und der Wertewandel in Form der zurückgehenden Wahlnorm liefern weitere Ansätze. Die Politikverdrossenheit und die Kompliziertheit des Wahlrechts vervollständigen die vorgebrachten Erklärungsansätze. Sämtliche empirischen Ansätze weisen jedoch erhebliche Schwächen auf, so dass ihre Aussagekraft eingeschränkt ist. So muss erstens die Nichtwählerforschung teilweise auf nicht valides Datenmaterial zurückgreifen. Zweitens scheint es sich bei den empirischen Ergebnissen zumindest teilweise um Scheinkorrelationen zu handeln: Parallele gesellschaftliche Entwicklungen wie die abnehmende Wahlbeteiligung und das Dealignment, also die abnehmende Bindung an Parteien, werden so in einen kausalen Zusammenhang gebracht, dass das Dealignment als unabhängige Variable und die abnehmende Wahlbeteiligung als abhängige Variable erscheinen. Eine wissenschaftlich erhärtete Begründung für einen derartigen Zusammenhang konnte jedoch nicht gefunden werden. Und drittens bezeichnet der Begriff Overreporting das Phänomen, dass Befragte bei der Frage nach ihrer Wahlbeteiligung häufig dann die Unwahrheit sagen, wenn sie nicht gewählt haben. Sie täuschen in Interviews und Fragebögen über ihre Wahlenthaltung hinweg. Damit weisen die Ergebnisse zur Nichtwählerforschung erhebliche Verzerrungen auf.

Mit der Annahme, dass die Teilnahme an Wahlen selbstverständlich ist und dass es besondere Gründe geben muss, dass sich Bürger nicht mehr an Wahlen beteiligen, nimmt die Nichtwählerforschung nicht die „demokratietheoretischen Grundfragen des Wählens"[724] in den Blick. Diese Forschungslücke wird auch von der Nichtwählerforschung anerkannt, wenn gefordert wird: „Die theoretische Fragestellung darf daher nicht lauten, warum die Bürger nicht zur Wahl gehen, sondern vielmehr, warum sie wählen."[725]

Der vorliegende empirische Befund mit der erwähnten Forschungslücke legt nahe, der Frage nachzugehen, unter welchen Bedingungen Menschen wählen gehen. In einem zweiten Schritt werden unterschiedliche Phänomene untersucht, die einen Einfluss auf die Bürgerverantwortung haben könnten.

---

722 Vgl. Abb. 3.
723 Vgl. vor allem Eilfort (Nichtwähler, 1994), Kleinhenz (Nichtwähler, 1995).
724 Schulze (Wahlforschung, 2003), S. 684.
725 Kleinhenz (Nichtwähler, 1995), S. 225.

Dazu musste zunächst betrachtet werden, welche Rolle die Wahl im Konzert der politischen Partizipationsmöglichkeiten der Bürger spielt. Dabei wird die Wahl als einzige verfasste Möglichkeit[726] verstanden, mit der die Bürger sich am politischen Entscheidungsprozess beteiligen können und damit ihrer Bürgerverantwortung Ausdruck verleihen. Die herausragende Stellung der Wahl lenkt den Blick auf die ideengeschichtliche Entwicklung, die den einfachen Bürger in die Lage versetzt hat, an den politischen Entscheidungen teilzuhaben. Denn erst mit der Einführung des allgemeinen Wahlrechts, vom dem in Deutschland ab 1919 gesprochen werden kann, kann das Problem der sinkenden Wahlbeteiligung auftreten. Es ist also der neuzeitliche Ursprung der Rechte und der Verantwortung der Bürger zu erhellen.

Die Entwicklung der Bürgerverantwortung nimmt in der neuzeitlichen Diskussion ihren Anfang bei Hobbes,[727] dessen Begriff von Freiheit bis heute für das liberale Verständnis von Demokratie prägend ist. Hobbes konzipiert einen fiktiven Naturzustand, in dem jeder ein Recht auf alles hat, und sich damit der jeweils Stärkere nehmen kann, was ihm beliebt. Als Ausweg aus diesem Krieg, dem im Naturzustand alle Menschen, die ja nur auf ihr eigenes Wohl bedacht sind, ausgesetzt sind, sieht Hobbes den fiktiven Vertragsschluss zugunsten eines begünstigten Dritten, dem absolute Herrschaft zugestanden wird und der seinerseits die Gewährung der individuellen Rechte der Bürger sicherstellen muss. Wenngleich Hobbes nicht die moderne Demokratie im Sinn hatte, als er seinen Ausweg aus dem anarchischen Naturzustand beschrieb, gilt seitdem, dass die Bürger die Inhaber aller individuellen Rechte sind. Damit kommen Rechte nicht länger von Gott, sondern sie sind im Naturzustand bereits vorhanden. Dass die Bürger aber auch genuin politische Rechte haben, die auf dem in jeder westlichen Demokratie verankerten Prinzip der Volkssouveränität basieren, geht auf Rousseau zurück[728]. Er legt dar, dass alle Bürger bei der Gründung eines Volkes, wie er sich ausdrückt, dieser Gründung zustimmen müssen. Nach Rousseau setzt jede Frage der politischen Ordnung voraus, dass sich alle Bürger zunächst einig sind, dass sie gemeinsame Sache, eine res publica, machen wollen. Damit wird die grundsätzliche allumfassende Verantwortung der Bürgerschaft deutlich. Jede andere politische Verantwortung, etwa die der Amtsträger, muss auf die Volkssouveränität zurückgeführt werden können.

Während es Rousseau um aktive politische Partizipation geht, begnügt sich Hobbes mit der Frage der Befriedung einer Gesellschaft. Nur der Friede kann den Menschen die Sicherheit geben, sich frei von äußeren Zwängen zu entfalten.

---

726 Vgl. Kaase, Neidharst (Repression, 1990), S. 11 ff.
727 Vgl. Hobbes (Leviathan, 1651).
728 Vgl. Rousseau (Gesellschaftsvertrag, 1762).

Diesen Zustand bezeichnet Hobbes als frei. Dies wirft die Frage auf, ob sich die Freiheit von Bürgern im Sinne Hobbes' darauf beschränkt, dass „der Staat" ihnen die Gewährung größtmöglichen persönlichen Spielraumes gewährt oder ob der Freiheitsbegriff auch die politische Verantwortung für das Gemeinwesen und dessen Gestaltung umfasst.

Berlin sieht in der Abwesenheit von Zwang die Grundvoraussetzung von Freiheit.[729] Danach ist derjenige frei, auf den von außen kein Zwang ausgeübt wird. Freiheit in diesem Sinne sichert also die Privatsphäre des Menschen. Die Einschränkungen der persönlichen Freiheit sind nur vor dem Hintergrund eines wohlgeordneten Gemeinwesens gerechtfertigt. Diese Einschränkungen müssen jedoch möglichst gering gehalten werden. Den Befürwortern der negativen Freiheit geht es nicht um die Frage, von wem ein Land regiert wird oder welche politische Ordnung für eine Gesellschaft die richtige ist. Dies wäre erst mit einem positiven, aktiven Freiheitsbegriff zu erreichen. Im Fokus der positiven Freiheit steht die Suche danach, eine „bestimmte, vorgeschriebene Form von Leben zu führen."[730] Berlin hält es für unmöglich, dass sich ganze Gesellschaften mit unterschiedlichen sozialen Klassen, Religionen, Kirchen, Rassen und Bildungsniveaus auf eine gemeinsame Lebensführung verständigen. Vielmehr birgt ein positives Verständnis von Freiheit die Gefahr, dass sich Diktaturen diesen Begriff von Freiheit zunutze machen, um mit ihm „dem Volk" den eigenen Willen aufzuzwingen. Da nämlich eine komplette Gesellschaft nicht fähig ist, sich für einen gemeinsamen Weg der Lebensführung zu entscheiden, müssen es wenige sein, die der Gesellschaft den richtigen, den freien Weg zeigen. Dies wird dann als Argument missbraucht „zu drangsalieren, zu unterdrücken, zu foltern"[731]. Es ist diese Angst vor totalitärer Bedrohung, die Berlin zu Beginn des Kalten Krieges veranlasst, der rein negativen Lesart von Freiheit beizupflichten.

Das Verständnis, dass die einzige klare Bedeutung der Freiheit in der Abwesenheit von äußeren Hindernissen besteht, ist jedoch nach Taylor zu kurz gegriffen.[732] Damit ein Mensch als frei bezeichnet werden kann, braucht es nicht nur die Abwesenheit äußeren Zwanges, der verhindert, sich selbst zu verwirklichen. Vielmehr, so begründet Taylor, kommt auch das Konzept der negativen Freiheit nicht ohne ein Vorverständnis davon aus, was sich inhaltlich unter einer lebenswerten Lebensführung verbirgt. Ein reines Möglichkeitskonzept verbietet sich

---

729 Vgl. Berlin (Freiheitsbegriffe, 1958), S. 201.
730 Vgl. Berlin (Freiheitsbegriffe, 1958), S. 210.
731 Vgl. Berlin (Freiheitsbegriffe, 1958), S. 213.
732 Vgl. Taylor (Irrtum, 1999), S. 119.

infolgedessen. „Somit setzt die Freiheit der Selbstverwirklichung, die Gelegenheit, frei zu sein, bereits voraus, dass ich die Freiheit praktiziere."[733]

Mit dem Konzept der negativen Freiheit ist das Problem der abnehmenden Wahlbeteiligung nicht zu erklären, denn dann wäre es damit erledigt, dass es keinen Zwang von außen gibt, der den Bürger dazu bringt oder davon abhält, zur Wahl zu gehen. Wird hingegen – dem Taylor'schen Konzept der Freiheit folgend – die Wahl verstanden als Möglichkeit der Bürger, ihre konkreten Lebensumstände zu beeinflussen, so muss gelten: Je aktiver die Bürger ihre Lebensgestaltung in einer Gesellschaft beeinflussen, desto freier sind sie. Rousseaus Konzept der Volkssouveränität ergänzt den Freiheitsbegriff und macht deutlich, dass die Bürgerschaft als Eigner der grundsätzlichen Herrschaftsbefugnis in einer Gesellschaft zu verstehen ist. Daraus erwächst mehr als die Freiheit zu politischer Beteiligung; daraus erwächst auch die Verantwortung für jeden Bürger zur politischen Beteiligung.

Mit der Teilnahme an Wahlen verwirklichen die Bürger ihre Freiheit und übernehmen Verantwortung. Der in der Politikwissenschaft gebräuchliche Begriff der politischen Verantwortung als Verantwortung für etwas und Verantwortung vor jemandem beschreibt zwar die Verantwortung von Amtsträgern zutreffend.[734] Als Definition der Verantwortung der Bürger scheint dieser Verantwortungsbegriff jedoch weniger geeignet zu sein, da es der Bürgerschaft an einer Rechtsfertigungsinstanz, vor der sie sich zu verantworten hat, mangelt. Die politische Verantwortung der Bürger setzt mit Jonas vielmehr voraus, dass sich die Bürger mit einem Gut erster Ordnung identifizieren und bezüglich dieses Verantwortungsobjektes mit Macht ausgestattet sind.[735] Als Gut erster Ordnung bezeichnet Jonas u. a. die res publica, die „öffentliche Sache, die in einer Republik latent die Sache Aller ist."[736] Zu der Identifikation mit diesem Gut muss sich die Vorstellung des Bürgers gesellen, dass er die Möglichkeit hat, durch die Abgabe seiner Stimme etwas zu erreichen. Der Bürger muss sich also mächtig fühlen. Erst in der Kombination von Identifikation mit dem Gut der res publica und der wahrgenommenen eigenen Mächtigkeit entsteht Verantwortungsgefühl und kommt es zu freiwilliger Verantwortungsübernahme.

Die bewusste Zugehörigkeit der Bürger zur Gemeinschaft impliziert ein Bild des Menschen, der sich gegenüber der Gemeinschaft verantwortlich fühlt. Gerade diese Eigenschaft wird vom Liberalismus bestritten, der nur individuelle Güter anerkennt. In der Hobbes'schen Lesart treten die Menschen als Individualisten

---

733 Vgl. Taylor (Irrtum, 1999), S. 122.
734 Vgl. Hennis (Bürgersinn, 1962), S. 134.
735 Vgl. Jonas (Verantwortung, 1979).
736 Jonas (Verantwortung, 1979), S. 181.

auf, die Taylor als Atomisten bezeichnet. Aristoteles, von Taylor als Holist definiert, hingegen versteht den Menschen als „Vereinswesen"[737]. Taylors schlägt sich aufgrund seiner Überzeugung, dass es neben individuellen Gütern auch genuin gemeinsame Güter gibt, auf die Seite der Holisten. Seine Begründung ist schlüssig. Sagt ein Nachbar zum anderen: „Schönes Wetter haben wir heute"[738], wird damit mehr inszeniert als der Austausch von monologischen Wahrnehmungen. Vielmehr entsteht zwischen den beiden Nachbarn am Gartenzaun etwas Gemeinsames. Taylor geht davon aus, dass die gemeinsame Freude über das schöne Wetter eine andere – nämlich dialogische im Gegensatz zur monologischen – Qualität hat. So gibt es Güter, die zwar auch als individuelle Güter erscheinen können, aber im Dialog eine andere Qualität erhalten. Diese Güter bezeichnet Taylor als mittelbare Güter. Daneben gibt es Güter, die ihrer Qualität nach individuelle Güter sind – beispielsweise die persönliche Sicherheit –, die aber nur gemeinsam erreicht werden, in diesem Fall durch die gemeinsame Institution Polizei. Diese Güter nennt Taylor konvergente Güter. Und schließlich gibt es nach Taylor auch unmittelbar gemeinsame Güter. Unmittelbar gemeinsame Güter sind sowohl ihrer Qualität nach als auch ihrer Erreichbarkeit nach nur als gemeinsame Güter denkbar. Die Freundschaft etwa erhält ohne den Freund weder eine qualitative Bedeutung, noch kann sie ohne den Freund erreicht werden. Hier wird auch die res publica verortet.

Auf der Ebene der Parteinahme favorisiert Taylor die individualistische Sicht, denn, so argumentiert er, die res publica erfordert, dass sich jeder einzelne Bürger aktiv an den öffentlichen Angelegenheiten beteiligt. Mit der republikanischen These von Taylor[739] werden neben den privaten Gütern auch gemeinsame Güter begründet. Erst durch das Vorhandensein von gemeinsamen Gütern wird die Republik ein „gemeinsames Unternehmen"[740]. Nur wenn die Bürger gemeinsame Güter wahrnehmen, können sie auch für die Gemeinschaft handeln, können sie für die Gemeinschaft Verantwortung übernehmen. Insofern setzt Bürgerverantwortung einerseits das Verantwortungsbewusstsein bei den Bürgern voraus. Andererseits müssen die Bürger auch die Möglichkeit haben, dieser Verantwortung Ausdruck zu verleihen. Erst dann kann Bürgerverantwortung als verwirklicht angesehen werden.

Die so definierte Bürgerverantwortung folgt einem anderen Verständnis von Verantwortung als die gebräuchliche Definition politischer Verantwortung im Sinne von Verantwortung für etwas und vor jemandem. Sollten die Verständnisse der Ämterverantwortung einerseits und der Bürgerverantwortung andere-

---

737 Aristoteles (Politik), 1253a.
738 Taylor (Debatte, 1993), S. 112.
739 Vgl. Taylor (Debatte, 1993).
740 Taylor (Debatte, 1993), S. 115.

seits sich widersprechen, so stellt sich die Frage, ob dieser Widerspruch Auswirkungen auf das jeweilige Verständnis von Verantwortung oder gar auf die Stabilität unterschiedlicher Gesellschaftssysteme und -subsysteme haben kann.

Unter Zuhilfenahme der Systemtheorie von Talcott Parsons wird gezeigt, dass die Grundwerte von Systemen und Subsystemen aufeinander aufbauen müssen und sich kompatibel zueinander verhalten müssen, damit sie das Gesamtsystem in ihrer Stabilität stützen können.[741] Der wesentliche Grundwert demokratischer Gesellschaften ist der Grundsatz der Volkssouveränität. Demnach muss jede Verantwortung von Amtsträgern aus der grundsätzlichen Verantwortung der Bürger hergeleitet werden. Herrscht hingegen im politischen System, das Parsons als Subsystem der Gesellschaft definiert, ein Verantwortungsbegriff vor, der dem Begriff der Bürgerverantwortung gegenübersteht, so kann dadurch das Gesamtsystem gefährdet werden. Gleichzeitig hat Parsons gezeigt, dass sich Systeme gegenseitig durchdringen[742] und dass daher der Umgang mit Verantwortung und Macht in unterschiedlichen gesellschaftlichen Subsystemen Einfluss auf das Verantwortungsbewusstsein der Bürger hat. Der Verantwortungsbegriff im politischen System beeinflusst also das Verantwortungsbewusstsein der Bürger. Entweder wirkt er unterstützend oder erodierend. Damit ist der argumentative Boden bereitet, um zu überprüfen, ob sich die Verantwortungsbegriffe der Bürgerverantwortung und der Ämterverantwortung ergänzen oder ob sie sich im Widerspruch befinden.

Der Amtsgedanke und mit ihm die Verantwortung der Amtsträger dominieren das Verständnis politischer Verantwortung in repräsentativ verfassten Demokratien. Denn erst der Gedanke des Amtes ermöglicht, von „verantwortlicher Behandlung und Gestaltung der öffentlichen Angelegenheiten zu sprechen."[743] Gerade in Deutschland ist der Begriff des Amtes mit dem guten Funktionieren des Staates verbunden. Damit wird die etatistische Ausrichtung[744] des politischen Denkens besonders in Deutschland deutlich, die erforderlich war, weil es die nationale Einheit – im Gegensatz etwa zu England und den Vereinigten Staaten von Amerika – nicht gab. Der Staat musste infolgedessen erdacht werden und geriet so in den Mittelpunkt der Betrachtung. Als herausragender Befürworter der „Amtsdemokratie"[745] tritt Hennis auf, der die Auffassung vertritt, dass die Demokratie besonders deshalb zu den guten Herrschaftsformen zählt, weil „alle herrschaftliche, politische Gewalt Amtsgewalt ist."[746] Explizit

---

741 Vgl. Parsons (Structure, 1960), S. 20.
742 Vgl. Parsons (System, 1972), S. 16.
743 Breier (Leitbilder, 2003), S. 42.
744 Vgl. Vollrath (Theorie, 1987), S. 103.
745 Hennis (Amtsgedanke, 1962), S. 134.
746 Hennis (Amtsgedanke, 1962), S. 128.

verneint er die Verantwortung des Volkes in einer repräsentativen Demokratie. Mit Landshut[747] wird gezeigt, dass zwischen der Repräsentation, der Amtsdemokratie und der Ämterverantwortung einerseits und dem Prinzip der Volkssouveränität, der plebiszitären Demokratie und der Bürgerverantwortung eine unüberbrückbare Hürde steht. Es gibt eine „prinzipielle Unvereinbarkeit einer repräsentativen Versammlung, die selbstständige Entscheidungen trifft, mit dem Grundsatz der Souveränität des Volkes"[748]. Wenngleich die Verfassungen westlicher Demokratien versuchen, diesen Widerspruch zu überdecken, indem sie etwa beide Prinzipien wie in Artikel 20 GG – Volkssouveränität – und Artikel 38 GG – Repräsentation – nebeneinander stellen, so bleibt doch das Problem der Unvereinbarkeit dieser beiden Prinzipien ungelöst. Dabei wird dem Prinzip der Volkssouveränität und damit der Bürgerverantwortung der Vorrang vor dem Prinzip der Repräsentation und damit der Ämterverantwortung der Vorrang eingeräumt. Rousseau geht so weit, dass er die Repräsentation als „Taschenspielerstreiche unserer Staatsmänner"[749] bezeichnet.

Das Eintreten für die Ämterverantwortung bedeutet daher gleichzeitig auch den Verzicht auf das Prinzip der Volkssouveränität und auf die Bürgerverantwortung. Ein rein repräsentativ ausgerichtetes System braucht in letzter Konsequenz keine verantwortungsbewussten Bürger, denn ihnen kommt keine Verantwortung zu. Es ist leicht zu erkennen, dass sich die Verantwortung der Amtsträger und die Verantwortung der Bürger nicht ergänzen, sich vielmehr gegenseitig ausschließend gegenüberstehen. Während auf der Ebene der Gesellschaft das Prinzip der Volkssouveränität verankert ist, herrscht im politischen System das Prinzip der Parlamentssouveränität vor. Dieser Kombination von zwei sich gegenüberstehenden und sich gegenseitig ausschließenden Grundsätzen räumt Parsons mit seiner Systemtheorie schlechte Überlebenschancen ein.

Hier rückt die historische Perspektive in den Vordergrund. Denn mit Jonas ist festgestellt worden, dass sich nur derjenige Bürger verantwortlich fühlt und Teilhabe am politischen Prozess einfordert, der sich mit dem gemeinsamen Gut der res publica identifiziert. Damit stellt sich die Frage, ob sich das Verantwortungsbewusstsein der Bürger seit Bestehen der Bundesrepublik Deutschland verändert hat. Wenn dies der Fall ist, so könnte die Betonung der Parlamentssouveränität eventuell erst im Laufe der Jahre zu einem Problem der Identifikation der Bürger mit der res publica geworden sein.

Die gesellschaftlichen Veränderungen der letzten Jahrzehnte hat Inglehart untersucht. Seiner These der Modernisierung fügt er die These der Postmodernisie-

---

747 Vgl. Landshut (2004).
748 Landshut (Repräsentation, 1964), S. 423.
749 Rousseau (Gesellschaftsvertrag, 1762), S. 62.

rung hinzu. Während die Phase der Modernisierung noch stark von der Mangelhypothese, also dem Streben nach materieller Sicherheit, sofern diese subjektiv nicht vorliegt, geprägt ist, geraten in der Phase der Postmodernisierung andere Aspekte in den Vordergrund. Inglehart zeigt, dass die Menschen gebildeter geworden sind und ein verstärktes Maß an Bereitschaft zeigen, sich politisch zu engagieren,[750] also Verantwortung zu übernehmen. Es gibt gar die Tendenz zur „Massenpartizipation"[751]. Dass trotz dieser Befunde u. a. die Wahlbeteiligung zurückgeht, führt Inglehart insbesondere auf die Rolle der sogenannten „politischen Eliten" und der Parteien zurück. Die Parteien sind nach wie vor die „Träger der staatlichen Macht"[752], die im 19. und frühen 20. Jahrhundert die Aufgabe hatten, die Massen zu mobilisieren. Aber noch heute stellen die Parteien „elitengelenkte Organisationen"[753] dar, die bisher nicht in der Lage waren, auf die veränderten Bedürfnisse nach direkter politischer Beteiligung einer gebildeten und interessierten Bürgerschaft einzugehen. In der Folge entfernen sich die politischen Organisationen und die Bürger voneinander. Parteienflucht ist ebenso die Folge wie die abnehmende Wahlbeteiligung, da das Wählen „keine notwendigerweise effektive Methode, Einfluss auf nationale Entscheidungen zu nehmen"[754], mehr ist. Stattdessen bildet sich eine „die Eliten herausfordernde(n) Form der Beteiligung"[755] heraus. Von den sogenannten „politischen Eliten" und den Parteien erwartet Barber keine Impulse für mehr Bürgerverantwortung, weil „dauerhafte Bürgerbeteiligung anscheinend die (mitunter) oligarchische Macht der traditionellen Institutionen eines Repräsentativsystems gefährdet (...)"[756].

Damit rückt als weiteres Feld der Entwicklungsmöglichkeiten der Bürgerverantwortung das Verständnis der Repräsentanten in die Betrachtung. Damit drängt sich die Frage auf, welches Verständnis sich hinter dem Begriff einer politischen Elite verbirgt. Gaetano Mosca stellt das aristokratische und demokratische Prinzip gegenüber und macht damit deutlich, dass es für ihn um die Frage der Hervorbringung der besten Herrscher geht. Dabei stellt er fest, dass es bei den Kämpfen zwischen den beiden Prinzipien im Kern immer nur um die Ablösung einer alten Elite durch eine neue Elite gegangen ist. Daraus folgert er, dass es eine politische Klasse gibt, „die in Wahrheit das politische Leben des Staates in Händen hält"[757]. Durch hohes „moralisches Ansehen"[758] hat die classe

---

750 Vgl. Inglehart (Postmodernisierung, 1998), S. 55.
751 Inglehart (Postmodernisierung, 1998), S. 230.
752 Berka (Bürgerverantwortung, 1995), S. 70.
753 Inglehart (Postmodernisierung, 1998), S. 239.
754 Inglehart (Postmodernisierung, 1998), S. 239.
755 Inglehart (Postmodernisierung, 1998), S. 240.
756 Barber (Demokratie, 1994), 22.
757 Croce (Geleitwort, 1950), S. 5.
758 Mosca (Prinzip, 1903), S. 40.

politica eine besondere gesellschaftliche Stellung, die ihre Herrschaft legitimiere. Deshalb führt nach Mosca auch jedes System, auch das demokratische Prinzip, zur Aristokratie. Die breite Masse des Volkes wird „niemals in irgendeinem *wirklichen* Sinne an der Regierung teilhaben"[759]. Und das ist für Mosca auch wünschenswert, denn gerade in der Beteiligung der Bürger an politischen Entscheidungen sieht er die Gefahr der Instabilität für die Gesellschaft, weil den Bürgern der „politische Sinn"[760] fehlt. So ist Moscas Elitentheorie auf die Kurzformel zu bringen: Eliten haben immer geherrscht und werden immer herrschen, egal auf welchem Weg sie an die Macht kommen. Die Installation von Eliten als herrschende Klasse mutet bei Mosca eher zufällig an.

Vilfredo Pareto hingegen konzipiert seinen elitentheoretischen Entwurf als gesetzmäßige Elitenzirkulation, die sich zwischen zwei Eliten vollzieht. Die Regierungskunst setzt er dabei mit der Manipulation des Volkes gleich mit dem Zweck, dass die jeweils herrschende Elite möglichst lange in der herrschenden Position bleiben kann. Pareto zufolge herrschen in den unterschiedlichen Eliten und dem beherrschten Volk sechs Gruppen unterbewusster Triebe, als Residuen bezeichnet, vor, die das menschliche Verhalten steuern. Die unterschiedliche Betonung der einzelnen Residuen führt zu unterschiedlichen Rollen in der Gesellschaft. Hieraus ergibt sich die Elitenzirkulation, die Pareto als Regelfall annimmt. Nur, wenn sich die Elitenzirkulation zu sehr verlangsamt, kommt es zu Revolutionen. Diese dann auch gewaltsame Machtübernahme durch die bis dahin beherrschte Elite ist für Pareto nicht mehr als ein reinigendes Gewitter, damit die regelhafte Elitenzirkulation wieder entstehen kann. Den gewaltsamen Übergang rechtfertigt Pareto ausdrücklich. In der Revolution enteignet die vormals beherrschte Elite B nicht nur die vormals herrschende Elite A, „sondern sie töten auch mehrere von ihnen; wahrhaftig vollbringen sie ein ebenso nützliches Werk, wie es das Vernichten schädlicher Tiere darstellt."[761]

Während Mosca und Pareto die Verantwortung der Bürgerschaft gar nicht betrachten, sieht Schumpeter in der Allmacht der Bürger, die der Grundsatz der Volkssouveränität vorsieht, die größte Gefahr der Demokratie. Nach Schumpeter eignet sich die demokratische Herrschaftstechnik nicht, um Unrecht zu vermeiden. Denn nach der demokratischen Methode müsste es möglich sein, „die Verfolgung von Christen, das Verbrennen von Hexen und das Hinmorden von

---

759 Mosca (Teorica), S. 16.
760 Mosca (Herrschende Klasse), S. 391.
761 Pareto (Traité, 1919), § 2191: « (...) mais ils en tuent plusieurs; et, à vrai dire, ils accomplissent ainsi une oeuvre aussi utile que celle qui consiste à détruire des animaux nuisibles. » Eine ähnliche Übersetzung findet sich bei Eisermann (Allgemeine Soziologie, 1962), S. 174.

Juden"⁷⁶² zu rechtfertigen, wenn sich denn nur eine Mehrheit findet. Erleichtert um jedweden inhaltlichen Reflexionsboden erkennt Schumpeter in der Demokratie eine reine Herrschaftstechnik, „unfähig, selbst ein Ziel zu sein"⁷⁶³. Es geht nur um die Stimmenmaximierung. So speist sich die Legitimität der Regierenden nicht aus dem Prinzip der Volkssouveränität, sondern vielmehr aus dem Marktgesetz mit seiner Nutzenmaximierung. In diesem Sinne sind es nach Schumpeter genau genommen die Kandidaten, die sich auswählen lassen. Bei näherer Betrachtung kommt also der Bürgerschaft wieder keine Verantwortung, also keine Macht zu. Wenn dabei eine geeignete Regierung zutage kommt, so ist das bestenfalls Zufall oder Folge des Selbstselektionsprozesses im politischen System.⁷⁶⁴

Dass die Besten, also im wahrsten Sinne des Wortes die Elite, herrschen soll, ist bereits das Anliegen von Platon. Dazu zeichnet er ein Bild von den Philosophen, denen es zukommt zu herrschen. Der Philosoph, dem zu herrschen es obliege, muss „der Wahrheit, der Gerechtigkeit, der Tapferkeit, der Besonnenheit verwandt und innerlich verknüpft"⁷⁶⁵ sein. Platon entwirft ein umfangreiches Curriculum, das die Anwärter der Philosophie vom Knabenalter an durchlaufen müssen, bis sie endlich über die Erfahrungen und das übersinnlich sehende „Seelenauge"⁷⁶⁶ verfügen, das sie befähigt, die reine Wahrheit zu schauen und daher auch zur Herrschaft berechtigt sind. Platon, Mosca, Pareto und Schumpeter sind sich einig: Das Volk ist nicht in der Lage, die Besten auszuwählen. Trotzdem ist das Verständnis der Repräsentanten vom Begriff der Elite geprägt. Eine selbsternannte Elite, die sich für auserwählt hält, kann der Bürgerschaft jedoch nicht das Gefühl von Macht geben. Sie leitet ihre Verantwortung jedenfalls nicht aus der Souveränität der Bürgerschaft ab.

Der von Inglehart konstatierte Wunsch nach politischer Partizipation wird durch die Diskussion über plebiszitäre Mitwirkungsmöglichkeiten der Bürgerschaft aufgegriffen. Dabei rückt der Widerspruch zwischen Demokratie und Republik in den Vordergrund. Gegen die Einführung von plebiszitären Elementen wird in der Regel vorgebracht, dass die Bürgerschaft nicht über den notwendigen Sachverstand verfüge, um eine sachgerechte Entscheidung zu treffen. Gleichzeitig wird den Bürgern aber die Fähigkeit zugestanden, die „richtigen" Repräsentanten zu wählen. Aber: „Besäßen die Bürger diese Kenntnisse, wäre die Wahl von Repräsentanten eigentlich unnötig."⁷⁶⁷ Da die Bürgerschaft über diese Kennt-

---

762 Schumpeter (Demokratie, 1950), S. 384.
763 Schumpeter (Demokratie, 1950), S. 384.
764 Vgl. Schumpeter (Demokratie, 1950), S. 459
765 Platon (Staat, 375 v. Chr.), S. 487.
766 Platon (Staat, 375 v. Chr.), S. 527.
767 Hereth (Tocqueville, 2001), S. 102.

nisse aber nicht verfügt, kann es bei der Wahl von Repräsentanten folglich nur um die „Auswahl der Besten"[768] gehen. Doch wie sollen die unverantwortlichen Wähler „die Maßstäbe haben, um die Klügeren und Kenntnisreicheren als ihre Vertreter auswählen zu können?"[769] Es wird deutlich, dass das Argument der fehlenden Sachkenntnis nicht schlüssig erscheint. Das Vorenthalten aber direktdemokratischer Beteiligung entzieht dem Verantwortungsgefühl der Bürger den Boden. Barber begründet, warum die Einführung plebiszitärer Elemente auch der abnehmenden Wahlbeteiligung entgegenwirken kann. Jede liberale Lesart der Demokratie hält „das politische Gemeinwesen eher für ein Werkzeug denn für einen Wert an sich"[770].

Damit fördert der Liberalismus eine der Gemeinschaft abgewandte Haltung. Mit dieser Grundhaltung kann es auf Dauer nicht gelingen, die Bürger für die Gemeinschaft zu gewinnen, ja vielleicht zu begeistern. Für Barber bedeutet Bürger sein mehr, als lediglich der Inhaber von Grundrechten zu sein: „Bürger zu sein heißt, auf eine bestimmte, bewusste Weise an etwas teilzunehmen, auf eine Weise, die voraussetzt, dass man andere wahrnimmt und mit ihnen handelt."[771] Das gemeinsame Sprechen und Handeln macht bei Barber den Bürger aus. Dies schließt für ihn ausdrücklich die plebiszitäre Mitwirkung der Bürgerschaft an der Gesetzgebung mit ein.

Während es in der Weimarer Republik vielfältige Möglichkeiten der Partizipation gab, zieht sich ein plebiszitäres Defizit durch die Geschichte der Bundesrepublik Deutschland. So hat es 1949 kein Gründungsreferendum gegeben und die Möglichkeit zu Volksabstimmungen ist in Art. 20 GG nur angedeutet. Nach der deutschen Wiedervereinigung hat die Gemeinsame Verfassungskommission keine Empfehlungen zur Einführung plebiszitärer Elemente abgegeben.

---

768 Hereth (Tocqueville, 2001), S. 102.
769 Hereth (Tocqueville, 2001), S. 102 f.
770 Vgl. Barber (Demokratie, 1994), S. 37.
771 Barber (Demokratie, 1994), S. 152.

Anhang

Anhang 1: Wahlbeteiligung und Ergebnisse der Reichstagswahlen 1924 – 1933

	06.06. 1920	04.05. 1924	07.12. 1924	20.05. 1928	14.09. 1930	31.07. 1932	06.11. 1932	05.03. 1933
Wahlbet.	79,2	77,4	78,8	75,6	82,0	84,1	80,6	88,8
KPD	2,1	12,6	9,0	10,6	13,1	14,3	16,9	12,3
USPD	17,9	0,8	0,3	0,1	0,0	-	-	-
SPD	21,7	20,5	26,0	29,8	24,5	21,6	20,4	18,3
DDP	8,3	5,7	6,3	4,9	3,8	1,0	1,0	0,9
Zentrum	13,6	13,4	13,6	12,1	11,8	12,5	11,9	11,2
BVP	4,4	3,2	3,8	3,1	3,0	3,7	3,4	2,7
DVP	13,9	9,2	10,1	8,7	4,7	1,2	1,9	1,1
DNVP	15,1	19,5	20,5	14,2	7,0	6,2	8,9	8,0
NSDAP	-	6,5	3,0	2,6	18,3	37,4	33,1	43,9
Sonstige	3,0	7,6	7,5	13,9	13,8	2,0	2,6	1,6

Alle Zahlen in Prozent[772]

KPD = Kommunistische Partei Deutschlands
USPD = Unabhängige Sozialdemokratische Partei Deutschlands
SPD = Sozialdemokratische Partei Deutschlands
DDP = Deutsche Demokratische Partei
BVP = Bayerische Volkspartei
DVP = Deutsche Volkspartei
DNVP = Deutschnationale Volkspartei
NSDAP = Nationalsozialistische Deutsche Arbeiterpartei

---

772 Die Zahlen wurden entnommen: Falter, Lindenberger, Schumann (Wahlen, 1986); Bracher, Funke, Jacobsen (Weimarer Republik, 1987), S. 630 f.

Anhang 2: Auszug aus der Weimarer Reichsverfassung[773]

Artikel 1 WRV:
„Das deutsche Reich ist eine Republik. Die Staatsgewalt geht vom Volke aus."

Artikel 18 Satz 1 WRV:
„Die Gliederung des Reiches soll unter möglichster Berücksichtigung des Willens der beteiligten Bevölkerung der wirtschaftlichen und kulturellen Höchstleistung des Volkes dienen."

Artikel 18 Satz 5 ff. WRV:
„Der Wille der Bevölkerung ist durch Abstimmung festzustellen. Die Reichsregierung ordnet die Abstimmung an, wenn ein Drittel der zum Reichstag wahlberechtigten Einwohner des abzutretenden Gebiets es verlangt. Zum Beschluss einer Gebietsänderung oder Neubildung sind drei Fünftel der abgegebenen Stimmen, mindestens aber die Stimmenmehrheit der Wahlberechtigten erforderlich. (...) Nach Feststellung der Zustimmung der Bevölkerung hat die Reichsregierung ein entsprechendes Gesetz zur Beschlussfassung vorzulegen."

Artikel 22 WRV:
„Die Abgeordneten werden in allgemeiner, gleicher, unmittelbarer und freier Wahl von den über zwanzig Jahre alten Männern und Frauen nach den Grundsätzen der Verhältniswahl gewählt. Der Wahltag muss ein Sonntag oder öffentlicher Ruhetag sein. Das Nähere bestimmt ein Reichsgesetz."

Artikel 41 WRV:
„Der Reichspräsident wird vom ganzen deutschen Volk gewählt. Wählbar ist jeder Deutsche, der das fünfunddreißigste Lebensjahr vollendet hat. Das Nähere bestimmt ein Reichsgesetz."

Artikel 43 Satz 3 ff. WRV:
„Vor Ablauf der Frist kann der Reichspräsident auf Antrag des Reichstages durch Volksabstimmung abgesetzt werden. Der Beschluss des Reichstages erfordert Zweidrittelmehrheit. Durch den Beschluss ist der Reichspräsident an der ferneren Ausübung des Amtes verhindert. Die Ablehnung der Absetzung durch die Volksabstimmung gilt als neue Wahl und hat die Auflösung des Reichstages zur Folge."

---

773 Schuster (Verfassungen, 1992).

Artikel 73 WRV:
„Ein vom Reichstag beschlossenes Gesetz ist vor seiner Verkündigung zum Volksentscheid zu bringen, wenn der Reichspräsident binnen eines Monats es bestimmt. Ein Gesetz, dessen Verkündigung auf Antrag von mindestens einem Drittel des Reichstages ausgesetzt ist, ist dem Volksentscheid zu unterbreiten, wenn ein Zwanzigstel der Stimmberechtigten es beantragt. Ein Volksentscheid ist ferner herbeizuführen, wenn ein Zehntel der Stimmberechtigten das Begehren nach Vorlegung eines Gesetzentwurfs stellt. Dem Volksbegehren muss ein ausgearbeiteter Gesetzentwurf zugrunde liegen. Er ist von der Regierung unter Darlegung ihrer Stellungnahme dem Reichstag zu unterbreiten. Der Volksentscheid findet nicht statt, wenn der begehrte Gesetzentwurf im Reichstag unverändert angenommen worden ist. Über den Haushaltsplan, über Abgabengesetze kann nur der Reichspräsident einen Volksentscheid veranlassen. Das Verfahren beim Volksentscheid und beim Volksbegehren regelt ein Reichsgesetz."

Artikel 74 Satz 4 ff. WRV:
„Kommt hierbei keine Übereinstimmung zwischen Reichstag und Reichsrat zustande, so kann der Reichspräsident binnen drei Monaten über den Gegenstand der Meinungsverschiedenheit einen Volksentscheid anordnen. Macht der Präsident von diesem Recht kein Gebrauch, so gilt das Gesetz als nicht zustande gekommen. Hat der Reichstag mit Zweidrittelmehrheit entgegen dem Einspruch des Reichsrats beschlossen, so hat der Präsident das Gesetz binnen drei Monaten in der vom Reichstag beschlossenen Fassung zu verkünden oder einen Volksentscheid herbeizuführen."

Artikel 75 WRV:
„Durch den Volksentscheid kann ein Beschluss des Reichstages nur dann außer Kraft gesetzt werden, wenn sich die Mehrheit der Stimmberechtigten an der Abstimmung beteiligt."

Artikel 76 Satz 4 f. WRV:
„Soll auf Volksbegehren durch Volksentscheid eine Verfassungsänderung beschlossen werden, so ist die Zustimmung der Mehrheit der Stimmberechtigten erforderlich. Hat der Reichstag entgegen dem Einspruch des Reichsrats eine Verfassungsänderung beschlossen, so darf der Reichspräsident dieses Gesetz nicht verkünden, wenn der Reichsrat binnen zwei Wochen den Volksentscheid verlangt."

Literaturverzeichnis

Adams, Adams (Federalist, 1994)
A. Adams, W. P. Adams (Hg.): Hamilton/Madison/Jay: Die Federalist-Artikel, Paderborn.

Almond, Verba (Civic Culture, 1963)
G. Almond, S. Verba: The Civic Culture. Political Attitudes and Democracy in five Nations, New York/Princeton.

Andersen, Woyke (Handwörterbuch, 2003)
U. Andersen, W. Woyke (Hg.): Handwörterbuch des politischen Systems der Bundesrepublik Deutschland, Opladen.

Aristoteles (Nikomachische Ethik)
Aristoteles: Nikomachische Ethik, in: Aristoteles: Philosophische Schriften, 6 Bände, übersetzt von Eugen Rolfes, Hamburg 1995, Bd. 3.

Aristoteles (Politik)
Aristoteles: Politik, in: Aristoteles: Philosophische Schriften, 6 Bände, übersetzt von Eugen Rolfes, Hamburg 1995, Bd. 4.

Aristoteles (Schriften)
Aristoteles: Aristoteles Philosophische Schriften, 6 Bände, übersetzt von Eugen Rolfes, Hamburg 1995.

Barber (Demokratie, 1994)
B. Barber: Starke Demokratie. Über die Teilhabe am Politischen, Hamburg.

Barnes, Kaase (Political Action, 1979)
S. H. Barnes, M. Kaase: Political Action. Mass Paticipation in Five Western Democraticies, Beverly Hills.

Beckerath (Kapitalismus, 1950)
E. v. Beckerath: Größe und Verfall des Kapitalismus. Betrachtungen zu Schumpeters Buch über "Kapitalismus, Sozialismus und Demokratie", in: Zeitschrift für die gesamte Staatswissenschaft, Bd. 106, S. 193-222.

Berka (Bürgerverantwortung, 1995)
W. Berka: Bürgerverantwortung im demokratischen Verfassungsstaat, in: Veröffentlichungen der Vereinigung der Deutschen Staatsrechtslehrer, Heft 55, Berlin, New York, S. 48-89.

Berlin (Freiheitsbegriffe, 1958)
I. Berlin: Zwei Freiheitsbegriffe, in: Berlin, I.: Freiheit. Vier Versuche, Frankfurt am Main 1995, S. 197-256.

Berlin (Freiheit, 1969)
I. Berlin: Freiheit. Vier Versuche, Frankfurt am Main 1995.

Beyme (Regierungserklärugnen, 1979)
K. v. Beyme (Hg.): Die großen Regierungserklärungen der deutschen Bundeskanzler von Adenauer bis Schmidt, München.

Blumenberg (1979)
H. Blumenberg: Arbeit am Mythos, Frankfurt am Main.

Bracher, Funke, Jacobsen (Weimarer Republik, 1987)
K. D. Bracher, M. Funke, H.-A. Jacobsen (Hg.): Die Weimarer Republik 1918-1933, Politik, Wirtschaft, Gesellschaft.

Breier (Leitbilder, 2003)
K.-H. Breier: Leitbilder der Freiheit. Politische Bildung als Bürgerbildung, Schwalbach.

Breier, Gantschow (Politische Theorie, 2006)
K.-H. Breier, A. Gantschow: Einführung in die Politische Theorie, Münster.

Breuer (Taylor, 2000)
I. Breuer: Charles Taylor zur Einführung, Hamburg.

Brinkmann (Pareto, 1950)
C. Brinkmann: Über Vilfredo Pareto, in: Jahrbuch für Sozialwissenschaft, Bd. 1, 1950, Heft 1, S. 1-11.

Brinkmann (Einführung, 1955)
C. Brinkmann: Einführung, in: V. Pareto: Allgemeine Soziologie. Ausgewählt, eingeleitet und übersetzt von C. Brinkmann, Tübingen.

Bürklin (Wandel, 1992)
W. Bürklin: Gesellschaftlicher Wandel, Wertewandel und politische Beteiligung, in: K. Starzacher, K. Schaft, B. Friedrich, T. Leif (Hg.): Protestwähler und Wahlverweigerer – Krise der Demokratie? Köln.

Bundesverfassungsgericht (Entscheidungen)
Entscheidungen des Bundesverfassungsgerichtes, Bd. 32, Entscheidung beginnend auf S. 98.

Burke (Reflections, 1790)
E. Burke: Reflections on the Revolution in France 1790, in: The Writings and Speeches of Edmund Burke, edited by L. Mitchel, Volume 8, Oxford 1989.

Campbell, Converse, Miller (American Voter, 1960)
A. Campbell, P. E. Converse, W. E. Miller: The American Voter, New York.

Chwaszcza (Leviathan, 1996)
C. Chwaszcza: Anthropologie und Moralphilosophie im ersten Teil des Leviathan, in: Kersting, W. (Hg.): Thomas Hobbes: Leviathan oder Stoff, Form und Gewalt eines bürgerlichen und kirchlichen Staates, Berlin, S. 83-107.

Croce (Geleitwort, 1950)
B. Croce: Geleitwort, in: G. Mosca: Die herrschende Klasse. Grundlagen der politischen Wissenschaft, 4. Aufl., Bern, S. 5-9.

Dahrendorf (Konflikt, 1994)
R. Dahrendorf: Der moderne soziale Konflikt. Essay zur Politik der Freiheit, München.

Dewey (Demokratie, 1993)
J. Dewey: Demokratie und Erziehung. Eine Einleitung in die philosophische Pädagogik, Weinheim.

Dießelhorst (Nachwort, 1998)
M. Dießelhorst: Nachwort, in: Thomas Hobbes: Leviathan. Erster und Zweiter Teil, Übersetzung von J. P. Mayer, Nachwort, von M. Dießelhorst, Stuttgart, S. 307-323.

Downs (Democracy, 1957)
A. Downs: An Economic Theory of Democracy, New York.

Easton (Political System, 1953)
D. Easton: The Political System, 2. Ausgabe 1971, New York.

Easton (System Analysis, 1965)
D. Easton: A System Analysis of Political Life, New York et al.

Eilfort (Nichtwähler, 1994)
M. Eilfort: Die Nichtwähler: Wahlenthaltung als Form des Wahlverhaltens, Paderborn.

Eilfort (Mobilisierung, 2001)
M. Eilfort: Mobilisierung als Schicksalsfrage? Auch Nichtwähler entscheiden die Bundestagswahl 2002, in: Die politische Meinung, Nr. 383, Oktober, S. 21-28.

Eisermann (Pate, 1947)
G. Eisermann: Pareto, Pate des Faschismus, in: Forum, 1. Jg., Nr. 3, S. 91-94.

Eisermann (Denker, 1961)
G. Eisermann: Vilfredo Pareto als politischer Denker, in: Kölner Zeitschrift für Soziologie und Sozialpsychologie, 13. Jg., 1961, Heft 1, S. 387-412.

Eisermann (Allgemeine Soziologie, 1962)
G. Eisermann: Vilfredo Paretos System der allgemeinen Soziologie, Stuttgart.

Eisermann (Methode, 1964)
G. Eisermann: Vilfredo Paretos wissenschaftliche Methode und erkenntnistheoretische Haltung, in: N. Kloten et al. (Hg.): Systeme und Methoden in den Sozialwissenschaften. Erwin von Beckerath zum 75. Geburtstag, Tübingen, 1964, S. 127-153.

Eisermann (Klassiker, 1987)
G. Eisermann: Vilfredo Pareto. Ein Klassiker der Soziologie, Tübingen.

Eliade (Kosmos, 1949)
M. Eliade: Kosmos und Geschichte, Hamburg, 1985.

Falter, Lindenberger, Schumann (Wahlen, 1986)
J. Falter, T. Lindenberger, S. Schumann: Wahlen und Abstimmungen in der Weimarer Republik, München.

Falter, Schumann (Nichtwähler, 1994)
J. W. Falter, S. Schuman: Der Nichtwähler – das unbekannte Wesen, in: H.-D. Klingenmann, M. Kaase (Hg.): Wahlen und Wähler. Analysen aus Anlass der Bundestagswahl 1990, Opladen.

Feist (Wahlbeteiligung, 1992)
U. Feist: Niedrige Wahlbeteiligung – Normalisierung oder Krisensymptom der Demokratie in Deutschland? in: K. Starzacher, K. Schaft, B. Friedrich, T. Leif (Hg.): Protestwähler und Wahlverweigerer – Krise der Demokratie? Köln.

Fenske (Verfassungsgeschichte, 1981)
H. Fenske: Deutsche Verfassungsgeschichte, Berlin, 1981.

Fetscher (Großbritannien, 1968)
I. Fetscher: Großbritannien. Gesellschaft – Staat – Ideologie, Frankfurt am Main.

Fetscher (Leviathan, 1984)
I. Fetscher (Hg.): Thomas Hobbes Leviathan oder Stoff, Form und Gewalt eines kirchlichen und bürgerlichen Staates, Neuwied.

Fetscher (Einleitung, 1984)
I. Fetscher: Einleitung, in: Fetscher, I. (Hg.): Thomas Hobbes Leviathan oder Stoff, Form und Gewalt eines kirchlichen und bürgerlichen Staates, Neuwied, S. IX-LXVI.

Finocchiaro (Mosca, Gramsci, 1999)
M. A. Finocchiaro: Beyond right and left. Democratic Elitism in Mosca and Gramsci, New Heaven/London.

Gantschow (Barber, 2005)
A. Gantschow: Benjamin Barber interkulturell gelesen, Nordhausen.

Gehlen (Pareto, 1941)
A. Gehlen: Vilfredo Pareto und seine „neue Wissenschaft", in: A. Gehlen: Studien zur Anthropologie und Soziologie, Neuwied, 1963, S. 149-195.

Gehlen (Studien, 1963)
A. Gehlen: Studien zur Anthropologie und Soziologie, Neuwied, 1963.

Gemeinsame Verfassungskommission (Bericht, 1993)
Gemeinsame Verfassungskommission: Deutscher Bundestag (Hg.), Bericht der Gemeinsamen Verfassungskommission, Drucksache 12/6000, Bonn.

Gemeinsame Verfassungskommission (Sitzung, 1993)
Gemeinsame Verfassungskommission, Sekretariat (Hg.): 17. Sitzung der Gemeinsamen Verfassungskommission vom 11.02.1993, Bonn.

Gemeinsame Verfassungskommission (Anhörung, 1992)
Deutscher Bundestag, Stenographischer Dienst (Hg.): Gemeinsame Verfassungskommission, 3. Öffentliche Anhörung „Bürgerbeteiligung und Plebiszite" vom 17.06.1992, Bonn.

Giacalone-Monaco (Pareto, 1957)
T. Giacalone-Monaco: Vilfredo Pareto dal carteggio con Carlo Placci, Padua.

Habermas (Wissenschaftstheorie, 1963)
J. Habermas: Analytische Wissenschaftstheorie und Dialektik, in: M. Horkheimer (Hg.): Zeugnisse. Theodor W. Adorno zum sechsigsten Geburtstag, Frankfurt am Main, S. 473-501.

Hamann (Elitentheorie, 1964)
R. Hamann: Paretos Elitentheorie und ihre Stellung in der neueren Soziologie, Stuttgart.

Hamilton, Madison, Jay (Federalist, 1788)
J. Jay, A. Hamilton, J. Madison: Die Federalist-Artikel. Politische Theorie und Verfassungskommentar der amerikanischen Gründungsväter, hg., übersetzt, eingeleitet und kommentiert von A. und W. P. Adams, Paderborn 1994.

Hennis (Bürgersinn, 1962)
W. Hennis: Motive des Bürgersinn, in: W. Hennis: Politikwissenschaft und politisches Denken, Tübingen, 2000, S. 148-160.

Hennis (Amtsgedanke, 1962)
W. Hennis: Amtsgedanke und Demokratiebegriff, in: W. Hennis: Politikwissenschaft und politisches Denken, Tübingen, 2000, S. 127-147.

Hennis (Parteien, 1969)
W. Hennis: Aufgabe und Grenze der Parteien, in: W. Hennis: Auf dem Weg in den Parteienstaat. Aufsätze aus vier Jahrzehnten, Stuttgart, 1998.

Hennis (Zuschauer, 1995)
W. Hennis: Ein einig Volk von Zuschauern. Wozu ist das Wahlrecht da? in: W. Hennis: Auf dem Weg in den Parteienstaat. Aufsätze aus vier Jahrzehnten, Stuttgart, 1998, S. 136-141.

Hennis (Parteienstaat, 1998)
W. Hennis: Auf dem Weg in den Parteienstaat. Aufsätze aus vier Jahrzehnten, Stuttgart.
Hennis (Politikwissenschaft, 2000)
W. Hennis: Politikwissenschaft und politisches Denken, Tübingen.

Hereth (Tocqueville, 2001)
M. Hereth: Tocqueville zur Einführung, Hamburg.

Herzog (Artikel 20, 1994)
R. Herzog: zu Artikel 20, in: T. Maunz, G. Dürig (Hg.): Kommentar zum Grundgesetz, 2 Bände, München.

Hildebrandt (Einleitung, 1973)
K. Hildebrandt: Einleitung, in: Platon: Der Staat, Deutsch von August Horneffer, eingeleitet von Kurt Hildebrandt, Stuttgart.

Hirsch (Pareto, 1948)
W. Hirsch: Vilfredo Pareto. Ein Versuch über sein soziologisches Werk, Zürich.

Hobbes (Leviathan, 1651)
T. Hobbes: Leviathan. Erster und Zweiter Teil, Übersetzung von J. P. Mayer, Nachwort, von M. Dießelhorst, Stuttgart 1998.

Höffe (Politeia, 2005)
O. Höffe (Hg.): Politeia, Berlin.

Höffe (Aristoteles, 2006)
O. Höffe: Aristoteles, 3. Aufl., 1. Aufl. 1996, München.

Honneth (Kommunitarismus, 1993)
A. Honneth (Hg.): Kommunitarismus. Eine Debatte über die moralischen Grundlagen moderner Gesellschaften, Frankfurt am Main.

Horkheimer (Zeugnisse, 1963)
M. Horkheimer (Hg.): Zeugnisse. Theodor W. Adorno zum sechzigsten Geburtstag, Frankfurt am Main.

Hübner (Elite, 1967)
P. Hübner: Herrschende Klasse und Elite, Berlin.

Inglehart (Postmodernisierung, 1998)
R. Inglehart: Modernisierung und Postmodernisierung. Kultureller, wirtschaftlicher und politischer Wandel in 43 Gesellschaften, Frankfurt am Main.

Interparlamentarische Union (Entwicklung, 1928)
Interparlamentarische Union (Hg.) (1928): Die gegenwärtige Entwicklung des repräsentativen Systems, Berlin, 1928.

Jensen (Soziale Systeme, 1976)
S. Jensen (Hg.): T. Parsons: Zur Theorie sozialer Systeme, Opladen.

Jensen (Einleitung, 1976)
S. Jensen: Einleitung, in: T. Parsons: Zur Theorie sozialer Systeme, hg. und eingeleitet von S. Jensen, S. 9-67, Opladen.

Jesse (Wahlrecht, 2003)
E. Jesse: Reformvorschläge zur Änderung des Wahlrechts, in: Aus Politik und Zeitgeschichte, B 52/2003, S. 3-11.

Jonas (Verantwortung, 1979)
H. Jonas: Das Prinzip Verantwortung, Versuch einer Ethik für die technologische Zivilisation, Frankfurt am Main 1984.

Jung (Volksentscheid, 1994)
O. Jung: Grundgesetz und Volksentscheid, Opladen.

Kaase, Neidharst (Repression, 1990)
M. Kaase, F. Neidhardt: Politische Gewalt und Repression, Ergebnisse von Bevölkerungsumfragen, in: H.-D. Schwind, J. Baumann (Hg.): Ursachen, Prävention und Kontrolle von Gewalt, Bd. IV, Berlin.

Karrer (Rückblick, 1948)
H. Karrer: Rückblick auf die Soziologie Vilfredo Paretos, in: Schweizerische Zeitschrift für Volkswirtschaft und Statistik, 84. Jg., 1948, S. 500-513.

Kersting (Leviathan, 1996)
W. Kersting (Hg.): T. Hobbes: Leviathan oder Stoff, Form und Gewalt eines bürgerlichen und kirchlichen Staates, Berlin.

Kersting (Vorwort, 1996)
W. Kersting: Vorwort, in: W. Kersting (Hg.): T. Hobbes: Leviathan oder Stoff, Form und Gewalt eines bürgerlichen und kirchlichen Staates, Berlin, S. 1-8.

Kersting (Platons Staat, 1999)
W. Kersting: Platons ‚Staat', Darmstadt.

Kersting (Gesellschaftsvertrag, 2002)
W. Kersting: Jean-Jacques Rousseaus "Gesellschaftsvertrag", Darmstadt.

Kersting (Vorwort, 2005)
W. Kersting: Vorwort, in: J.-J. Rousseau: Der Gesellschaftsvertrag oder Die Grundsätze des Staatsrechtes, Frankfurt am Main, S. 11-18.

Kleinhenz (Nichtwähler, 1995)
T. Kleinhenz: Die Nichtwähler: Ursachen der sinkenden Wahlbeteiligung, Opladen.

Kloten (Sozialwissenschaften, 1964)
N. Kloten (Hg.): Systeme und Methoden in den Sozialwissenschaften. Erwin von Beckerath zum 75. Geburtstag, Tübingen, 1964,

Landshut (Repräsentation, 1964)
S. Landhut: Der politische Begriff der Repräsenatation, in: R. Nicolaysen (Hg.): S. Landshut: Politik. Grundbegriffe und Analysen, Berlin, S. 421-437.

Lavies (Nichtwählen, 1973)
R.-R. Lavies: Nichtwählen als Kategorie des Wahlverhaltens, Düsseldorf.

Lazarsfeld, Berelson, Gaudet (Choice, 1968)
P. F. Lazarsfeld, B. Berelson, H. Gaudet: The People's Choice, 3. Aufl., NewYork.

Lehmbruch, Beyme, Fetscher (Demokratisches System, 1971)
G. Lehmbruch, K. v. Beyme, I. Fetscher (Hg.): Demokratisches System und politische Praxis der Bundesrepublik, München.

Lipset, Rokkan (Cleavage, 1967)
S. M. Lipset, S. Rokkan: Cleavage structures, party systems and voter alignment: an introduction, in: S. M. Lipset, S. Rokkan: Party Systems and Voter Alignments, New York, S. 1-64.

Lipset, Rokkan (Party, 1967)
S. M. Lipset, S. Rokkan: Party Systems and Voter Alignments, New York.

Löwenstein (Großbritannien, 1967)
K. Löwenstein: Staatsrecht und Staatspraxis von Großbritannien, Berlin et al.

Machiavelli (Fürst, 1513)
N. Machiavelli: Der Fürst, übersetzt und hg. von P. Rippel, Stuttgart, 1986.

Maier et al. (Hennis, 1988)
H. Maier et al. (Hg.): Politik, Philosophie, Praxis. Festschrift für Wilhelm Hennis zum 65. Geburtstag, Stuttgart.

Maluschke (Sittlichkeit, 1988)
G. Maluschke: Sittlichkeit und politische Institutionen, in: H. Maier et al. (Hg.): Politik, Philosophie, Praxis. Festschrift für Wilhelm Hennis zum 65. Geburtstag, Stuttgart, S. 217-230.

Marx (Konterrevolution, 1848)
K. Marx: Die Bourgeoisie und die Konterrevolution, in: K. Marx, F. Engels: Werke, Bd. 6, Berlin 1959.

Marx, Engels (Werke, 1959)
K. Marx, F. Engels: Werke, Berlin.

Maunz, Dürig (Kommentar, 1994)
T. Maunz, G. Dürig (Hg.): Kommentar zum Grundgesetz, 2 Bände, München.

Mayer (Tocqueville, 1985)
J. P. Mayer (Hg.): A. de Tocqueville: Über die Demokratie in Amerika, Stuttgart.

Meisel (Mythos, 1962)
J. H. Meisel: Der Mythos der herrschenden Klasse, Düsseldorf, Wien.

Merten (Bürgerverantwortung, 1995)
D. Merten: Bürgerverantwortung im demokratischen Verfassungsstaat, in: Veröffentlichungen der Vereinigung der Deutschen Staatsrechtslehrer, Heft 55, Berlin, New York, S. 7-47.

Michels (Tendenzen, 1908)
R. Michels: Die oligarischischen Tendenzen der Gesellschaft, in: W. Röhrich (Hg.): ‚Demokratische' Elitenherrschaft. Traditionsbestände eines sozialwissenschaftlichen Problems, Darmstadt 1975, S. 47-116.

Montada (Sozialisation, 1995)
L. Montada: Moralische Entwicklung und moralische Sozialisation, in: R. Oerter, L. Montada (Hg.): Entwicklungspsychologie, 3. Aufl., Weinheim.

Mosca (Prinzip, 1903)
G. Mosca: Das aristokratische und das demokratische Prinzip, in: Wilfried Röhrich (Hg.): ‚Demokratische' Elitenherrschaft. Traditionsbestände eines sozialwissenschaftlichen Problems, Darmstadt, S. 28-46.

Mosca (Teorica, 1925)
G. Mosca: Sulla teorica dei governi e sul governo parlamentare, 2. Aufl., Mailand.

Mosca (Krisis, 1928)
G. Mosca: Die Krisis des Parlamentarismus und die Mittel zu deren Behebung, in: Interparlamentarische Union (Hg.): Die gegenwärtige Entwicklung des repräsentativen Systems, Berlin, S. 75-94.

Mosca (Herrschende Klasse, 1933)
G. Mosca: Endgültige Fassung der Theorie der herrschenden Klasse, in: J. H. Meisel: Der Mythos der herrschenden Klasse, Düsseldorf, Wien, 1962.

Mosca (Herrschende Klasse, 1950)
G. Mosca: Die herrschende Klasse. Grundlagen der politischen Wissenschaft, Bern.

Müller (Systemtheorie, 1996)
K. Müller: Allgemeine Systemtheorie, Opladen.

Münch (Kommentar, 1985)
I. v. Münch (Hg.): Grundgesetz-Kommentar, Bd. 1, 3. Aufl., München.

Münkler (Hobbes, 1993)
H. Münkler: Thomas Hobbes, Frankfurt am Main, New York.

Narr (Systemtheorie, 1976)
W.-D. Narr: Theorienbegriffe und Systemtheorie, Stuttgart.

Nicolaysen (Politik, 2004)
R. Nicolaysen (Hg.): S. Landshut: Politik. Grundbegriffe und Analysen, Berlin.

Nohlen (Wahlen, 2003)
D. Nohlen: Wahlen/Wahlfunktionen, in: U. Andersen, W. Woyke (Hg.): Handwörterbuch des politischen Sytstems der Bundesrepublik Deutschland, 5., aktualisierte Aufl., Bonn, S. 677-680.

Oerter, Montada (Entwicklungspsychologie, 1995)
R. Oerter, L. Montada (Hg.): Entwicklungspsychologie, 3. Aufl., Weinheim.

Ortlieb (Schumpeter, 1956)
H.-D. Ortlieb: Kapitalismus, Sozialismus und Demokratie. Die Grundgedanken des Buches von Joseph A. Schumpeter, in: Hamburger Jahrbuch für Witschafts- und Gesellschaftspolitik, 1. Jahr, S. 147-157.

Pareto (Systèmes, 1902)
V. Pareto: Les systèmes socialistes, Paris, 1926.

Pareto (Trattato, 1916)
V. Pareto: Trattato di Sociologia generale, Turin, 1988.

Pareto (Soziologie, 1916)
V. Pareto: Allgemeine Soziologie. Ausgewählt, eingeleitet und übersetzt von C. Brinkmann, Tübingen, 1955.

Pareto (Traité, 1919)
V. Pareto: Traité de sociologie générale, Osnabrück, 1965.

Pareto (Trattato, 1923)
V. Pareto: Trattato di Sociologia generale, in: T. Giacalone-Monaco: Vilfredo Pareto dal carteggio con Carlo Placci, Padua, 1957.

Pareto (Soziologie, 1955)
V. Pareto: Allgemeine Soziologie. Ausgewählt, eingeleitet und übersetzt von C. Brinkmann, Tübingen.

Parlamentarischer Rat (Verhandlungen 1949)
Parlamentarischer Rat: Verhandlungen des Hauptausschusses, Bonn.

Parsons (Structure, 1960)
T. Parsons: Structure and Process in Modern Societies, Glencoe, Illinois.

Parsons (Gesellschaft, 1966)
T. Parsons: Der Begriff der Gesellschaft: Seine Elemente und ihre Verknüpfungen, in: Parsons, T.: Zur Theorie sozialer Systeme, hg. und eingeleitet von S. Jensen, S. 121-160, Opladen 1976.

Parsons (System, 1972)
T. Parsons: Das System moderner Gesellschaften, 4. Aufl. 1996, Weinheim, München.

Parsons (Soziale Systeme, 1976)
T. Parsons: Zur Theorie sozialer Systeme, hg. und eingeleitet von S. Jensen, Opladen.

Parsons (Action, 1978)
T. Parsons: Action Theory and the Human Condition, New York.

Platon (Staat, 375 v. Chr.)
Platon: Der Staat, Deutsch von August Hornefer, eingeleitet von Kurt Hildebrandt, Stuttgart 1973.

Prittwitz (Verhältniswahl, 2003)
V. v. Prittwitz: Vollständig personalisierte Verhältniswahl, in: Aus Politik und Zeitgeschichte, B 52/2003, S. 12-20.

Radtke (Stimmenthaltung, 1972)
G. D. Radtke: Stimmenthaltung bei politischen Wahlen in der Bundesrepublik Deutschland, Meisenheim am Glan.

Rapoport (Vorwort, 1996)
A. Rapoport: Vorwort: Wissenschaftstheoretische Überlegungen, in: H. Wimmer: Evolution der Politik, Wien, S. 7-19.

Rippel (Machiavelli, 1994)
P. Rippel (Hg.): N. Machiavelli: Der Fürst, Stuttgart, 1986.

Röhrich (Einleitung, 1975)
W. Röhrich: Problem- und sozialgeschichtliche Einleitung: Von Mosca bis Mills, in: Wilfried Röhrich (Hg.): 'Demokratische Elitenherrschaft'. Traditionsbestände eines sozialwissenschaftlichen Problems, Darmstadt, S. 1-27.

Röhrich (Elitenherrschaft, 1975)
Wilfried Röhrich (Hg.): ‚Demokratische' Elitenherrschaft. Traditionsbestände eines sozialwissenschaftlichen Problems, Darmstadt.

Röhrich (Soziologie, 1977)
W. Röhrich: Politische Soziologie, Stuttgart et al.

Röhrich (Wissenschaft, 1986)
W. Röhrich: Politik als Wissenschaft, Opladen.

Röhrich (Denker, 1989)
W. Röhrich: Denker der Politik, Opladen.

Röhrich (Eliten, 1991)
W. Röhrich: Eliten und das Ethos der Demokratie, München.

Rousseau (Gesellschaftsvertrag, 1762)
J.-J. Rousseau: Der Gesellschaftsvertrag oder Die Grundsätze des Staatsrechtes, Frankfurt am Main 2005.

Salin (Dritter Weg, 1944)
E. Salin: Nochmals: ein dritter Weg?, in: Zeitschrift für schweizerische Statistik und Volkswirtschaft, 80. Jg., S. 114-132.

Salin (Einleitung, 1950)
E. Salin: Einleitung, in: Schumpeter, J. A.: Kapitailsmus, Sozialismus und Demokratie, 2. Aufl., München.

Schapp (Artikel 20, 1985)
F. E. Schapp: zu Artikel 20, in: I. v. Münch (Hg.): Grundgesetz-Kommentar, Bd. 1, 3. Aufl., München.

Scherf (Studien, 1985)
H. Scherf (Hg.): Studien zur Entwicklung der ökonomischen Theorie IV. Schriften des Vereins für Socialpolitik, Neue Folge Bd. 15/IV, Berlin.

Schuler (Pareto, 1935)
E. Schuler: Paretos Marx-Kritik, Tübingen.

Schultze (Wahlforschung, 2003)
R.-O. Schultze: Wahlforschung, in: U. Andersen, W. Woyke (Hg.): Handwörterbuch des politischen Sytstems der Bundesrepublik Deutschland, 5., aktualisierte Aufl., Bonn.

Schumpeter (Demokratie, 1950)
Joseph A. Schumpeter: Kapitalismus, Sozialismus und Demokratie, München.

Schuster (Grundgesetz, 1971)
R. Schuster: Ein neues Grundgesetz?, in: G. Lehmbruch, K. v. Beyme, I. Fetscher (Hg.): Demokratisches System und politische Praxis der Bundesrepublik, München.

Schuster (Verfassungen, 1992)
R. Schuster (Hg.): Deutsche Verfassungen, München.

Schwind, Baumann (Gewalt, 1990)
H.-D. Schwind, J. Baumann (Hg.): Ursachen, Prävention und Kontrolle von Gewalt, Bd. IV, Berlin.

Spaemann (Philosophenkönige, 2005)
R. Spaemann: Die Philosophenkönige, in: O. Höffe (Hg.): Politeia, Berlin, S. 161-177.

Starzacher, Schacht, Friedrich, Leif (Krise, 1992)
K. Starzacher, K. Schaft, B. Friedrich, T. Leif (Hg.): Protestwähler und Wahlverweigerer – Krise der Demokratie? Köln.

Starbattty (Staatskonzeption, 1985)
J. Starbatty: Die Staatskonzeption bei Keynes und Schumpeter, in: H. Scherf (Hg.): Studien zur Entwicklung der ökonomischen Theorie IV. Schriften des Vereins für Socialpolitik, Neue Folge Bd. 15/IV, Berlin, S. 73-105.

Stein (Artikel 20, 1984)
E. Stein: zu Artikel 20, in: R. Wassermann (Gesamthg.): Kommentar zum Grundgesetz für die Bundesrepublik Deutschland, Bd. 1, Darmstadt, 1984.

Sternberger (Aspekte, 1967)
D. Sternberger: Aspekte des bürgerlichen Charakters, in: D. Sternberger: ‚Ich wünschte ein Bürger zu sein.' Neun Versuche über den Staat, Frankfurt am Main, S. 10-27.

Sternberger (Bürger, 1967)
D. Sternberger: ‚Ich wünschte ein Bürger zu sein.' Neun Versuche über den Staat, Frankfurt am Main.

Sternberger (Schriften, 1986)
D. Sternberger: Schriften, Frankfurt am Main.

Sternberger (Zweifel, 1986)
D. Sternberger: Zweifel an der Zuständigkeit der Wähler, in: D. Sternberger: Schriften, Frankfurt am Main, Bd. VII, S. 227-239.

Taylor (Debatte, 1993)
C. Taylor: Aneinander vorbei: Die Debatte zwischen Liberalismus und Kommunitarismus, in: A. Honneth (Hg.): Kommunitarismus. Eine Debatte über die moralischen Grundlagen moderner Gesellschaften, Frankfurt am Main, S. 103-130.

Taylor (Quellen, 1994)
C. Taylor: Quellen des Selbst. Die Entstehung der neuzeitlichen Identität, Frankfurt am Main.

Taylor (Negative Freiheit, 1999)
C. Taylor: Negative Freiheit. Zur Kritik des neuzeitlichen Individualismus, Frankfurt am Main.

Taylor (Irrtum, 1999)
C. Taylor: Der Irrtum der negativen Freiheit, in: C. Taylor: Negative Freiheit. Zur Kritik des neuzeitlichen Individualismus, Frankfurt am Main, S. 118-144.

Tocqueville (Amerika, 1835)
A. de Tocqueville: Über die Demokratie in Amerika. Ausgewählt und hg. von J. P. Mayer, Stuttgart 1985.

Tommissen (Faschismus, 1973)
P. Tommissen: Vilfredo und der italienische Faschismus, in: E. Forsthoff, R. Hörstel (Hg.): Standorte im Zeitstrom, Frankfurt am Main, 1974, S. 365-391.

Vollrath (Theorie, 1987)
E. Vollrath: Grundlegung einer philosophischen Theorie des Politischen, Würzburg.

Wassermann (Kommentar, 1984)
R. Wassermann (Gesamthg.): Kommentar zum Grundgesetz für die Bundesrepublik Deutschland, Bd. 1, Darmstadt, 1984.

Weber (Wirtschaft und Gesellschaft, 1921)
M. Weber: Wirtschaft und Gesellschaft, Tübingen 1976.

Weinberger (Kritik, 1949)
O. Weinberger: Die Marx-Kritik Vilfredo Paretos, in: Kyklos, Vol. 3, 1949, S. 219-234.

Wiese (Pareto, 1936)
L. v. Wiese: Vilfredo Pareto als Soziologe, in: Zeitschrift für Nationalökonomie, VII. Bd., 4. Heft, 1936.

Wimmer (Evolution, 1996)
H. Wimmer: Evolution der Politik, Wien.

Verzeichnis der verwendeten Internetquellen

http://bundesrecht.juris.de/bundesrecht/gg/index.html; vom 28. November 2006.

http://www.bundeswahlleiter.de/; vom 28. November 2006.

http://bundeswahlleiter.de/wahlen/europawahl2004/ergebnisse/bundesergebnisse/be_tabelle_99.html; vom 28. November 2006.

http://www.bundeswahlleiter.de/bundestagswahl2005/ergebnisse/bundesergebnisse/b_tabelle_99.html; vom 28. November 2006.

http://www.bundeswahlleiter.de/wahlen/ergebl.htm; vom 28. November 2006.

http://www.dvpw.de/wahlumfrage2002/e44.html; vom 15. Mai 2006.

http://www.statistik-bw.de/Wahlen/Landesdaten/Landtagswahlen/Grafik/grafiken.asp?imgNum=1; vom 15. Mai 2006.

http://www.statistik-sh.de/wahlen.htm; vom 28. November 2006.

http://www.wahlen.rlp.de/lwl/landtagswahl2001/index.html; vom 28. November 2006.

Rupert Riedl / Ernst Gehmacher / Wolfgang Hingst (Hrsg.)

Regieren gegen den Bürger?

Frankfurt am Main, Berlin, Bern, Bruxelles, New York, Oxford, Wien, 2006.
329 S., zahlr. Abb. und Graf.
ISBN 978-3-631-53069-6 · br. € 39.80*

Es ist eine Paradoxie, dass auch in parlamentarischen Demokratien gegen den Souverän, den Bürger, regiert wird. Das wird besonders durch die Aktivitäten deutlich, die sich gegen Atomstrom, Globalisierung, Tierfabriken, Transitverkehr und Genmanipulation wenden. Die Ursache ist meist auf internationale Abkommen zurückzuführen, und es geht darum, wohlmeinende Politiker zu stützen, um sich für internationale Vernunft einzusetzen.

Lehrreich für den, der sich nicht achselzuckend mit der Politikverdrossenheit abfinden will.
mm, Kieler Nachrichten

Aus dem Inhalt: Politik und Sachzwang · Kernenergie · Gentechnik · Tiere als Sachen · Transitverkehr · Globalisierung und Demokratie · Naturzerstörung · Demokratie und Epochenwechsel

Frankfurt am Main · Berlin · Bern · Bruxelles · New York · Oxford · Wien
Auslieferung: Verlag Peter Lang AG
Moosstr. 1, CH-2542 Pieterlen
Telefax 0041 (0)32/3761727

*inklusive der in Deutschland gültigen Mehrwertsteuer
Preisänderungen vorbehalten
Homepage http://www.peterlang.de